日本学研究

第七辑

—— "中国日本学研究的历史、现状和未来"
国际研讨会专集

主　编　王铁桥　孙成岗

副主编　何建军　李　淼

南开大学出版社
天　津

图书在版编目(CIP)数据

日本学研究. 第7辑 / 王铁桥,孙成岗主编. —天
津:南开大学出版社,2015.8
ISBN 978-7-310-04861-8

Ⅰ.①日… Ⅱ.①王… ②孙… Ⅲ.①日本—研究—
丛刊 Ⅳ.①K313.07—55

中国版本图书馆 CIP 数据核字(2015)第 177562 号

南开大学出版社出版发行

出版人:孙克强

地址:天津市南开区卫津路 94 号　　邮政编码:300071

营销部电话:(022)23508339　23500755

营销部传真:(022)23508542　　邮购部电话:(022)23502200

*

唐山新苑印务有限公司印刷

全国各地新华书店经销

*

2015 年 8 月第 1 版　　2015 年 8 月第 1 次印刷

210×148 毫米　32 开本　11 印张　2 插页　284 千字

定价:31.00 元

如遇图书印装质量问题,请与本社营销部联系调换,电话:(022)23507125

"中国日本学研究的历史、现状和未来"
国际学术研讨会组织机构

主办单位： 中国日语教学研究会、解放军外国语学院

承办单位： 解放军外国语学院日本研究中心

解放军外国语学院科研部

后援单位（汉语拼音序）：

北京日本学研究中心、河南省教育厅、河南省高校外语教学委员会、河南省高等院校日语教学研究会、外语教学与研究出版社、高等教育出版社、大连理工大学出版社。

组委会成员：

组委会主任：王铁桥教授、孙成岗教授

组委会副主任：姚灯镇教授、许宗华教授

组委会成员：肖传国教授、李先瑞教授、臧运发教授、吴宏教授、马兰英教授、何建军副教授　白晓光副教授

论文集编委会

主　编： 王铁桥（解放军外国语学院　教授　博士生导师）

副主编： 姚灯镇（解放军外国语学院　教授　博士生导师）

主审查： 孙成岗（解放军外国语学院　教授　欧亚系主任）

编　委： 肖传国（解放军外国语学院　教授　博士生导师）

许宗华（解放军外国语学院　教授）

李先瑞（解放军外国语学院　教授）

臧运发（解放军外国语学院　教授）

吴　宏（解放军外国语学院　教授）

马兰英（解放军外国语学院　教授）

何建军（解放军外国语学院　副教授）

李　淼（解放军外国语学院　副教授）

傅　冰（解放军外国语学院　副教授）

日本研究中心机构执委会名单和部门设置

（2013.12.15）

名誉主任：胡振平

主　　任：王铁桥

副 主 任：姚灯镇、许宗华

委　　员：肖传国、臧运发、吴宏、马兰英、徐万胜

委员兼秘书长：李先瑞

副秘书长：白晓光

前　言

　　中日关系集中体现和浓缩了国家关系的复杂性，它既是邻国关系，又是大国关系；既有历史上和平与对立的双重关系，又有现实中依存和竞争的双重关系。近年来，中日关系持续低迷，两国围绕历史问题、东海问题和靖国神社问题等，磨擦与争议不断，特别是 2012 年 9 月以来，由于日本政府的"购岛"事件以及安倍政权以来的各种表现，使中日关系进一步恶化，达到恢复邦交以来的最低点。所以，如何从战略角度看待和处理好中日关系问题，是我们日本学研究者和日语教育者必须思考的问题。

　　基于以上想法，为进一步深化对日本以及中日关系的理解，回顾我国对日本学研究和日语教育的历史、总结我国对日本学研究和日语教育的现状，探讨未来日本学研究和日语教育的发展方向，解放军外国语学院日本研究中心和中国日语教学研究会于 2013 年 11 月联合举办了"中国日本学研究的历史、现状和未来"学术研讨会，以期在吸取历史经验教训、明确当前我国日本学研究现状的基础上，进一步修正、完善和促进着眼于未来的日本研究、探索打开日本学研究和日语教育新局面的方法。

　　会议期间，中华日本学会会长、中国社科院副院长武寅研究员、中国日语教学研究会会长、北京日本学研究中心主任徐一平教授、中国东方文学研究会会长、北京师范大学王向远教授和北京日本学研究中心曹大峰教授分别做了主题演讲，来自全国各高校和科研院所的 60 多位专家学者与会并宣读了论文。武寅研究员以简洁确切的语言回顾了中日两国的关系史，指出了中日关系中的突出问题；徐一平教授深入阐述了基于对日本文化理解的日语教育的实质；王向远教授总结了我国日本文学研究的历史，阐述

日本文学研究的方法；曹大峰教授详细比较了我国现行出版的主要日语教材，指出了教材编写中的一些问题，指明了今后教材建设的方向。分科会上发表的论文中表达的见解和观点，对我国日本学研究者和日语教育者也有较高的借鉴和参考价值。

本论文集收录了此次研讨会提交的 30 余篇论文，内容涉及日本语言、日本文学、日本社会文化和日语教育等各个领域。论文深入探讨了日本学研究的历史和现存问题以及日语和日语教育等方面的各种问题，充分展示了我国学者的研究成果。我们对入选论文，本着文责自负的原则，除个别文字和格式外，对其观点未作任何改动。

在这次大会的筹备和举办过程中，解放军外国语学院科研部、外语教学与研究出版社、高等教育出版社、大连理工大学出版社等单位给予了大力支持，在此论文集编辑成书过程中，解放军外国语学院的孙成岗、李先瑞、白晓光等专家教授审阅了稿件，在此谨向他们表示衷心的感谢。

限于时间和编者水平，定有不少疏漏与不足之处，敬请大家批评指正。

"中国日本学研究的历史、现状和未来"
学术研讨会论文集编委会

2014 年 5 月于洛阳

目　录

中日关系的历史分期与转折

中国社会科学院　武　寅

　　自先秦以来延续了两千多年的中日关系，经历了一个由量到质的渐变过程。这一过程根据不同时期中日交往的不同特点，可以划分成若干历史阶段，在这些不同的历史阶段相互衔接和过渡的过程中，中日关系出现了两次大的转折。本文试图通过每个历史阶段的形成、演变以及向下一个阶段的过渡，去探索历史性大转折留给我们的深刻启示。

一

　　中日两国建立国家间关系的历史，最早可以追溯到公元 57年，即东汉光武帝当政时期。那时日本还处于从原始社会向氏族公社过渡的历史阶段。日本列岛上分布着大大小小一百多个部落国家。公元 57 年，列岛南边一个叫奴国的部落国家派使者携带礼物，渡海来朝见中国皇帝。光武帝赐给他一方金印。这是中国史书上记载最早的中日间"官方"交往。①

　　除了奴国之外，一些有条件的部落国家也都不畏风浪，派使来中国通交。三世纪初，日本列岛上最大的部落国家——邪马台国，为了借助西邻强国的力量，于 238 年 6 月派使来到中国。邪马台国凭借其相对强大的经济和军事实力，兼并了三十多个小国，但国内形势并不稳定。其最高统治者女王卑弥呼，是一个同时掌管着祭祀大权的女祭司。对倭女王派来的使者，魏明帝给予了高规格的接待。他诏封女王为"亲魏倭王"，并赐以金印紫绶；封其正使为率善中郎将、副使为率善校尉，赐以银印青绶。②这是历史上中日两国建立册封关系的开始，魏帝的册封诏书则成为最珍

1

贵的见证史料。诏书中罗列了大量回赠物品的清单，其中除了各种丝织品、珍珠、金、刀、铅丹等等之外，最引人注目的是"铜镜百枚"[③]。来自中国的铜镜不仅成了以后日本贵族显示身份和权力的重要标志，而且成了天皇制诞生后，代表天皇最高统治权的"三种神器"之一。

得到了中国皇帝册封的邪马台国，以强大的中国为靠山，极大地增强了其对内对外的威慑力。不仅如此，回赠物品的高技术含量和远高于所献礼品的昂贵价值，每一次都给邪马台国带来了实实在在的利益。正是这种以朝贡名义进行的不等价交换给倭国带来的实惠，以及倭国经济社会发展对中国技术和物质的需求，使倭国对与中国的交往保持着极大的热情和积极性。

大和政权统一日本列岛后，其最高统治者"大王"很快就向中国派出了使者。在频繁的对中国交往中，不少杰出的使者和词句华丽的国书都源自"归化汉人"，即由于种种原因而离开故土，来到日本列岛的中国人。从4世纪末到5世纪末，有大量汉人为躲避内乱而进入日本列岛。他们不仅带去了先进的技术，而且带去了先进的中国文化。在与倭人的长期生活中，以及代表倭国与中国的交往中，他们都起着特有的积极作用。

大和政权的先后五代大王"赞、珍、济、兴、武"，多次派出包括归化汉人在内的使节前往中国，接受中国皇帝的册封，甚至主动请求赐予自己所希望的封号。第一代大王"赞"，于413年、421年、425年、430年多次遣使来中国朝献，并接受中国皇帝的册封。

第二代大王"珍"，于438年遣使来华，表示愿意像前王一样，继续发展两国之间的册封关系。他要求南朝宋文帝授予他如下封号："使持节都督倭、百济、新罗、任那、秦韩、慕韩六国诸军事安东大将军倭国王"。但是宋文帝只给了他同前王一样的封号："安东将军倭国王"，对于他觊觎朝鲜半岛的企图则未加理睬。

第三代大王"济"，于443年、451年、460年三次派使来通

交请封。第二次来时，他得到了前王想要而未得到的全部封号。

到了第四代大王"兴"时，关于朝鲜半岛的封号又统统被中国皇帝拿掉，得到的封号只剩下一个"安东将军倭国王"。

第五代大王"武"，于478年遣使上表，请求的封号比第三代倭王济还要多，把朝鲜半岛的六国增加到七国。宋顺帝只是去掉了百济，其余的竟都答应授予。④

五王时代之后，直到中国的隋唐时代，百余年间，两国的官方交往中断。

这一时期，由于两国生产力发展水平相差巨大，因而中日交往多是日方频频派使，主动上门，向中国提出种种请求，希望借助中国的强大实力，达到自己的各种目的。而中国则以其东亚国际秩序的核心地位和综合实力的绝对优势，对周边各国采取招抚和册封的政策。

这是中日关系史的第一阶段，这一阶段根据中日两国的基本立场和态度，可以用一句话概括为"尊崇与怀柔"。

600年，在南北朝以后中断了百余年的两国官方交往重新恢复。这一年，倭国向隋帝国派出了首批遣隋使。之后，又于607年派出了第二批遣隋使。这一时期向中国派出使节的目的已经与前一阶段有所不同，其最明显的区别是，对中华文明的被动吸收与接受，开始转向主动的、全面系统的学习和模仿。

为了保证学习质量，派往中国的使节都经过了精心挑选。担任正使的往往是与王族有亲属关系的地方贵族，担任翻译的是归化汉人的后裔。使节团到达隋帝国都城后，向中国官吏明确表示，他们的主要任务就是来学习的。随团的数十名僧人，可以说是日本历史上派出的第一批留学生，他们的主要目的是来学习佛法。此后，倭国朝廷派来的每一次使节团，都含有相当比例的留学人员。他们根据各自的学习任务，分散到各个领域，学习中国的典章制度、文学艺术、科学技术、医学以及宗教哲学等等。他们的学习时间都很长，有的长达二三十年。在隋朝存在的短短30年时

间里，倭国朝廷竟先后四次派出了使节团和留学生，其学习的积极性由此可见一斑。

这一时期，从倭国使节递交的国书中也可以看出，与前一阶段请封时的谦恭态度相比，倭国的态度和立场也开始发生明显的变化。如第二次遣隋使的国书写道"日出处天子致书日没处天子，无恙"。⑤一种要与中国皇帝平起平坐的心情跃然纸上。前一阶段对中国的尊崇、请封、借力的仰视心态，开始转变为谋求与中国对等、不甘居下风、渴望超越的行为。

当惯了天朝上国、一直视倭国为东夷下国的中国皇帝，看到这样的国书当然极不高兴，他命令鸿胪卿："蛮夷书有无礼者，勿复以闻"。⑥第二年，倭国又派使递上国书，国书中仍然以平起平坐的口吻写道"东天皇敬白西皇帝"。⑦也正是从这一时期往后，倭人开始称自己的大王为"天皇"。这一次，隋炀帝虽然不屑于看国书，但是对已经百余年未来朝见的倭国能够在自己临朝时主动前来朝见，还是表示满意，他特意派官员与回国的倭使同行，并对倭国进行回访。

倭国朝廷得知这一消息后，又惊又喜，没有想到隋帝国会派使节回访，这使倭国统治者更加踌躇满志。为了展示对隋交往的诚意，他们专门择地，建造新馆，隆重接待隋帝国使节。隋使到达时，有官员专程去九州迎接；隋使前往新馆时，更有多名高级官员乘彩船三十艘陪伴同行；上陆后，一路上数百人的仪仗队敲锣打鼓，热烈欢迎；隋使前往倭国都城时，又有高级官员率领的、由75匹五彩装饰的马匹组成的欢迎队伍前来迎接；最后，执政圣德太子以下文武百官，皆锦衣玉冠、穿戴一新，列队相迎，举行了隆重的欢迎仪式。直到隋使呈上中国皇帝的诏书时，他们方才感到严酷的现实带来的一种失落感。因为隋帝并未以君主之礼对倭国平等相待，而是仍然以"皇帝问倭王"⑧这种居高临下的口气看待倭国，并且对其能够"远修朝贡"⑨表示赞许。这样的国书让倭国的统治者认识到，在巨大的实力落差面前，想要平等的

愿望终归是愿望。因此，当隋亡唐兴后，倭国不但继续派遣使节和留学生，而且在得知唐比隋盛的信息后，学习的积极性更加高涨。

隋唐时代是日本集中精力学习和赶超中国的时代。

盛唐是中国历史上一个辉煌的时代。疆域进一步扩大，农业发展迅速，耕地面积大幅增加。人口增长迅速，到8世纪中叶，已接近5300万人，超过隋朝最盛时期。⑩手工业生产已成规模，不但形成了作坊，而且产生了行会组织。商品经济的发展催生了一批繁华的大都市，如长安、洛阳、扬州、广州等，这些都市已出现了邸店、典当、汇兑、存储等发达的商业活动。国际贸易空前活跃，从东北亚到南洋、印度、波斯、大食，远近各国商船聚集中国大型国际商港。在广州的外国商人最多时达到十几万人。⑪

唐朝的政治制度是中央集权的律令制度，法制严密，机构完备，官制规范。科学技术和思想文化也达到了新的高度。地球子午线测量、雕版印刷术等重大科技成就均为唐代首创、世界领先。史学开创了官修正史的先河，由朝廷设专职史官，负责撰修前朝的历史。

像唐帝国这样一个四海瞩目、八方来朝的西邻强国，自然成为倭国学习与赶超的首选目标。从630年开始，到9世纪末唐朝灭亡为止，日本先后派出遣唐使18次，不仅在次数上比以往任何时期都多，而且在人数上也非以往可比。7世纪刚开始时，还是延续遣隋使的规模，派船一艘，人员100名左右。以后逐渐扩大到两艘船，每艘120人左右。8世纪以后增加到4艘大船，每艘150人。9世纪时船更大，人也更多，最多的一次，人数超过650。⑫

与遣隋使一样，为确保学习效果，遣唐使及随团留学生的挑选也十分严格，要具备很高的综合素质，知书达理、多才多艺，汉学造诣深厚，既能为本国增光，又能回国后学以致用。当选的多为著名的学者和文人。其中比较典型的如：隋末派到中国留学的高向玄理。作为归化汉人，他对汉文化的精髓和日本的需求都有很深的理解。唐初回国后，他被任命为大化改新的政治顾问，

是改革措施的主要制定者之一。654 年，他因积劳成疾，在唐病逝，死在了遣唐使的岗位上。

再如阿倍仲麻吕，19 岁时被选为留唐学生，717 年随遣唐使团到达长安。10 年后以优异的成绩完成了规定的学业，他取中国名"晁衡"，并考取了进士，成为日本人在中国学习，通过科举考试取得官职的第一人。他诗文俱佳，深得唐玄宗赏识，还与著名诗人王维、李白等结下了深厚的友谊。第三次遣唐使到来时，他已在唐为官近 20 年，他上书玄宗请求回国。玄宗爱才，不准其归。当他在唐为官 36 年，已经 55 岁时，他再次上表请归。玄宗不忍再挽留，准其回国。为了表彰他的功绩，将其官职升为从三品。晁衡启程回国时，众多友人都来送行。在归途中，他遭遇风暴，漂流到安南，又从安南辗转回到长安。766 年，唐代宗任命他为安南节度使，正三品。770 年，死于长安，享年 73 岁。836 年，日本仁明天皇追赠他为正二品。可以说，他把一生都献给了中日两国的友好交往。

每一次遣唐使来唐，都要冒着生命危险。根据不完全统计，遣唐使团多次遭遇海难。如 653 年的第二次遣唐使团，途中遇风暴，船体破碎，一百多人中只有 5 人生还。733 年的遣唐使团由 4 艘船组成，回国途中遭遇风暴，第四船被击沉，未能回归，第二船漂流到南海，副使辗转又返回了长安，第三船漂到了林邑国，（今越南南部，顺化）人员或死或被土人所杀。804 年的遣唐使团，第二船在赴唐时遇难。838 年的使团，第三船在入唐时遇难，有 140 人未能赴唐，等等。尽管如此，遣唐使团仍不畏惊涛骇浪、路途遥远，他们怀着执着的信念和使命，一批又一批渡海来到中国，认真考察，刻苦学习，融会贯通，把先进的文化源源不断地带回日本。

有两个典型的例子，可以从正反两个方面检验这一时期日本学习和赶超的实际效果。

一个是大化改新。这是日本历史上第一次大规模、全方位的

改革。大化改新的主要内容，就是以唐朝为样板，建立日本式的律令制国家。645 年，日本孝德天皇发布改新之诏。⑬仿照中国的年号制度，定年号为大化，以当年为大化元年，让从唐朝回国的留学生直接参与各项改革措施的制定。经济上，废除传统的部民制，模仿唐朝，实行公地公民制，租庸调制，由国家统一颁田，统一收租税。政治上，按照唐朝的模式，建立从中央到地方的各级机构，由中央直接任命各级官员。无论是机构名称还是官职名称，都与唐朝完全相同。在改革过程中，先后编撰了以年号为名称的《大宝律令》《养老律令》等，把改革的成果以法律的形式确定下来。法律的编撰也仿照唐朝的做法，分成律、令、格、式四种，具体名称也几乎与唐相同，称为户令、田令、职员令等等。

特别是这一时期，日本模仿唐朝，也开始了官修正史的工作，结束了自古以来没有自己的权威性史书的状况。它的第一部正史《日本书纪》，是用汉字写成。

大化改新的结果，日本建立起一个完全不同于古代传统社会的新型国家，这个延续了一百多年的律令制国家形态，对日本以后社会历史的发展，特别是在政治理念、思想道德，乃至物质文明的诸多领域，都产生了极其深远的影响。

另一个典型例子是白村江之战。这是中日历史上第一次刀兵相见。它反映了日本在国际事务中不甘于做唐帝国的附庸，而要主动参与的心态。

对日本来说，朝鲜半岛是其进入中国大陆的跳板和向外扩张的必争之地。对朝鲜半岛的觊觎自古以来从未改变，但因实力有限而一直未能得逞。3 世纪试图介入没有得逞，5 世纪通过请封的方式也没有达到目的。到了 7 世纪，随着国内外形势的变化，日本再次跃跃欲试。对中国来说，朝鲜半岛自古以来就与其安全密不可分，半岛上的众小国一直与中国保持着朝贡关系。中国把朝鲜半岛看作是天然的战略屏障，不允许其他外来势力染指。7 世纪，半岛上高句丽、百济、新罗三国鼎立，相互攻伐不已。新罗

以唐帝国为靠山，屡屡攻打百济。

660 年，唐高宗派兵进入朝鲜半岛，一举灭了百济，俘虏了百济国王。百济残部为了"复国"，渡海向日本求救。日本将此看作千载难逢的机会，"顺理成章"地出兵介入了半岛争端。663 年，日本百济联军与大唐新罗联军在白村江交火，打响了中日历史上的第一场战争。唐帝国凭借其强大的经济和军事实力，以摧枯拉朽之势打垮了日本的舰队，焚毁其舟船四百多艘，火光冲天，日军伤亡惨重，海水被染成红色。日本百济联军大败，向唐军投降。

白村江之战是日本半个多世纪以来赶超效果的一次实际检验。战争结果使日本清楚地看到了它与唐帝国之间的巨大差距。在现实面前，日本不得不暂时收敛野心，退出朝鲜半岛，然后以更加虔诚的姿态，派出更多、更大的遣唐使团，并开始正式以"日本"为国名，继续其学习与赶超的历程。

9 世纪末叶，唐帝国濒临灭亡之际，日本敏感的嗅觉很快捕捉到了中国社会陷入动乱的信息。它立即终止了本已决定894 年成行的遣唐使的派遣。由此，也再次中断了中日间的官方交往。这一断就是五百年。

唐以后到宋元明初的几百年时间里，日本大量吸收和成功运用中国先进文化，实现了经济社会的跨越式发展，极大地缩小了与中国的差距。在许多工艺和手工业领域，日本都拥有了自己的品牌，一些优势商品还受到中国市场的青睐。双方在许多领域都开始出现双向的交流和互动，这同以往日本主要向中国学习和向中国输出原材料的状况相比，已经产生了很大的不同。

这是中日关系史的第二个阶段，两国交往的基本特征是：赶超与因循。即日本在学习与赶超的同时，中国仍然在按部就班地发展。

二

日本的跨越式发展使它增强了自信，同时也滋生了挑战中国

地位的冲动。

明朝建立后，日本正值室町幕府时期，商品经济进一步发展，贸易需求不断增加，为了从对明贸易中获取巨大的商业利益，1401年，幕府将军足利义满派使节主动找上门来，要求开展日明官方贸易。永乐皇帝答应了日本的要求，至此，中断了 500 年的中日官方交往重新恢复。但明朝规定了贸易条件，对日本加以限制，规定 10 年一贡，人不得超过二百，船不得超过两艘，同时不得携带军器。日船来明，要凭所发牌照（勘合符）入港，否则不予接待。到 1433 年宣德年间，由于日本的强烈要求，限制稍有放宽，规定 10 年一贡，人不得超过三百，船不得超过三艘，刀剑等商品不得超过三千。⑭因苦于倭寇骚扰，明朝始终对日本抱有戒备之心，不肯放开对日贸易。

这时的日本，对中国态度已明显不如从前。日使抵明后，沿途滋事扰民，甚至殴打明朝官吏，刁难接待人员。日本对明交往时断时续，完全是从本国的商业利益出发，早已不再有遣唐使那种谦恭求学的姿态。15 世纪中期以后，遣明船更是变成了以承包制为主要形式，幕府只是向承包商抽取提成。⑮1523 年，发生了争贡事件。组织遣明船的大内、细川两派商人为争利大打出手，从宁波到绍兴往返追杀 250 里，一路烧杀抢掠，中国多名官员被掳或被杀，沿途百姓受害更是惨重。

争贡事件后，明朝断绝了对日贸易，并采取了日益严厉的海禁政策。刚刚恢复的两国官方交往不到百年，再次中断。

1592 年爆发的壬辰战争，是中日关系史上的一个转折点。它预示着自秦汉以来延续了 1500 多年的中强日弱的基本格局，开始进入转折过渡期。这种过渡是以两国实力对比差距的缩小和逆转过程为主要内容的。

壬辰战争是由日本统治集团头目丰臣秀吉发动的、以中国大陆为最终目标的、中日关系史上第一次日本对中国的侵略战争。1592 年 4 月，日本侵略大军渡海从朝鲜半岛釜山登陆，一路向北

推进。5月占领了朝鲜首都王京。在丰臣秀吉下达的作战指令中，明确地表达了发动战争的目的，即：第一步，先拿下朝鲜半岛，然后，再以半岛为跳板，进入中国大陆。占领后，把中国划分成若干部分，分别赐予日本的大封建主，作为他们的领地。最后，再把天皇请到中国来，由天皇坐镇中国，统治日本、朝鲜半岛和中国的全部领土。⑯

侵略军占领王京后，继续北上。5月底渡过临津江进入开城，6月渡过大同江，占领了平壤。9月俘获了朝鲜二王子。在不到半年的时间里，侵占了朝鲜大部领土，兵临鸭绿江，侵略矛头已直接指向了中国。

此时的明朝虽然由于内忧外患而捉襟见肘，但朝鲜半岛的战略屏障地位仍然使朝廷决定出兵援朝。最初，只派了少量兵力，认为日本乃东夷小国，不足挂齿，只要天朝大兵一到，倭兵定会望风而逃。没想到，明军接战后很快败下阵来。朝廷这才意识到问题的严重。决定派兵部侍郎宋应昌率大军入朝参战。

明军于12月底渡过鸭绿江到达朝鲜。在朝鲜军民的配合下，于1593年1月一举攻克了平壤，接着又拿下了开城，继续南下。日军开始陷入困境。明军则出现轻敌思想，单兵冒进，以为能轻易拿下王京，结果在王京附近打了败仗。

这时，明、日双方都没有力量长期打下去，于是双方进入了议和阶段。日本想通过议和拿到战场上得不到的东西，而明廷则还想用传统的册封办法安抚日本，以为只要给他一个封号，就可以令他偃旗息鼓，满意而归。

为了争取在议和中的有力地位，双方边打边谈，停停打打，战事迁延达7年之久，耗资巨大，却始终没有哪一方能够取得彻底胜利。最后，丰臣秀吉病死，日本撤兵，战争不了了之。双方算是打了个平手。

通过壬辰战争，双方对彼此都有了新的认识和评估。

明朝认识到，此时的日本再也不是古代那个主动前来请封的

倭国，甚至不是靠贸易优惠就能够满足的东夷小国，它的野心正在与日俱增；而日本则通过这次交手认识到，大明并不是像他们战前所估计的那样"畏倭如虎"，一打就倒，大明仍然是一个实力犹存，不可小觑的大国，要想战胜它，仍然不是一件容易的事情。

尽管如此，日本的挑战并没有停止，只是转换了一个方位。

丰臣秀吉死后，日本萨摩藩主继承了他的衣钵，对以中国为中心的东亚国际秩序提出了新的挑战。从 16 世纪末、17 世纪初开始，萨摩藩主岛津家久连年派人到琉球，要求其国王向日本朝贡，均遭到拒绝。1609 年，萨摩藩得到江户幕府中央政权的批准，开始以武力入侵琉球王国。当年 4 月，琉球国王尚宁兵败投降。1611 年，被迫将奄美诸岛割让给萨摩藩。以后，琉球王国又被迫接受了与萨摩藩的附属关系，琉球从历史上一直与中国保持朝贡关系，变成了与中国和日本两国同时维系朝贡关系。[17]

江户幕府时期，日本经济社会有了很大发展。商品经济繁荣，交通发达，城市发展迅速，全国形成了分别以江户、大阪、京都为代表的政治、经济、工业中心。科学技术也有新的突破，数学、天文学等领域，都在中国原有成果的基础上，取得了新的进步。1720 年，江户幕府以长崎为窗口，鼓励学习荷兰语和欧洲自然科学，由此开启了"兰学"热。1774 年，第一部大型兰学译著，介绍人体解剖学的《解体新书》问世。此后，兰学由医学迅速发展到各个学科，由长崎扩展到全国各地。1811 年，幕府设置兰学翻译局，开始大量翻译西洋书籍，使欧洲近代科学知识在日本得到普及。幕府末期，在"兰学"的基础上又发展起"洋学"，西方的科学技术、思想观念乃至政治文化等在日本进一步传播，影响着上层社会的思维与行为方式。日本进入了民族意识觉醒、近代国家形成的前夜。

1853 年，美国培里舰队前来叩关，以武力打开了江户幕府闭锁了二百多年的国门。1868 年，日本爆发了明治维新，摆脱了沦为西方殖民地、半殖民地的命运，走上了发展资本主义的道路。

在中国，比美国舰队到日本叩关早13年，英国发动了侵略中国的鸦片战争。1842年签订了中英《南京条约》，割地、赔款、开港通商。这是中国近代史上第一个丧权辱国的条约。随后又签订了《虎门条约》，包括片面最惠国待遇、外国驻兵权、治外法权，等等。其他西方列强也接踵而来，强迫清政府签订了一个又一个不平等条约。如1856年第二次鸦片战争后，与英法签订的《天津条约》《北京条约》，1858年、1860年、1864年先后与俄国签订的《瑷珲条约》《北京条约》《中俄勘分西北界约记》，仅此三个条约就丧失了总计150多万平方公里的领土。此外还有与美国等其他西方列强签订的不平等条约。这些条约严重损害了中国的领土完整和主权独立，使中国向着半殖民地半封建社会转变。

1870年，日本刚刚发动明治维新的第三年，就派人到中国来谈判，也要模仿列强与中国签约，遭到拒绝。第二年，日本再次派人来中国。最后，双方在对等的基础上签订了《中日修好条规》《中日通商章程》。这是中日两国在近代签订的第一个条约，这个号称"对等"的条约，并不是宣告中日两国对等的开始，而是宣告：由壬辰战争爆发开始的转折过渡期已经进入尾声。过渡期内，中日两国的实力对比从缩小到接近，从接近到开始逆转。从此，由于日本的明治维新和中国的半殖民地化，两国的实力差距开始沿着相反的方向逐渐拉大。对抗也开始逐步升级。正如日方所称，"缔约不久便屡生事端，两国都想凌驾对方，其情景实为各国间无以类比，两国官民不快之感逐年加剧"。⑱

这是中日关系史的第三阶段：挑战与转折。

这是中日关系史上的第一次历史性大转折。

三

从"对等条约"签订的第二年起，日本的侵华战争就开始了。日本侵华的开始，标志着中日关系史进入了第四阶段侵略与削弱。

明治维新后，日本公开向世界宣称，它要"开拓万里波涛，布国威于四方"。⑲它使用的开拓工具是枪炮，它开拓的首选对象是

资源丰富、国土辽阔、正在被列强瓜分而又隔海相望的邻国——中国。侵略——掠夺——膨胀——再侵略——再掠夺——再膨胀，成为日本资本主义以战争求发展的特有的发展模式。

1872年10月，日本设置琉球藩。11月，借琉球漂流民事件策划入侵台湾。1874年5月，派兵武力侵台。1875年7月，日本强令琉球终止对清政府的朝贡和废除册封。1879年4月，废琉球藩，改为冲绳县，划归日本版图。

1894年，日本以朝鲜问题为借口，对清政府发动了甲午战争。甲午战争结果，清朝大败。1895年4月17日，李鸿章代表清政府在《马关条约》上签字。承认朝鲜独立；割让辽东半岛及所属岛屿、台湾及其附属岛屿、澎湖列岛；赔款白银2亿两；增开通商口岸沙市、重庆、苏州、杭州等。日本还以监督条约实施为由，继续占领威海，中国每年要为其提供白银50万两作为驻军费。后来在俄、法、德三国干涉下，日本退回辽东半岛，并为此得到三千万两白银的补偿费。这样，日本仅收取赔款一项，就获得白银2.3亿两，连本带利折合日元3.6亿多，而日本当时一年的财政收入才有1亿日元。

甲午战争不仅使日本获得了第一个海外殖民地台湾，而且使其在经济上取得了巨大的发展。甲午战争后，日本出现了后期产业革命高潮。与1887年的早期产业革命高潮相比，1897年，其公司缴纳资本猛增近7倍。其84%的公司和半数以上的工厂都是甲午战争后建立的。其铁路总长度、轮船总吨位，战后都出现了成倍、成几倍的增长。[20]日本还利用巨额战争赔款，使黄金储备急剧增加，1897年10月开始建立金本位制，进入了国际货币金融体制。在对华投资方面，甲午战争前几乎是零，战后的1897年，已经有商社44个。在上海出现了日华合办的纺织厂。1900年，商社增加到210多个，纺锤数增加到1896年的8倍。[21]1899年的对华出口总额，是1893年的5倍多。[22]

军事工业的发展尤为迅速。日本资本主义的一大特点就是军

事工业在产业结构中始终占有特别重要的地位，军事工业的发展对其他工业发展起着带动作用。从 1885 年起日本开始制造村田步枪，年产 2.3 万支，装备陆军。到甲午战争前的 1893 年，日本已大体实现武器自给。甲午战争后，日本的陆军工厂动力数扩大 6.7 倍，工人数扩大 4.6 倍，而同期民间工厂的总动力数只扩大 3.4 倍，工人数扩大 1.7 倍。㉓日本利用从中国获得的战争赔款，修建了日本近代钢铁业中心——八幡制铁所并于 1901 年正式投产。所用铁矿石来自朝鲜和中国大冶，钢材产量主要用来生产武器军火。甲午战争后，日本将陆军由 7 个师团增加到 13 个师团，海军舰艇吨位由 5 万吨增加到 20 万吨。㉔每年国家预算的 40%用于直接军费，实际上已在为更大的战争做准备。

三国干涉还辽后，俄国势力进入中国东北，日本感到自己的在华利益受到威胁，日俄矛盾激化。1904 年 2 月，日俄战争爆发。日俄两国以中国领土及附近海域为战场，疯狂厮杀，严重践踏中国的领土主权和民族尊严，特别是作为主战场的中国东北，民众生活在枪林弹雨中，生命财产遭受重大损失。

日俄战争以日本胜利而告终。俄国势力退出了中国东北，取而代之的是日本的殖民据点——南满铁路株式会社（满铁）的建立。它是对中国东北进行政治经济等全面统治的司令部和大本营。从此，中国东北被视为日本的特殊权益和势力范围，中国的资源和物资源源不断地流入日本。

日俄战争后，日本的重工业领域开始飞速发展。八幡制铁所在日俄战争后两次扩建。1906 年钢铁产量达到 18 万吨。1911 年增加到 25 万吨。其他大中型钢铁企业也相继建立，产量总和超过八幡制铁所。到一战前，日本的生铁自给率已近 60%。日本只用了 30 年时间便完成了产业革命，英国用了 80 年，日本速度远远快于英、法、美、德各国。

日俄战争后，日本再一次进行扩军。1907 年，陆军从甲午战争后的 13 个师团进一步扩充到 19 个师团，海军计划从甲午战

后的"六六舰队"过渡到"八八舰队",军费从甲午战争后的 1.12 亿日元扩大到 1908 年的 2.13 亿日元。[25]1910 年 8 月,日本用刺刀逼迫朝鲜国王签订了《日韩合并条约》,正式吞并了朝鲜。

1914 年 8 月,第一次世界大战爆发。日本认为"天佑良机"到了,它以日英同盟为借口,迫不及待地派兵参战,实际上是想趁火打劫,进一步扩大其侵华战果。参战不久,日本就以武力取代了德国的在华地位。第二年,又提出了灭亡中国的"二十一条"。除了第五项为避免英美干涉缓议外,"二十一条"的绝大部分内容都被化整为零地强加给中国。

在战争期间,日本以武力为后盾,不但对中国领土进行直接的军事占领,而且在经济上也大大加快了对华扩张的步子。它迅速扩大在华投资,大幅度增加其在中国市场的贸易额。从 1916 年到 1919 年,日本对华出口增加了 159.6%。在中国对外贸易中日本所占的比率 1913 年为 23%,1918 年跃为 43.5%。对华投资额由战前的第四位一举扩大到与占首位的英国不相上下。[26]

一战给日本资本主义经济带来了惊人的变化。最明显的是,日本由农业国转变为工业国。1914 年农业在各部门生产额中所占的比例为 45.1%,工业为 44.5%,而 1918 年工业上升到 56.8%,农业则下降到 35.1%。[27]金融方面,一战前,日本是个债务国,负债达 12 亿日元。一战后,日本一变成为拥有 28 亿日元的债权国,包括英法在内的许多欧洲国家都欠有日本的战债。日本黄金储备 1914 年为 3.5 亿日元,到 1919 年底已超过 20 亿日元。[28]贸易顺差、工业生产总额以及对国民经济各部门的投资,一战后都出现了成倍的增长。

在军事方面,一战后,日本成为仅次于英国和美国的世界五大海军强国之一。在争夺中国和远东的角逐中,日本所处的战略地位要优于美国。日本除在台湾、琉球设有海军基地,在库页岛、千岛群岛设有军事据点外,又在一战后新攫取的原德国殖民地马里亚纳群岛、加罗林群岛和马绍尔群岛建立了军事要塞,从而它

可以指挥自如地调度自己的舰队,在整个太平洋海域与美国对抗。

1929-1933 年,资本主义世界爆发了空前严重的经济危机。世界市场的大幅萎缩,使日本这个严重依赖海外市场的国家几乎陷入了灭顶之灾。日本的产业链是以生丝为支柱,出口生丝——购进原棉——出口棉制品——购进重工业、化学工业产品。在经济危机打击下,生丝价格暴跌,成为世界 26 种主要出口商品中,出口价格下跌率最高的商品,下跌率为 81%。㉙在 1921 年到 1927 年期间,每出口一磅日本生丝,可换回约 30 磅美国原棉,但 1932 年则减少到 20 磅,到 1934 年只剩下 9 磅。日本经济的运行链条从根上被切断。为了寻找新的海外市场和能源、原材料供应基地,日本把目光对准了中国。日本统治集团提出,"合理开发满蒙,日本的景气自然恢复","我国几乎已无路可走,人口粮食及其他重要问题皆无法解决,唯一途径就是断然开发满蒙","要而言之,满蒙问题的根本解决是打开现状,稳定国民经济生活的唯一途径"。㉚甚至日本统治集团已不仅仅满足于既有的"在满权益",而要使整个中国东北与日本"合为一个单位",把中国东北看作是日本的生命线,不想再承认九国公约规定的门户开放原则适用于中国东北,它要把独霸东北定为其军事行动的目标。

1931 年 9 月 18 日,日本关东军在沈阳北郊制造了南满铁路爆炸事件,紧接着以中国兵炸毁了南满铁路为借口,于 19 日出兵占领了沈阳和长春,20 日占领了丹东、营口、凤城等"满铁"沿线重要作战据点。1932 年 1 月 3 日,占领了张学良政权所在地锦州。整个东北落入侵略者之手。同年 3 月 1 日,发表了所谓"建国宣言",日本用刺刀制造了它的傀儡政权——伪满洲国。1933 年 2 月 24 日,美英通过国联大会宣布,不承认日本独霸满洲。3 月 27 日,日本宣布退出国联。1934 年底,日本废除华盛顿海军裁军条约。1936 年初,日本退出伦敦裁军会议。日本的这一系列举动使它与美英之间的矛盾迅速激化,对抗已经势所难免。

1941 年 11 月 6 日,日本联合舰队的 30 艘军舰,包括 6 艘航

空母舰，从南千岛出发，驶向夏威夷，12月8日，偷袭珍珠港，挑起了太平洋战争。1945年8月，日本战败投降。

日本每一次侵华战争都是在中国身上剜肉吸血。一边是日本通过侵略和掠夺不断膨胀，一边是中国在被侵略和被掠夺中不断被削弱。到第二次世界大战结束时，中国已沦为列强瓜分和蹂躏的一个半殖民地半封建国家，而日本则在对中国的疯狂侵略和掠夺中，快速膨胀为列强中的一员。

四

二战结束后，中日两国都发生了根本性的变化。中国成为社会主义的新中国，而日本则成为美军的占领国，在美军主导下进行了非军事化和民主化改革。中国作为战胜国，赢得了很高的国际声誉；而日本则作为战败国，受到了远东国际法庭的审判，并且不得不承受战败给社会经济造成的毁灭性打击。可以说，战前经济实力强大的日本和贫穷落后的中国，战后各自以其相对的优势和劣势，改变着旧的格局，在一个全新的起点上，开始了战后的起跑和新的竞争。

新中国的经济基础十分薄弱。在旧中国，有80%的人口长期处于饥饿半饥饿状态。1949年，人均粮食占有量仅为210公斤。[31] 失业人口几乎占了全国职工总数的一半。小学入学率只有20%，文盲率高达80%。专门的科研机构只有30多个，全国科研人员还不到5万人。[32]钢铁产量不到16万吨。[33]不能够自己生产汽车。陆军只有单一兵种，海军1949年刚刚建立，主要是一些破旧舰船，空军还没有建立起来。

在这样一个基础上，新中国迈开大步，开始了自己的建设和发展。在1949到1952年的恢复期，农业总产值年均递增15.4%，工业总产值年均递增34.8%，初步奠定了工业化基础。1953年启动了国民经济第一个五年计划，集中力量发展重工业。长春第一汽车制造厂、武汉第一个大型钢铁企业、第一台大型电子计算机纷纷问世。到50年代末，已经初步实现了陆军武器装备的国产化

和制式化，陆军开始由单一兵种向诸兵种合成发展。

60 年代，第一艘万吨远洋货轮下水，第一颗原子弹和第一颗氢弹相继爆炸成功，第一颗装有核弹头的地地导弹飞行爆炸成功，表明我国已拥有核武器的运载工具。

70 年代，第一颗人造卫星发射成功，中国成为世界第五个独立研制和发射人造卫星的国家。也是在 70 年代，中国恢复了在联合国的一切合法权利，成为联合国常任理事国。

改革开放以来，中国的发展更是如虎添翼，国民经济以年均9.8%的速度持续增长，③④进入了全面发展的快车道。经过 30 年的改革开放，到 2008 年，中国的粮食已达到 1949 年的 4.7 倍。③⑤钢产量已经突破 5 亿吨，居世界首位。汽车产量已突破 934 万辆，居世界第三，销量居全球第二。公路通车总里程超过 373 万公里，比 1949 年增长 46 倍。高速路已超过 6 万公里。③⑥这种从零开始的发展速度堪称世界之最。航空运输的总周转量跃居世界第二位。上网人数达 3 亿，居世界首位。移动电话用户超过 6.4 亿，居世界首位。每秒计算能力超过 200 万亿次的曙光 5000 超级计算机面世，成为继美国之后第二个能够制造和应用超百万亿次高性能计算机的国家。③⑦在航天领域，继神舟 1 号无人飞船成功发射并回收，神舟 5 号首次载人飞行成功，2008 年，神舟 7 号载人飞船完成太空行走，成为世界上第三个掌握空间出舱技术的国家。今天，又取得了神舟 10 号和空间站对接技术的新成就。另外，2008 年，我国的高等教育毛入学率达到 23%，在校生规模达 2700 万人，成为世界上人数最多、规模最大的高等教育，③⑧这与新中国成立初期 80%的文盲率相比，形成了巨大的反差。这一年，我国还成功举办了第 29 届奥运会，彻底甩掉了东亚病夫的帽子，向着体育强国扎实迈进。2010 年，中国的国内生产总值超过日本，经济总量位居世界第二，而日本则降为世界第三。但由于中国人口相当于日本的 10 多倍，因此人均 GDP 还远远落后于日本。

在新中国快速发展的同时，日本经过战后经济恢复和 60 年代

18

的高增长，国家实力迅速赶了上来。

日本战败初期的 1946 年，经济状况跌落到"连三流国家都远远不如"的程度。㊴全国失业人口高达 1300 万，加上从海外撤回来的 650 万人，大批无家可归的流浪者露宿街头。食品的不足导致许多人营养不良甚至死亡。㊵

1946 年日本开始采取"倾斜生产方式"，重点抓煤炭和钢铁生产项目。从 1946 到 1955 年 10 年间，GNP 年均增长率达 9.2%。㊶1955 年，除进出口贸易之外，各项主要经济指标均超过战前最高水平。

1960 年，池田内阁提出《国民收入倍增计划》，日本经济进入了高增长期。这期间，日本从美国引进先进技术，新兴产业大批崛起。从 1956 到 1965 年，日本 GNP 年均增长率达 10% 以上。㊷完成了战后重工业化和化学工业化。1964 年，日本加入经济合作与发展组织（OECD），进入了发达国家行列。1967 年，国民生产总值超过英、法，1968 年，超过联邦德国，成为仅次于美国的第二经济大国。1970 年，人造卫星发射成功。1973 年，日本 GNP 达到 1946 年的 11 倍。人均 GNP 从不及美国十分之一，增长到相当于美国的 60%。㊸这样的增长速度在日本历史上是空前的，在世界历史上也是少有的。

但是，到 90 年代，日本经济开始陷入长期萧条，进入新世纪后，仍不见大的起色。尽管如此，由于日本经济基数较大，总体水平仍很可观。进入新世纪，日本已成为世界最大的资本输出国和债权国。贸易收支和国际收支盈余居世界第一。科研人员在人口中的比例最高，科研经费居世界前列。新技术应用和主要工业部门生产能力居世界前列。军事装备保持世界一流。

从以上分析中可以看出，中日两国经过战后的恢复与发展，到世纪之交，两国的实力差距已在不断缩小，双方都已进入世界大国的行列。两强对峙的格局逐渐明朗化，中日关系已经进入了第二次历史性大转折之前的过渡期。这是中日关系史的第五阶段

对峙与再转折。

历史的经验证明，当两国实力对比差距缩小到一定程度时，对旧格局的挑战便开始出现，在其后的一个时期内，这种挑战变得越来越频繁，实力差距在不断缩小，各种摩擦在不断增多。这是新旧秩序转换之前一个必经的过渡期。

与第一次历史性转折相比，第二次转折过渡期的基本特征相同，即都是充满挑战、矛盾、摩擦、博弈等等，但是其程度、频度和速度却大大升级了。

首先是矛盾更加错综复杂。

在全球化的大背景下，中日关系已经不是单纯的双边关系，而是处在全球整体格局与多边关系下的双边关系。影响中日关系的外界因素成倍增长，每个因素都是一个变量，其中一些重大因素通过双边和多边互动，直接影响着中日关系的走向。

二战结束后不久，世界就进入了冷战状态。处在这个大格局下的中日关系也不可避免地受到冷战的巨大影响。日本被紧紧地绑在美国的战车上，而中国则成为以苏联为首的社会主义阵营的重要成员。

在冷战背景下，日本政府追随美国的冷战政策，敌视、不承认新中国，1950 年 3 月，美国国务院通告日本，只能有条件地开展对华贸易，并且规定了具体的出口货物清单，严加限制。朝鲜战争期间，美国又命令日本对华全面禁运，实行经济封锁。

岸信介内阁上台后，更加紧密地追随美国，一再掀起反共反华浪潮，表示"无意承认共产党中国"，"所以不能承认民间商务代表机构所谓有权悬挂共产党中国国旗"。①1958 年 2 月，制造了震惊中外的长崎中国国旗事件，使中日关系蒙上了严重的阴影。

1964 年佐藤荣作上台后，一再向美国表白不惜与中国为敌。同年 11 月，佐藤与尼克松发表联合声明，强调中国是"对和平的威胁"，"台湾归属未定"，并千方百计阻挠中国加入联合国，使中日关系持续紧张。

日本政府的反华政策使中日民间贸易协定的执行受到严重干扰。到 50 年代末，四个民间贸易协定，第一个只执行了 5%，第二个完成了 38.8%，第四个则由于岸信介内阁的阻挠，根本就无法实施。⑮

　　70 年代，冷战形势出现重大变化。1972 年 2 月，美国总统尼克松访华，中美发表了联合声明，两国关系发生了重大转变。这一"尼克松冲击"震撼了日本政府，日本惊呼美国搞"越顶外交"。它迫使日本立场也随之发生 180 度转变。当年 7 月，田中角荣内阁取代了佐藤内阁。9 月 25 日，田中首相率日本政府代表团访华。29 日，《中日联合声明》在北京签署，中日两国实现了邦交正常化。这一天距佐藤下台仅仅 85 天，其立场变化幅度之大、速度之快，令人惊讶。这显然不是自然产生，而是冷战形势变化带来的结果。

　　中日复交后的二十几年，成为战后两国关系史上最好的时期，有人称它为"蜜月期"。这一时期从政府到民间，从政治到经济、社会、文化，各层次、各领域，都出现了友好合作、互利共赢的大好局面。日本领导人一再表示，"要为巩固和发展日中两国永恒的和平友好关系而努力"，"要对那不能简单地拭去的伤痕谦虚地进行反省，而且要自戒，向着日中永远的和解前进"。⑯

　　1978 年，中日签订了《和平友好条约》。1979 年底，日本政府决定向中国提供日元贷款。这是一种低息、长期、带有援助性质的优惠贷款。1980 年 4 月正式签署了协议，并决定在交通、能源、通讯等诸多基础设施建设中，对华进行开发援助。从 1980 年到 2000 年，日本一共向中国提供了四次日元贷款，平均每 5 年决定一个批次的贷款总额。这种提供方式适于建设工期较长的大型项目，也有利于中国将贷款的使用纳入国民经济五年计划的轨道。这期间日本对华开发援助的总金额，占了各国对华援助总额的 60%以上，超出了其他国家援助金额的总和⑰，在中国的经济腾飞中发挥了重要作用。

这期间，两国的经贸往来也有了飞速发展。从 1982 年到 1992 年的十年间，两国贸易总额以平均 10%的速度增长。1992 年与刚建交时的 1972 年相比，贸易额增加了 33 倍。⑱日本成为中国第一大贸易伙伴。

80 年代，日本进一步提高了对华关系的定位，称之为"日本外交的重要支柱"。90 年代初，日本开始使用"日中关系与日美关系同等重要"的提法。1989 年，中国发生政治风波后，西方发动集体制裁。但日本认为一味追随西方并不符合日本利益。在法国举行的西方国家首脑峰会期间，日本首相宇野宗佑多方活动，劝说西方各国不要制裁中国。1991 年 8 月，海部俊树首相访华，成为西方"制裁"以来第一个来华访问的国家领导人。1992 年 10 月，天皇访华。这是日本历史上天皇第一次踏上中国的土地。中日友好也达到了顶峰。

这种大起大落的中日关系，是冷战形势变化对中日关系影响的一个缩影。

冷战结束后，世界形势又进入了一个新的阶段，国际格局再次出现重大调整。冷战后的世界出现了两大新的因素，一个是美国的头号敌人苏联已不复存在，一个是中国的迅速崛起。这两大因素的作用，把中国推到了冷战后国际关系的风口浪尖。冷战时有着特定目的的日美同盟，开始把目标指向逐渐转向了中国。

1997 年，日美公布了新修订的《日美防卫合作指针》，把以防卫日本为主的日美安保体制转变为以整个亚太地区为合作对象的新型同盟关系。新指针突破了"专守防卫"原则和日本宪法禁止行使集体自卫权的规定，允许日本军队以支援美国的名义向国外派兵参战。

1999 年，日本国会通过了《周边事态法案》，对"周边地区"的解释闪烁其辞，声称不是地理概念，而是着眼于事态性质，暴露了其浓厚的防范中国色彩。

2004 年，日本颁布了新《防卫计划大纲》，把中国视为"潜

在的假想敌"。㊾

2005 年，日美确立"共同战略目标"，把日美同盟扩大到全球，着手实现地区与全球规模的"军事一体化"，共同干预世界安全事务，其中包含着谋求防范和遏制中国的战略意图。

2006 年，日本防卫厅升格为防卫省，把海外派兵提升为自卫队的"正式任务"。从这一年起，日本全面加入了美国的全球导弹防御系统，其拦截纵深可达中国境内数千公里，活动半径可覆盖中国台湾。

2007 年，安倍晋三游说欧洲各国，要求欧盟不要解除对华武器禁运。还游说印度和澳大利亚等国，极力鼓吹建立日美澳印"四方战略对话机制"，构筑"共同价值观联盟"和"自由繁荣之弧"等等。

日本越来越多地借助国际力量以抗衡中国，这也从一个侧面证明，中日关系已经越来越成为国际关系全局的重要组成部分。国际因素的增大，加剧了中日关系的复杂性。

转折过渡期的第二个特点是，矛盾的多发和尖锐化。

一方面，原有的矛盾进一步升级，甚至发展到对抗的程度；另一方面，又在产生新的矛盾。

包括靖国神社参拜在内的历史认识问题，宪法修改问题，领土主权问题等等，这些都不是新问题。历史认识问题二战结束后就开始了，从天皇的战争责任到南京大屠杀、战争赔偿、慰安妇、强征劳工等等，围绕这些问题的争论从来都没有停止过。靖国神社参拜问题：战后日本历届内阁要员都有参拜靖国神社，首相参拜有的以公职身份，有的选择敏感日期，有的既以公职身份、又在敏感日期参拜，即所谓"双突破"，如 1985 年中曾根康弘以首相身份、在 8 月 15 日这一天前去参拜。宪法修改问题：战后和平宪法制定后，自民党就开始千方百计想要修改关键的第 9 条，为此各种言论和举措不断出台。钓鱼岛问题：我们不但始终坚持主权在我，而且在上世纪 70 年代已经就钓鱼岛问题与日本达成共识。

所有这些老问题产生的根源在于，二战结束后，日本并不甘于其战败国身份，正因为如此，它把战后国家发展的首要目标确定为，摆脱战败加在它身上的绳索，恢复到所谓正常国家身份。历史认识、和平宪法等等，都被它看作是挡在其国家目标前面的障碍，它要不惜一切地把它们一个一个搬开。就在它朝着这个目标拼命努力的过程中，眼看着中国迅速崛起，综合国力直逼日本，这使它感到目标的实现变得更遥远、更困难，受到这一新的因素的强烈刺激，一种焦虑和恐惧使它实现国家目标的努力开始提速升级，从而带动原有的矛盾也同步升级。

于是，在历史认识问题上，日本表现得更加肆无忌惮，从而使两国关系中的不和谐音开始从少到多，从不经常到经常，从个别领域到诸多领域，并逐渐发展到全局。

1995 年，日本自民党历史研究委员会出版了《大东亚战争的总结》，对日本的侵略历史进行了全面、系统的翻案。1996 年，桥本龙太郎以现任首相的公职身份参拜了靖国神社，打破了 1985 年中曾根之后，现任首相不再参拜的承诺。1998 年，日本各地上映为甲级战犯东条英机翻案的电影《自尊命运的瞬间》。2001 年，"新历史教科书编撰会"编写了歪曲历史、美化侵略的教科书，并开始在部分学校使用。这一年，小泉上台后，在参拜问题上变本加厉，开始年年参拜靖国神社，直到 2006 年下台为止。不仅如此，小泉还扬言，参拜与否是日本的内政，其他国家无权干涉，日本要有独立的立场，不能让中国牵着鼻子走。近年来，安倍在历史认识问题上的言行，其态度之强硬更是前所未有。

在宪法修改问题上，日本越来越注重双管齐下。一方面继续努力，争取最终实现对宪法第 9 条的文本修改，并为达此目的，增加了迂回战术，即先设法修改宪法第 96 条，以便对第 9 条的修改能够在程序上变得更加容易；另一方面，则采取舍名求实的办法，在文本修改难以很快实现的情况下，通过对宪法的"解释"，特别是通过"实际行动"，追求修宪后想要达到的实际效果。近年

来，围绕自卫队海外派兵，行使"集体自卫权"，扩充军备，出售武器等焦点问题，采取的一系列与和平宪法精神背道而驰的举措，就是这些"实际行动"的重要组成部分。很显然，这些行动的不断增多，正在使和平宪法渐渐变得名存实亡。

在钓鱼岛问题上，日本迫不及待地打破了中日两国已经维系40年的共识，使中日关系紧张度急剧升级，甚至摆出了前所未有的敌对架势，由此引发了一系列新的问题，如两国国民感情的空前恶化；贸易摩擦的放大和政治化倾向；政治紧张与军事摩擦的增多和轮番升级等等，这些新老问题的交织和激化，使中日关系变得空前脆弱和敏感。

那么，今后中日关系将会向何处发展呢？

首先，如果中国继续按照目前的态势快速发展，综合实力最终绝对地而不是相对地大幅度超越日本，无可争议地占据了战略制高点，那么中国就真正掌握了对日关系的主动权。我们所期望的和平也就有了根本保证。从目前的综合形势和中国的发展势头来看，这种发展趋势概率最高。

其次，也必须看到，日本也在拼命发展，它在有些领域仍然保持着世界领先的地位，如人均国民生产总值、海外资产总值、武器现代化水平、科技实力等等。日本也在拼命争夺综合国力的领先地位和战略主动权。

总之，在大国博弈的后冷战时代背景下，由于多种因素的参与，使得中日关系第二次历史性大转折前的过渡期，注定充满多回合较量且互有输赢。利益与对抗交织，摩擦与合作共存。既有矛盾、紧张、冲突，也有试探、缓和、交流。既有历史规律所决定的必然结果，也存在着发展的多种可能性。中日关系这种前所未有的复杂局面，是第二次历史性转折过渡期特有的现象，也是双方势均力敌态势被打破，新的格局形成之前的必然过程。

注释：

①《后汉书东夷传》，《二十五史》第 2 卷，上海古籍出版社、上海书店，1988
年，第 104 页。

②《三国志魏志倭人传》，《二十五史》第二卷，上海古籍出版社、上海书店，
1988 年，第 104 页。

③同上。

④《宋书倭国传》，《二十五史》第三卷，上海古籍出版社、上海书店，1988
年，第 271 页。

⑤《隋书倭国传》，《二十五史》第 5 卷，上海古籍出版社、上海书店，1988
年，第 219 页。

⑥同上。

⑦《日本书纪》卷二十二，推古天皇十六年，秋八月条，黑板胜美编：《日
本书纪》下卷，东京岩波书店，1943 年，第 134 页。

⑧同上。

⑨同上。

⑩尚钺主编：《中国史纲要》，人民出版社，1980 年，第 150 页。

⑪同上。

⑫杨正光：《中日关系简史》，湖北人民出版社，1984 年，第 51 页。

⑬笹山晴生等编《日本史史料集》，山川出版社，1994 年，第 19 页。

⑭《明史日本传》，《二十五史》第 10 卷，上海古籍出版社、上海书店，1988
年，第 916 页。

⑮坂本太郎：《日本史概说》，商务印书馆，1992 年，第 229 页。

⑯王启宗：《丰臣秀吉侵略朝鲜的原因》，收《大陆杂志》38 卷，4 期。

⑰芝原拓目等编：《日本近代思想大系 12 对外观》，岩波书店，1988 年，
第 58 页。

⑱同上，第 59 页。

⑲同上，第 5 页。

⑳依田熹家：《战前日本与中国》，三省堂，1976 年，第 47 页。

㉑植田捷雄：《东洋外交史》，东京大学出版会，1969 年，第 154 页。

㉒中村隆英：《两次大战间日本经济分析》，山川出版社，1981年，第192页。

㉓依田熹家：《战前日本与中国》，三省堂，1976年，第46页。

㉔植田捷雄：《东洋外交史》，东京大学出版会，1969年，第217页。

㉕高桥幸八郎等编：《日本近代史要说》，东京大学出版会，1980年，第206页。

㉖有泽广巳监修：《昭和经济史》，日本经济新闻社，1976年，第5页。

㉗同上，第4页。

㉘苏联科学院主编：《世界通史》第8卷，三联书店，1976年，第475页。

㉙隅谷三喜男：《昭和恐慌》，有斐阁，1974年，第132页。

㉚日本国际政治学会：《走向太平洋战争的道路1 满洲事变前夜》，朝日新闻社，1963年，第103页。

㉛张星星主编：《中国巨变》，当代中国出版社，2009年，第66页。

㉜同上，第85页。

㉝同上，第28页。

㉞同上，第27页。

㉟同上，第66页。

㊱同上，第28、50、40页。

㊲同上，第53、55、95页。

㊳同上，第98页。

㊴高桥龟吉：《战后日本经济跃进的根本原因》，日本经济新闻社，1975年，第2页。

㊵韩铁英主编：《列国志日本》，社科文献出版社，2010年，第223页。

㊶同上，第224页。

㊷高桥龟吉：《战后日本经济跃进的根本原因》，日本经济新闻社，1975年，第144页。

㊸韩铁英主编：《列国志日本》，社科文献出版社，2010年，第227页。

㊹杨正光主编：《当代中日关系四十年》，时事出版社，1993年。第116页。

㊺日本中国友好协会全国本部编：《日中友好运动史》青年出版社，1975年，

第 98 页。

㊻杨正光主编:《当代中日关系四十年》,时事出版社,1993 年,第 392 页、321 页。

㊼韩铁英主编:《列国志日本》,社科文献出版社,2010 年,第 315 页。

㊽刘天纯等著:《日本对华政策与中日关系》,人民出版社,2004 年,第 286 页。

㊾韩铁英主编:《列国志日本》,社科文献出版社,2010 年,第 344 页。

植根于日本文化理解的
日语教育和日本学研究

1. 中国的日语学习和日语教育现状

　　自新中国成立以来,日语人才培养一直是我国外语人才培养中的重要组成部分。从上世纪 50 年代起全国各高校先后设立了日语专业,为新中国对日交流培养人才打下了坚实的基础。然而,由于文化大革命的原因,日语教育和日语人才培养事业几乎中断。

　　1972 年中日邦交正常化以后,由于中日两国关系迅速发展,形成了一个学习日语的高潮。2012 年中日邦交正常化 40 周年。回顾 2000 多年的中日交往历史,周恩来总理曾将其概括为 "2000 年友好,50 年不幸"。经过邦交正常化以后 40 年来的努力,中日两国的交流在各方面都与邦交正常化之初不可同日而语。在政治上,中日双方签署了四个政治文件,确立了两国和平、友好、合作发展的基本框架,并向形成战略互惠关系的方向发展;在经济上,双方的贸易额达到了 3400 多亿美元,相互成为最大的贸易合作伙伴;在人员交往上,中日之间往来达到了一年 500 万人次以上。这些都为进一步扩大交流和发展友好关系打下了坚实的基础。孔子曰 "三十而立,四十不惑",然而,迎来不惑之年的中日关系却呈现出许多让人疑惑不解之处。自 2012 年 9 月的 "岛争" 以后,中日两国之间的关系几乎回落到了邦交正常化以来的冰点。面对这样一种情况,我们应该如何看待当前中国日语教育事业的发展和日本学研究的关系,成为摆在中国日语教师面前的一个重要课题。

根据日本国际交流基金 2012 年对全世界日语教育机构、日语教师、日语学习者人数进行调查的结果，截止到 2012 年为止，中国的日语教育机构达到 1800 个，日语教师人数为 16752 人，日语学习者人数达到 1046490 人，比 2009 年调查时的约 83 万人增加了 26．5%，成为世界上日语学习者人数最多的国家。同时，根据教育部的统计，在全国 1117 所 4 年制高校中，开设有日语专业的高校有 506 所，在高校开设的 200 多种专业中，日语专业超过数学专业排在第 12 位。这些统计数字都表明了，日语教育在中国教育事业中所占据的重要地位，也说明了从 2009 年到 2012 年期间，中日两国关系还是朝着一个令人满意的方向发展的。但是，面对这些数字，我们首先要想到，中国是一个人口大国，正像前总理温家宝说过的那样，中国取得的成绩再大，用人口一除也是个小数；中国出现的问题再小，用人口一乘也是个大数。从这个意义上来说，中国的日语学习者的人数还是远远不够的。同时，在这里还需要强调的是，日本国际交流基金的这一调查工作，是在 2012 年 9 月之前就完成了的。如果，2012 年 9 月以后继续调查的话，是否能够得到这样的结果就不得而知了。

中国日语学习者，有一个特别突出的特点，那就是在高等教育机构学习的人是最多的。2012 年的调查结果显示，中国日语学习者中，这一类学习者达到了 679336 人，是任何一个国家和地区日语学习者中所没有的现象。居于日语学习者人数第二位的印度尼西亚，日语学习者总数为 872411 人；其中在高等教育机构学习的人数只有 22081 人；一直被认为是日语学习大国的韩国，在此次调查中，学习者人数不但没有增加，还减少了 12%，为 840187 人，其中在高等教育机构学习的人数也只有 57778 人。如前所述，在中国的高等院校中，现在设有日语专业的学校已经达到了 506 所，设有硕士专业的学校也达到了 92 所，同时，设有日语语言文学的博士课程的大学有 5 所，在有外国语言文学博士点大学中能招收日语专业博士的大学有 10 所，另外再加上其他可以研究日本

的博士课程的 8 所大学，总计具有与日语、日本研究相关的博士课程的院校就达到了 20 多所。

2012 年的调查中，同样对日语学习者学习日语的目的进行了调查。下表是对中国日语学习者学习目的的一个统计，同时与世界其他国家日语学习者学习目的的平均数据作了一个比较。

中国人日语学习者学习日语的目的调查数据

内　容	中国	世界平均
漫画・アニメ・J・POP 等が好き	63.6	53.9
将来の就職	58.1	42.5
日本語そのものへの興味	57.2	63.3
日本への留学	54.2	33.7
歴史・文学への関心	51.2	50.1
政治・経済への関心	49.9	24.5
受験の準備	47.2	26.8
科学・技術への関心	38.7	21.3
日本語でのコミュニケーション	32.0	55.8
家族・親族などの勧め	29.0	19.1
国際理解・異文化理解	25.4	33.1
今の仕事で必要	24.0	18.4
日本への観光旅行	23.3	30.2
機関の方針	23.2	34.8
日本との親善・交流	16.6	20.8
母語または継承語	5.7	11.0
その他	12.9	9.5
無回答	0.2	2.0

从以上数据，我们可以看出，中国日语学习者学习日语的目的居于第一位的仍旧是对"日本的动漫、歌曲"等所谓软实力文化的兴趣，并且这一数字还高出世界平均水平的 9.7 个百分点。

同时，他们对日本的历史、文学也非常感兴趣（与世界的平均水平基本一致）。值得注意的是，中国日语学习者学习日语的目的，除了有就业、留学、考大学等这样实用性很强的目的外，"对日本的政治、经济的兴趣"（高出世界平均水平 25.4 个百分点）、"对日本的科学、技术的兴趣"（高出世界平均水平 17.4 个百分点）。加之前面提到的中国日语学习者将近 70%的人都集中在大学以及硕士、博士课程中，为以研究日本为目标的日语学习、日语教育打下了坚实的基础，可以说这些学习者将成为研究日本、理解日本的巨大的后备军。

中国日语教育中另一个重要的问题是日语教师队伍培训的问题。2012 年的调查结果显示，中国的日语教师人数已经达到了 16752 人，其中大学日语教师为 11271 人，占到了日语教师总数的 67.3%。大家知道，要培养更多、更优秀的日语人才，其关键就在于教师的培训和研修。从这个意义上讲，中国的日语教师的研修班还是太少。中国的日语教师研修的工作还任重而道远。在改革开放以后的中国日语教育的发展史上，起到重要作用的就是中国教育部与日本国际交流基金会共同举办的"中国日语教师培训班"（俗称"大平班"）。当年，大平班办了 5 年，每期 120 人，培训了 600 名日语教师。那几乎是当时中国大学日语教师的全部。为中国日语教师的研修和教学水平的提高奠定了基础。而今天，我国大学日语教师的队伍已在 10000 人以上，要办近 20 个大平班才能轮训一遍。正是由于面对这样一个局面，近些年来，高教社、外教社、北京大学出版社、北京日本文化中心、北京日本学研究中心、中国日语教学研究会、外研社、华东师范大学、教指委日语分委员会等等都在全国进行各种各样的研修活动。但这些研修班又存在一个重大的问题，就是这些单位没有很好地协调起来，没有做到信息共享、资源共享，没有一个长期的和完整的规划，没有最大化的发挥这些研修的作用。为了解决这一问题，2013 年 8 月 13 日至 15 日，在中国日语教学研究会的倡导下，在

上述各研修单位的大力支持下，在北京师范大学举办了"全国高校日语教师专业发展高层论坛暨日语骨干教师专业发展研修会"。通过这次论坛和研修，各与会单位达成共识，希望对今后各研修单位的协调、合作、五年规划等进行顶层设计，并在会后形成了《中国日语教学研究会教师专业发展研修会5年计划》。

在这个5年计划中我们认识到：我国高校的日语教育近年来获得快速发展，专业数量仅次于英语学科，学生人数已居世界第一位。在此背景下，日语教师一方面有了快速的增长，另一方面专业化发展的问题也日益凸显。主要原因有二：一是目前从事日语教学的教师中，以与外语教学相关的教育学、心理学为学术背景的尚在少数，多数教师的学术背景为日本语言学、文学、社会、文化等，缺少比较集中、系统的有关教师、学习、课程、教材、教学等方面的培训；二是随着我国经济的快速发展，外语专业的毕业生从事"专业对口"工作的比例在不断下降，在外语专业的课堂上，如何培养学生能够应对社会需求的综合素质和能力，就成为摆在我们每一位日语教师面前的重大课题，而要想解决这个问题，就需要教师自身教学知识、教学能力、教学理念、教学方法不断更新。

另一个方面，我国日语界举办的各类研讨会、培训班、研修会此起彼伏，但集中就教师专业发展为主题展开研讨、培训、研修的尚不多见。作为全国的日语教学研究团体，中国日语教学研究会有责任有义务为促进日语教师的专业发展提供平台和动力。

本计划的目标是：提升国内大学日语教师的教学理念和教学水平，使更多的日语教师能够在教学过程中实现《国家中长期教育发展规划》中提出的"注重学思结合。倡导启发式、探究式、讨论式、参与式教学，帮助学生学会学习。激发学生的好奇心，培养学生的兴趣爱好，营造独立思考、自由探索的良好环境"的要求，以培养出更多的适应社会发展需求的毕业生。

本计划的总主题是："日语教师的专业发展"。大学教师在从

事人才培养、科学研究及社会服务的同时，经由独立、合作、正式及非正式等进修、研究活动，引导自我反省与理解，增进教学、研究及服务等专业知识与精神，以促进个人自我实现，提升学校学术文化，达成学校教育目标，从而提升整体教育质量，这就是教师的专业发展。

笔者相信，通过我们大家的共同努力，一定会使我国的日语教师研修事业迈上一个新的台阶，从而推动我国的日语教育事业得到更大的发展。

2. 中国日语人才培养目标的变化

日语教育的人才培养模式和培养目标一直是我们从事日语教育的一个最根本的方向。在我国日语教育开展于上世纪50年代，我们国家自主培养的第一代日语人才，基本上可以说是为国家的外交政策服务，以能够在外交工作中服务和工作的人才为主要培养模式。在这一代人中，许多优秀的人才大学毕业以后，首先走上外交工作岗位，并运用自己学习到的日语知识，从事外交战线上的翻译工作。通过外事翻译这一实践性的工作，他们逐渐成长为具有外事工作能力的外交官，成为国家外交战线上的骨干力量。在这一代人的佼佼者当中，我们可以看到曾经担任过中国驻日本大使、外交部长、国务委员，现任中日友好协会会长的唐家璇先生；曾经常年作为驻日记者，后来担任过文化部副部长的刘德有先生；一直工作在中日友好协会的中日友好协会副会长王效贤女士等等。而且这种培养模式也不仅限于日语专业，可能几乎所有外语教育专业的培养模式都有为国家外交政策培养人才的光荣使命。就像被称作"外交官的摇篮"的北京外国语大学一样，她的毕业生中许多人都活跃在了外交战线上，这些年来一共为国家培养出了300多名大使，难以计数的公使、参赞和其他外事工作人员。北京外国语大学在举行校庆时，有一句赞誉自己校友的名言，那就是"只要有五星红旗飘扬的地方，就有北京外国语大学的校友"，这也正表明了中国外语教育人才培养的一个光荣而重要的使命。

但是随着我国外语教育和日语教育事业的不断发展，我们的人才培养模式也随着祖国建设和发展的需要，开始发生了变化。当然，在这一代人的人才培养中，我们日语教育仍然承担着为国家外交战线培养优秀人才的重任。像曾经担任过中国驻日本大使和外交部副部长的武大伟先生，以及同样担任过中国驻日本大使、现任的外交部长王毅先生等等，就是这一代人当中的杰出代表。

而在这一代人的培养模式中产生出来的另一类优秀人才，则是学习完日语以后，开始从事日语的教学、进行日本研究的工作的人，这些优秀人才形成了我国现在日本研究队伍当中的一个不可忽视、并越来越发挥重要作用的骨干力量。

在这样一个人才培养模式的变化中，起到推手作用的就是前面说过的"全国日语教师培训班"。

1979 年 12 月，中国的改革开放刚刚起步时，时任日本首相的大平正芳先生应邀对中国进行国事访问，中日两国政府之间签署了《中日文化交流协定》。其中有一款决定，由日本政府派遣专家，提供图书资料等援助，为中国的大学日语教师提供进修的机会。这就是从 1980 年 9 月开始到 1985 年 7 月结束的"全国日语教师培训班"。根据中国教育部与日本国际交流基金的协商，决定"全国日语教师培训班"为期五年，每年从全国设有日语专业的大专院校选拔 120 名日语教师到北京语言学院（现北京语言大学）集中学习一年，由日方派遣的专家、教授对学员们进行系统的专业培训，其间赴日本进修和考察一个月。由于"全国日语教师培训班"的开设得益于大平正芳先生的远见卓识，因此从第一期开始，学员们就都亲切地称这一培训班为"大平班"。

从第一期大平班到第五期大平班，一共招收学员近 600 名，这一数字基本上涵盖了当时全国各高校日语教师的总数。为了办好这一培训班，中日两国进行了密切的合作。特别值得一提的是，日本大阪外国语大学的佐治圭三教授辞去了自己的本职工作，五年一直担任日方的主任教授，成为所有"大平班"学员都永远不

能忘怀的最亲密的指导教官。五年间，日方共派遣了将近200名著名的专家、教授。其中不乏像金田一春彦、阪仓笃义、渡边实、林大、林四郎、野元菊雄、宫地裕、奥津敬一郎、水谷修、平冈敏夫、国松昭、山口博等在日本都赫赫有名的大学者来"大平班"任教。

经过5年的合作，中日双方都认为中日两国完全可以在教育、文化领域里进一步加强合作，建立培养研究生层次以上的教育合作交流机构。经过中日双方专家的充分论证，1985年9月，旨在培养中国的日本学研究专门人才的北京日本学研究中心在北京外国语大学正式成立。

北京日本学研究中心成立后，设立日本语言、日本文学、日本社会、日本文化等4个专业研究方向，招收硕士研究生。同时继续开设大学日语教师研修班，直至2005年。从2005年开始，增设日本语教育专业，成为率先将日本语教育正式纳入专业研究方向的硕士研究生课程。其后，又开设了日本经济专业，成为现在的日本语言、日本语教育、日本文学、日本文化、日本社会、日本经济六个专业研究方向的硕士研究生课程。到目前为止，与北京日本学研究中心的前身"大平班"培训的600名大学日语教师合计起来，这一中日合作交流事业总共为中国的日本研究、日本语教育事业培养了近1500多名高水平的人才。这些人才活跃在全国各个大学、研究所、政府机构、新闻媒体以及与日本交流相关的各行各业。从这个意义上讲，"大平班"和北京日本学研究中心是一个名副其实的培养中国日本语教育人才和日本学研究人才的摇篮。

由于有了从"大平班"到北京日本学研究中心这样一个中日合作、联合培养日本学研究人才的事业的推动。从上世纪80年代以后，中国各大学日语教育人才的培养模式发生了巨大的变化。经过这些年来的努力，这一代人当中成长出了许多在日本学研究领域做出突出成就的代表性人物和学者。这些活跃在中国日语教

育、日本研究界的学者，我们可以举出，日本语言研究方面的张威（中国人民大学教授）、朱京伟（北京外国语大学教授）等；日本文学研究方面的谭晶华（上海外国语大学教授）、张龙妹（北京日本学研究中心教授）等；日本文化研究方面的王勇（浙江工商大学教授）、孙歌（中国社会科学院研究员）等；日本社会研究方面的李国庆（中国社会科学院研究员）、龚颖（中国社会科学院研究员）等；日本政治研究方面的李薇（中国社会研究院研究员）、刘江勇（清华大学教授）等；日本经济研究方面的张季风（中国社会科学院研究员）、江瑞平（外交学院教授）等（限于篇幅这里不可能列举更多，只能是举出一两个作为事例，真正要列举，可能有很多很多）。而且，有些代表人物还不仅仅活跃在中国国内，在日本的学界及其他行业，我们也能够看到他们的身影。如活跃在日本学界的有莫邦富（活跃于日本新闻媒体的媒体人）、王敏（日本法政大学教授）、沈国威（日本关西大学教授）等。

相信随着我国日语教育事业的不断深入发展，这一人才培养模式培养出来的人才一定会越来越多，成为中国日本学研究、日语教育的主力军。

3. 日语学习与日本学研究的关系

纵观各国的国别研究、区域研究学者的培养之路或成长之路，大都有的两条基本的途径。

一是从语言学习入手后来发展为该国或该区域的一个特定研究方向。比如以日本研究为例：首先出于某种目的（包括前述各种目的，并不确定自己将来就从事日本研究）开始学习日语，随着学习的深入，渐渐地对日本产生兴趣并开始研究日本。这时，根据其自身的兴趣和关注点，可形成对日本社会、经济、政治、文化、文学等各不同领域的研究方向，在对日本这些问题进行深入研究的过程中，成为研究日本的专业人员。

另一种成长途径是，一开始是社会学或者是经济学、政治学、文化学、文学等各专业领域的学习者，逐渐地在其专业学习的过

程中，对日本的该领域的问题（如日本的社会、经济、政治、文化、文学等）产生了浓厚的兴趣，在自己的专业领域研究深化的过程中，把日本作为一个研究的对象，从而成为研究日本的专业人员。

从我们人才培养的实践和现有研究人员的队伍来看，应该说这两条不同的培养途径都可以出现非常优秀的研究人员。但是，我们需要注意的是，由于这两种培养途径不尽相同，他们所培养出来的人才会存在各自不同的特点。

首先，从语言学习入手的研究者，由于较早地学习了该国的语言，因此具有较强的语言功底，所以，可以具有较强的语言理解能力和运用能力。在此基础上进行对象国研究时，他可以读懂和掌握较多的该国语言的第一手资料。同时，由于在学习语言的过程中，他对对象国已有了较全面地学习和了解，因此，可以说打下了综合理解对象国的基础。但也应该注意到，由于其学科专业训练起步相对滞后，如果不在这方面狠下功夫，会影响其在该研究领域内的研究深入开展。

而另一方面，从专业领域开始学习进而延伸到该国的特定研究方向成长起来的研究学者，由于其一开始就进行过该研究领域内的专业学理训练，可以说具有较强的专业学科训练基础，在此基础上开始对对象国进行研究，其研究的专业能力应该是非常强的。但是，由于这些研究者中许多是确定了自己研究领域的对象国以后，才开始意识到自己应该解决该对象国的语言问题的，因此，语言学习起步相对滞后，这便会影响其对第一手资料的掌握和对该对象国的综合理解与把握。

当今，我国的日本研究人员中就存在着这样两支队伍。按照笔者的理解，中国日本学研究的理想状态，应该是"从语言到该国的特定研究方向"的研究人员与"从专业到该国的特定研究方向"的研究人员这两支队伍的紧密结合，这样才能创造出具有中国特色的、高水平的日本研究成果。尤其是在对新一代研究人员

的培养方面，也需要这样两支队伍的优秀研究人员共同培养，才能培养出新一代的更加优秀的日本研究人才。

当今，随着研究的不断深入，研究的题目不断的专业化，研究的内容也会越来越细化。但是，我们的对象国研究，其最终的目的是要加强对对方的理解，那么这样的理解就需要是全面且综合的。对象国研究的终极目的应该是加深对其理解，从而促进对象国与本国的双赢、共同发展。日本学研究的理想状态无疑也应该朝着这一目的去发展。我们培养出来的研究学者不能是瘸腿，我们的日本学研究也不能是瞎子摸象。

4. 植根于日本文化理解的日本学研究

1979 年 12 月、时任日本首相的大平正芳先生访华期间，在北京的政协礼堂，作为日本的首相，第一次进行了讲演。在这次讲演中，他这样说道：

国と国との関係において最も大切なのは、国民の心と心の間に結ばれた強固な信頼であります。この信頼を裏打ちするものは、何よりも相互の国民の間の理解でなければなりません。

しかしながら、相手を知る努力は、決して容易な業ではないのであります。日中両国は一衣帯水にして二千年の歴史的、文化的つながりがありますが、このことのみをもって、両国民が十分な努力なくして理解し会えると安易に考えることはきわめて危険なことではないかと思います。

ものの考え方、人間の生き方、物事に対する対処の仕方に日本人と中国人の間には明らかに大きな違いがあるように見受けられます。

我々は、このことをしっかり認識しておかなければなりません。体制も違い流儀も異なる日中両国の間においては、尚更このような自覚的努力が厳しく求められるのであります。このことを忘れ、一時的なムードや情緒的な親近感、更には、経済的の利害、打算のみの上に日中関係の諸局面を築き上げようとするならば、それは所詮砂上の楼閣に似たはかなく、脆弱なものに終わるのでありましょう。

国民の間の相互理解の増進を図る一つの有力な手段が、言語であるこ

とは、いまさら申すまでもありません。

　中国における日本語の学習が中国の人々の日本の社会及び文化自体に対する幅広い関心の高まりにつながることを強く期待するものであります。

　以上のような相互理解の努力を通じて、世界の平和とアジアの安定の創造に寄与する日中両国の関係をより深くより広く推し進めていくことこそ、今日、両国民に課せられた最も大きな課題であると信ずるものであります。

　此段讲演，距今已经 30 多年，但是今天我们读来仍感意义深刻。因而，我们也可以说，当年大平内阁决定援助中国的日语教育，中日两国共同建立"全国日语教师培训班"，也绝不是凭着一时的头脑发热，而是有着共同的、深远的历史思考的。这一段讲演，基于同样的意义，也希望与日本青年、日本的中国语学习者和中国研究学者共勉。

　我们的日语教学（汉语教学）的终极目的，应该是培养日本文化（中国文化）的理解者。我们的日本研究（中国研究）的学者，应该是这些理解者中的佼佼者。

　如同每个国家都有不同的发展模式一样，对每个国家的研究，也不可能套用同一模式。从这个意义上来讲，真正的日本研究（中国研究）必须是植根于日本文化理解（中国文化理解）基础之上的日本研究（中国研究）。不断培养对日本文化（中国文化）有深刻理解的日本学（中国学）研究者，才是肩负在每一个日语教育（中国语教育）工作者身上最重要和最艰巨的光荣使命。

　当谈到两个国家的关系时，往往强调政治、经济是发展两国关系的两个轮子，缺一不可。然而，笔者认为，只有两个轮子的车型，只可想象为"人力车"或"自行车"。"人力车"只能靠人的力气来拉，很难快速前行；而"自行车"虽然可以加速，但一旦速度放慢，就容易倒下。如果没有文化交流和文化理解这另一个重要的车轮来支撑的话，两国之间的关系难以保持稳定、迅速、

持久的发展。

　　我们只有通过大家的共同努力，保持中日两国之间政治、经济、文化三位一体的"三轮车"式的交流、全面发展，才能迎来中日两国健康、稳定、持久的友好关系。

参考文献:

[1]徐一平.大平正芳と中国の日本語教育[C]//大平正芳生誕100周年記念 大平正芳からいま学ぶこと　日中関係、教育と人材育成　連携の時代. 日本櫻梅林大学东北亚综合研究所，2010.

[2]徐一平.日本研究と日本語教育のクロースロード：日本語教材における日本文化理解[J].日本語教育151号，2012.

[3]国際交流基金.海外の日本語教育の現状2013[M].東京：くろしお出版，2013.

授受独立动词构式的构式义和构式压制

解放军外国语学院　李　淼

摘　要：授受独立动词构式中，表示消极意义的名词等词汇有可能出现在该表达形式中；传递物的扩展用法在ヤル句和クレル、モラウ句中出现不对称现象。这两种现象可以用构式压制来解释。授受独立动词构式的语义压制与其语义不匹配的词语，在外部语境的作用下使得该词语与构式语义协同。如果压制成功，这类词语得以出现在该构式中；如果压制不成功，这类词语就不能出现在该构式中。

关键词：授受独立动词构式；构式义；构式压制

0. 引言

授受句[①]的研究一直是日语语法研究的重点。众多的语法学家从多个方面进行了相关研究，取得了令人瞩目的成就。尽管如此，授受句中仍有一些问题没有得到解决。目前，基于构式语法理论对日语授受句进行的相关研究还很少，本文以日语的授受独立动词句为研究对象，分析授受独立动词句的构式义，尝试利用构式语法的部分理论来解释授受独立动词句的某些现象。

1. 先行研究

授受独立动词句中论及较多的一点就是三个系列的表达方式都具有恩惠性。例如：

（1）先生がたくさん宿題をくださいました。

（庵功雄他，2000）

没有一定的语境，例句（1）是不能成立的，这是因为クレル

句[②]具有他人给予认知主体一方某种恩惠的含义，而"老师留给我们很多作业"具有中立性，不具有恩惠性。但是，在下句中，这样的表达方式是成立的。

（2）先生がたくさん<u>宿題を下さった</u>おかげで、今度の試験で 100 点を取りました。　　　　　　　　　（庵功雄他，2000）

大多数语言学家都认为，例（2）能够成立是因为语境作用下，这个句子具有"老师给予学生恩惠"的含义。

授受独立动词句还具有下述特点，例如：

（3）a 花子は太郎に<u>本</u>を（やった／くれた／もらった）。
　　　 b 花子は太郎に<u>元気</u>を（やった／くれた／もらった）。　　　　　　　　　　　　　　　（部田和美，2009）

当传递物是具体的事物，如"本"时，三个系列都能成立。当传递物是抽象事物，如表示"内面表现对象（某种力量或情感）"的名词"元気、希望、安らぎ"等时，这些词语不能出现在ヤル句中。对于这一现象，部田和美（2009）进一步精确描述了授受独立动词句所包含的语义要素，认为ヤル句只能直接作用于传递物，使之移动，而クレル、モラウ句具有间接使接受者身上产生某种抽象物这一含义，因此"元気、希望、安らぎ"等抽象名词可以出现在クレル、モラウ句中。

上述两种现象，研究者从语义的角度进行了一定的解释。例（2）中，如果认为某一句式的产生和解释需要认知主体的参与，那么这句话中的语境应是外部动因，这种情况下是否存在某种主观的认知动因，还需要进一步探讨。例（3）亦是如此，如果从构式整体的意义和作用出发进一步深入探讨，也许会有某种更有说明力的解释。换言之，这两种现象都可以从构式语法的角度获得一种新的解释。

2. 构式语法的基本理论

本文的理论依据是构式语法，在探讨上一小节提出的问题之前，简单介绍 Goldberg（1995）的构式语法理论并解释说明其中

的一些概念。

2.1 构式意义的独立性

Goldberg（1995）认为，构式并不是凭空确立的，抽象的构式是在典型的事件模型和动词的原型性用法中被提炼出来的。如英语双宾构式的原初意义是在典型给予类动词"give"等用法中逐步形成的。两个名词短语与"give"结合起来逐步被概括为一个抽象图式，典型动词义也随之被固化于构式之中，形成了双宾构式（Goldberg，1995；吴海波译，2007：138-149）。

2.2 构式压制

Goldberg（1995）认为，表达形式的具体含义取决于词汇义和构式义的互动。当动词语义和用法与构式不兼容时，构式往往占据主导地位，改变动词的用法类型或意义，这就是"构式压制（Construciton Coercion）"（Goldberg，1995；吴海波译，2007：52）。

Goldberg（1995）主要分析了构式对动词的压制。但是，构式压制不仅仅是构式对动词的压制，当某一词语叠加或被运用于某一特定构式中，且两者的语义和用法特征不兼容或相冲突时，构式往往处于"主导地位"，它可强制性改变词语（主要是动词、名词等）的语义和用法，迫使两者取得协同（王寅，2011上：341）。这是广义上的"构式压制"。

3. 授受独立动词构式的构式义

授受独立动词构式的概念结构是"X CAUSES Y TO RECEIVE Z"，句中有三个论元角色，即给予者、接受者、传递物。传递物由给予者实施传递动作后最终到达接受者，这一传递过程包含"给物""送人""获物"三个方面。授受独立动词构式的原型用法与"I"模式[⑤]这一认知模式密切相关，正是因为认知主体参与到事态中，使得ヤル、クレル、モラウ构式分别突显了传递过程的不同方面，以及传递的特定方向。

3.1 ヤル构式的构式语义

"XはYにZをやる"表示给予者X（认知主体一方）有意致使传递物Z转移至接受者Y处，这一构式突显"给物"和"送人"这两个方面。下面以中村芳久（2004）的描绘为基础，形成图1用来表示ヤル构式的认知图式。

图1　"XはYにZをやる"的认知图式

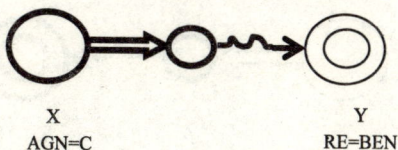

X
AGN=C

Y
RE=BEN

X：给予者　　Y：接受者　　Z：传递物

C：Conceptualizer，认知主体　AGN：Agent，施事

RE：Recipient，接受者　　　BEN：Beneficiay，受益者

如图所示，"给物"可用动作链表示，施事（即给予者X）实施了一个传递动作，其能量直接作用到物体Z上，图1以表示施事的大圆圈及双线箭头表示。施事的能量作用到传递物上，致使传递物转移。图1中的波折线及箭头表示动作链的链尾及方向。表示传递物的小圆圈以及动作链的链尾表示传递行为指向接受者。"送人"即施事意欲将传递物转移至接受者Y（非认知主体一方），这一过程不是施事直接将能量作用到接受者身上，图1以"给物"和物体到达接受者处的动作链来表示。ヤル构式突显给物和送人这两个方面，图1中，这两个方面的图形的轮廓以加粗线的形式表现。当施事X成功实施了传递动作后，Z到达了接受者Y处，接受者最终"获物"。传递物到达接受者处后接受者Y获得了传递物Z的所有权，图1以Y的圈内套有代表Z的小圈来表示。

"XはYにZをやる"中，认知主体是从施事X的视角扫描传递过程，因为施事（认知主体一方）有转让所有权的意图，且传递成功实施后，物体可到达接受者处，物体的所有权可由接受者获得。所以构式表示的传递行为具有了有利于接受者的含义。

同时，认知主体将接受者 Y 识解为传递行为的影响对象，即传递行为的受益者。

3.2　クレル构式的构式义

"X は Y に Z をくれる"表示给予者 X 有意致使传递物 Z 转移至接受者 Y（认知主体一方）处，其认知图式如图 2 所示。

图 2　"X は Y に Z をくれる"的认知图式④

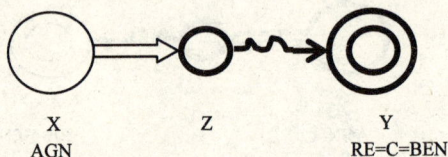

X　　　　　　Z　　　　　　Y
AGN　　　　　　　　　　　RE=C=BEN

　　クレル构式与ヤル构式的不同之处是：クレル构式是从接受者 Y（认知主体一方）的角度描述该事件。当施事 X 成功实施了传递行为后，传递物 Z 到达了接受者 Y 处。构式中的格助词"に"，其原型意义为"移动的终点"，当接受者（认知主体一方）在描述传递事件时，传递结果已经明确。"X は Y に Z をくれる"可突显"送给（认知主体一方）""（认知主体一方）获物"这两个方面，图 2 中，粗线显示的动作链的链尾，以及粗线表示的接受者 Y 获得传递物 Z 的所有权的圆圈说明了这一构式所突显的方面。

3.3　モラウ构式的构式义

"Y は X に／から Z をもらう"表示接受者 Y（认知主体一方）从给予者 X（非认知主体一方）获得某种传递物，突显了"（认知主体一方）获物"这一结果，构式是以获物这一结果来转喻整个传递事件。モラウ构式的认知图式可用图 3 表示。

　　构式中的传递物 Z 不能自主从给予者 X 转移至接受者 Y，应是 X 施以能量致使其移动，也就是如图中②所显示的过程，即构式含有给予者实施能量致使传递物移动的过程。给予者 X 给物既有可能是其自主意志下的行为，也有可能是接受者 Y 施以影响使之给物的结果，所以构式还包含图中①所显示的过程。图中①所显示的过程的终点是给予者 X，此时 X 就是 Langacker（1991）

论述的"次施事"（Secondary Agent），接受者 Y（即主语）成为施事。施事 Y 向给予者 X 施以影响后，次施事 X 再施以影响至传递物上，使之移动至接受者 Y 处。

图3　"Y は X に／から Z をもらう"的认知图式

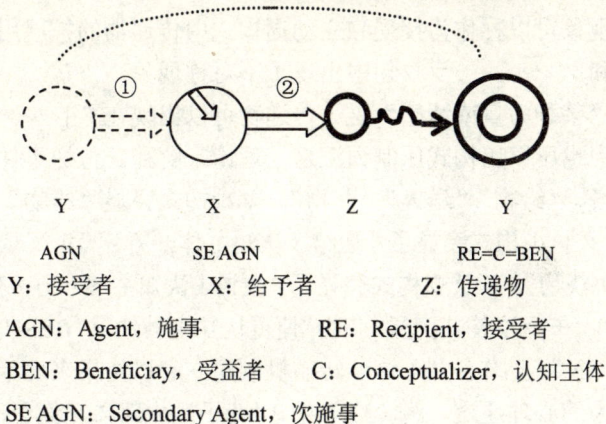

Y　　　　　　X　　　　　　Z　　　　　　Y

AGN　　　　SE AGN　　　　　　　RE=C=BEN

Y：接受者　　　X：给予者　　　Z：传递物

AGN：Agent，施事　　　RE：Recipient，接受者

BEN：Beneficiay，受益者　　C：Conceptualizer，认知主体

SE AGN：Secondary Agent，次施事

4. 构式压制

授受独立动词构式的原型用法都表示传递物由给予者实施传递动作后最终到达接受者，接受者获得具体的传递物后[⑥]，从传递行为中受益，也就是常被提及的恩惠义。表示消极意义的名词或传递行为具有中立义的词组进入授受补助动词构式时，由于构式义包含有接受者受益的含义，在构式义的压制下，使得这类行为具有恩惠义。也就是说，此时的内部动因是构式压制，语境是使得句式成立的外部动因。例（2）之所以能够成立，就是构式义压制了"给予作业"的中立性语义，在后句语境作用下，这一行为具有了恩惠义，这类词语得以出现在クレル句中。

ヤル构式中的传递物其原型用法为具体的、有形的物体。传递物也可以扩展至抽象事物。ヤル构式中能够出现的、表示传递物为抽象事物的词汇主要有"アドバイス、コメント"等这些话

语类词语和"チャンス、時間、許可"等表示"权限、资格"的词语。クレル、モラウ构式中，传递物扩展为抽象事物的用例相对较多，传递物能够扩展为表示"权限、资格"等抽象名词外，还可以扩展为ヤル构式中不能出现的、表示蕴藏在人类身体中的某种能力或某种情感的抽象事物，如："元気、希望、安らぎ"等。这种现象可以称作为授受独立动词构式中传递物的扩展用法在ヤル句和クレル、モラウ句中出现了不对称现象。

"某种力量或情感"这一传递物可以出现在クレル、モラウ构式中也可以用构式压制词汇这一理论来解释。传递事件包含三个阶段，"给物""送人""获物"。ヤル构式突显"给物"和"送人"，クレル构式突显了"送给（认知主体一方）"和"（认知主体一方）获物"，モラウ构式突显了"主语（认知主体一方）获物"。クレル、モラウ构式突显"获物"使得认知主体通过"RESULT FOR ACTION"（动作结果）这一转喻机制建立起以结果来表示整个传递行为的心理通道。例（3）b中，"花子は太郎に元気をくれた"意味着花子身上产生了活力，"太郎は花子に元気をもらった"意味着太郎身上产生了活力。在结果代行为这一转喻机制的作用下，某人产生了"某种力量或情感"这一结果可以用来表示给予者使得某人产生了"某种力量或情感"，这类抽象名词也可以出现在クレル、モラウ构式，此时，名词意义与构式义协同一致，该词汇可以进入这两个构式中。"花子は太郎に元気をやった"不能成立，是因为ヤル构式突显的是"给物"的阶段，句式意义使得认知主体不能建立起以结果来表示整个传递行为的心理通道，所以不能成立。此时名词意义与构式义不匹配，构式压制词汇未能成功，这类词语不能进入该构式中。

5. 结语

从构式语法的理论可知：三个系列的授受独立动词构式都具有自己独立的构式义。表示消极意义的名词和表示中立意义的传递行为可以出现在授受独立动词构式中，以及传递物的扩展用法

在ヤル句和クレル、モラウ句出现不对称现象，其中的认知动因都是构式压制。即授受独立动词构式的语义压制与其不符合的词语，如果在外部语境的作用下该词语的语义能够与授受独立动词构式的构式义协同一致，则该词语可以出现在具体的表达形式中。如果词汇义无法与授受独立动词构式的构式义协同，则不能出现在具体的表达形式中，此时压制不成功。

注释:

①授受句即授受构式，本文在介绍构式语法理论之前，仍沿袭常用的术语，介绍完主要理论概念后均采用构式语法理论的术语。

②本文提到的授受独立动词构式不涉及待遇表现，所以クダサル、クレル都称为クレル句，其他系列同此。

③"I"模式这一术语出自中村芳久（2008），相关内容请参看该论文。

④图2的图示同图1，这里省略不再标示。

⑤这里的"接受者获得具体的传递物"还涉及到接受者是否真正具有传递物的所有权这一问题，该内容涉及到其他概念和认知模式，这里不再赘述，笔者将另文讨论。

参考文献:

[1]Adele E. Goldberg 著. 1995. 吴海波，译. 构式：论元结构的构式语法研究[M]. 北京：北京大学出版社，2007.

[2]王寅. 构式语法研究（上下卷）[M]. 上海：上海外语教育出版社，2011.

[3]中村芳久. 语言的主观性与客观性的认知机制[C]//池上嘉彦、潘钧主编. 认知语言学入门. 北京：外语教学与研究出版社，2008.

[4]部田和美. 授受動詞「ヤル・クレル・モラウ」文の意味分析—抽象的対象物を含む授受動詞文を中心に—[J]. 言語学論叢オンライン版. 筑波大学一般・応用言語学研究室，2009，（2）.

[5]中村芳久. 二重目的語構文の認知構造—構文内ネットワークと構文間ネットワークの症例[J]. 認知言語学論考，2001，（1）.

[6]中村芳久. 認知文法論Ⅱ[M]. 東京：大修館書店，2004.

从认知语言学角度分析日汉语
省略的分布和成因

解放军外国语学院　朱立霞

摘　要：基于语料库统计分析了日汉对译小说、杂文、说明文和口语新闻中省略的发生频率，提出了以往省略研究中忽视的四个问题，并对其进行了解释，得出结论：语言团体约定俗成的认知模式是语言形式形成的动因，具体交际中语言使用者双方的"共感度"的高低，决定了省略频度的大小。

关键词：省略；认知语言学；认知模式；共感度

0. 引言

省略是语言灵活性的表现，人们对省略的关注由来已久。西方语法很早就注意到省略现象。1660 年问世的《普遍唯理语法》（*General and Rational Grammar*）中就提到"在不影响理解的前提下，人们可以把一些词语省略不说"。汉语中，马建忠（1898）、黎锦熙（1924）都提到了汉语的省略。高津锹三郎（1891）也提到了日语中广泛存在主语省略的现象。但是一直以来人们对于省略的界定并无一致的标准，所涉及到的语言形式也是多种多样。针对前人研究中对省略的概念和界定等方面存在的混乱局面，朱立霞（2013、2014）从认知语言学角度反思研究省略的立场和原则，提出了判断省略的三条原则，并在此基础上，基于日汉平行语料库，对日汉语小说中的省略现象进行了对比分析。本研究中我们进一步对比了日汉语杂文、说明文、以及口语新闻中的省略现象，以期对省略现象有更深入的分析。

1. 研究方法

1.1 研究问题

（1）在不同体裁中，日汉语各句子成分的省略数量有什么特点？

（2）探究该特点形成的原因。

1.2 语料选取

目前能够使用的日汉平行语料库由北京外国语大学日本学研究中心研发，但是该语料库语料有限，不能满足我们对文体的要求。因此我们从中选取了 10 个小说对译文本、部分杂文、说明文语料，并自己收集了部分杂文、说明文和口语新闻的语料，使每类体裁有 10 个对译文本（因篇幅所限，本文未详细列出语料的出处）。从每篇文本随机抽取 3 个段落进行分析。这些段落长短大致相同，三段共计 700 字左右。考虑到翻译或许对行文产生影响，我们采取了三种方法以将这种影响降到最低：（1）尽量选取高水平的译文，原则上我们认为在高质量的译文中翻译者的语言应该是自然的本族语，不会对研究造成大的影响。（2）同一个著（译）者的文本只选取 1 篇。（3）选取具有多个译本的文本，在多个译本间进行对照，以提供更客观的数据。

1.3 省略的标注

实际语言使用中省略现象呈现复杂的情况，我们在判断省略时注意到了省略现象的模糊性（朱立霞：2013），灵活调整判断标准，根据朱立霞（2014）中提出的判断省略的三条原则：语言使用适切性原则、语义完型最小化原则和概念成分适度对照原则，对选定日汉语语料中每个句子各对应句法位置上成分的省略和各类省略的出现频率进行标注，统计其数量。以下面一例进行举例说明。比如在杂文文本六中有这样一段话：

①人間の世の中は、いったい、どうして変わるのだろうか。②もちろん、地震や台風や洪水などの自然の力による世の中の変化も考えられるが、その影響は、一時的には非常に大きなものであったとしても、決して長続きするものではない。③長い目で見

ると、世の中の大きな変化は、おもに人間の営みによってもたらされているものであるということがいえるだろう。

①人世间究竟会有哪些变化呢？②当然，我们可以想象会有地震、台风、洪水等由大自然带来的变化。这些影响即使在当时会非常大，也决不会长久地持续下去。③从长远的角度上看，人世间的变化莫过于由人类的活动所带来的变化。

这是杂文文本六中的一段话，翻译时日语文本的第②句被拆译成两句（也会遇到多句合译成一句的情况），对这种文本，我们将原文的句数确定为文本"总句数"，以原文句子为基准来对齐译文句子，以保证对比研究的顺利进行。

另外，日语句子「もちろん、地震や台風や洪水などの自然の力による世の中の変化も考えられる」与它的汉译"当然，我们可以想象会有地震、台风、洪水等由大自然带来的变化。"相比，缺少一个"我们"成分，根据日语语言习惯，该句的主语"我们、人们"等倾向于不出现，但参照第三条判断原则（概念成分适度对照原则），我们判定日语第②句省掉了主语。因为这恰恰是日语独具特色的一种表达特点，如果对照研究中不将其标注为省略，就抹杀了日汉语的这种区别。同样，对于量词（定语）的标注，我们也贯彻了这一原则，如小说文本三中的一句：「そばの粗杂の束に乗せられて、三歳ばかりの女の子が無心に毛糸の玉を持っていた。」，汉译是"坐在旁边柴堆上的<u>一个</u>约莫三岁的小女孩，心不在焉地拿着毛线团。"汉语中出现了量词"一个"，日语没有出现。只有将其标注为省略，才能体现出日汉语的这种表达差异。否则，不能体现这类跨语言的编码隐现差异，省略对比研究的意义也会大打折扣。

2. 基于语料库的日汉省略分布分析

2.1 数据统计

我们完成了对小说、杂文、说明文、口语新闻四类体裁，共40个日汉对译文本的标注，统计结果如下。

表1　日汉对译小说中省略现象的频数分布

文本	一	二	三	四	五	六	七	八	九	十
日语	28	12	14	0	10	8	9	13	10	8
汉语	8	3	9	0	2	0	2	5	3	1

表2　日汉对译杂文中省略现象的频数分布

文本	一	二	三	四	五	六	七	八	九	十
日语	3	4	7	4	7	6	2	15	2	8
汉语	2	1	1	0	1	2	1	1	0	0

表3　日汉对译说明文中省略现象的频数分布

文本	一	二	三	四	五	六	七	八	九	十
日语	2	5	2	1	0	0	5	1	0	1
汉语	1	0	0	1	0	0	1	0	0	3

表4　日汉对译口语新闻中省略现象的频数分布

文本	一	二	三	四	五	六	七	八	九	十
日语	1	0	3	1	1	0	0	1	2	2
汉语	0	0	3	0	0	0	0	1	2	2

2.2　问题讨论

人们一般认为日语的省略远多于汉语，但通过统计研究，我们发现省略的表现并非如此简单。对于日语省略的多发，前人一般将其原因归为三类：语境原因（会话现场因素）、语篇原因（承前、蒙后等）、句法原因（支持省略的结构因素）。如姚灯镇（1996），盛文忠（2006）等。但是通过对日汉语文本中各类省略情况的统计分析，我们发现了很多以往研究中无法说明的现象，概括如下：

（1）汉语的省略不一定远少于日语。汉语的会话省略也很多。日语的新闻省略也极少，日汉省略状况相近。某些文体日汉语差异大，某些文体省略情况却很相似，这如何解释？

（2）省略产生源于语境因素和语篇因素？对于对译文本，日汉语都在同样的语境中，表达的是同样意义的语篇，省略情况为何不尽相同？

（3）日语省略多是因为语言结构因素？日语中支持省略的结构因素比汉语多，但由结构因素造成的省略是很有限的一部分，如もらう、おもう类。而且，如：うれしい!（真高兴啊！）汉语没有这种人称限制，却同样可以省略主语。英语动词有数的范畴，却不能进行这种省略。可见不是这类语言结构导致了这类省略的多发。

（4）不同文体的日语文本中省略的分布差异很大。是什么原因造成的？

前人的分析都不能解决上述问题。可见，语境原因、语篇原因、句法原因都不是造成省略的直接原因。这些都是省略原因的一些外在表现，有更直接的动因在起作用。

2.3 分析与结论

以上问题的存在说明省略的动因，不在语言形式，也不在文本的体裁。省略涉及到语言的内容和形式，是语言使用平面的现象。因此透视语言编码背后语言使用者的认知活动，或许我们能找到问题的原因所在。

对于朱立霞（2014）在分析日汉对译小说文本时曾指出：日汉对译语境相同，所以对于日汉语表现出不同程度的省略，只能从概念化的方式和语言结构特点两方面来找原因。从概念化方式来看，池上嘉彦（2003、2004）、中村芳久（2006）曾指出：人们有两种把握事态的方式，一种是说话者将自身置于事态外来把握事物，就如同置身现场之外来观察场内事物，称为D模式；另一种是说话者将自身置于事态中进行把握，称为I模式。主体置于事态中的"自我投入"心理使得语言成分的"零标记化"现象多，日语是倾向I模式的语言。语言编码和解码的双方都将自己置于事态内来理解语言，不把事态的每个方面都用语言表达出来，常

常点到为止，编码外的意思靠听话人"设身处地"去揣测。所以，日语交际对语言期待不多。英语是倾向 D 模式的语言，而汉语介于两者之间，交际双方也能部分置身于事态内理解交际内容，但程度不如日语使用者高，所以总体说来汉语的省略不如日语多。这解释了 3.2 中提出的（2）、（3）两个问题。

这一分析同样适用于小说外的文体。所以不同的认知模式导致了不同的省略倾向。但是不同的文体中，省略情况的差异又该如何解释呢？比如数据显示说明文的省略情况与小说、杂文有明显的不同。无论是日语还是汉语，说明文中都较少有省略发生。10 篇日语说明文，有 3 篇没有省略现象，汉语有 6 篇没有省略现象。日语中出现 17 例省略，汉语仅有 2 例省略，省略频度远远少于小说和杂文。而且说明文中的省略主要都体现为主语的省略。日语偶见定语省略（2 例），汉语全部为主语省略。其它句子成分都没有发生省略，且主语省略的频数远远小于小说、杂文。偶见日语中有定语省略的情况。而汉语多加上主语。我们认为，用以上理论同样可以说明这一现象。不同的语言背后对应的是不同认知模式，同一语言内部，不同的体裁也对应着不同的具体的认知模式。体裁不同，内容的"共感度"是不同的。高共感度、或以唤起高共感度为目的的文章，I 认知模式（说话者将自身置于事态中进行把握）就使用得多，主体置于事态中的"自我投入"心理使得语言成分的"零标记化"现象多，因而省略多，如小说、杂文等。这些体裁以达成共感为目的，语言使用者双方保持着高度的协作性。反过来这种省略在一方面也促使了高共感度的形成。共感度低的文章，如说明文、新闻，以说明、报道对方不知道的信息为目的，所以其共感度最低，自然多使用 D 模式，因而其省略也最少。这一规律对任何语言都适用，因此无论是日语还是汉语，小说、杂文的省略都多一些，而说明文、新闻中的省略都很少。

本研究所选的新闻属于口语新闻，人们一般认为口语的省略多于书面语。但数据显示，虽为口语题材，但日、汉语中省略都比较少，且多为主语省略。从省略频度来看跟说明文中的省略情况很相似，远少于小说、杂文的省略频度。日、汉语省略均如此。这也是说明以往人们所认为的口语、书面语的差别并不直接影响省略的频度。新闻已报道新信息为目的，共感度低。新闻的特性要求内容要交代清楚，不能有歧义产生，因此句子详细、具体，句子成分少有省略。不仅是不省略，长长的定语也从侧面印证了这一点。这样我们就解释了上文中的（1）（4）两个问题。

因此，我们认为在语言团体长期协作中约定俗成的认知模式是语言形式形成的动因。在具体交际中语言使用者双方的"共感度"的高低，决定了省略频度的大小。

3. 结语

通过对语料库数据的分析，我们获得了详尽的数据，对日汉语省略状况做了较为系统的对比，弥补了以往研究缺乏客观量化考察的缺陷，比较客观地反映了两种语言不同体裁中省略的实际情况，发现了以往研究无法解决的一些问题。通过对这些问题的分析，我们认为语言背后的认知模式，同一语言内部具体交际的"共感度"是决定省略的直接动因。而认知因素如何与其余的因素互相作用影响省略的表现情况，有待我们进一步的研究。

注释:

①本文为 2011 年度国家社会科学基金项目"认知语言学角度的日汉语省略对比研究"（11CYY062）的阶段性成果。

参考文献:

[1]黎锦熙. 新著国语文法[M]. 北京：商务印书馆，1924（1955 年版）.

[2]马建忠. 马氏文通[M]. 北京：商务印书馆，1898（1993 年版）.

[3]盛文忠. 日语助词省略的语用学思考[J]. 解放军外国语学院学报，2000，

（4）：34-38.

[4] 姚灯镇. 日汉主语承前省略的比较[J]. 日语学习与研究，1994，
（2）:46-52.

[5] 朱立霞. 认知语言学视角的省略研究新探索[J]. 外语与外语教学，2013，
（3）:16-19.

[6] 朱立霞. 认知语言学角度日汉语小说中的省略对比研究[J]. 外语教学，
2014，（3）（待刊）.

[7] 池上嘉彦. 言語における＜主観性＞と＜主観性＞の言語的指標（1）[C]
// 山梨正明. 認知言語学論考（No. 3）. 東京:ひつじ書房，2003:1-49.

[8] 池上嘉彦. 言語における＜主観性＞と＜主観性＞の言語的指標（2）[C]
// 山梨正明. 認知言語学論考（No. 4）. 東京:ひつじ書房，2004:1-60.

[9] 高津鍬三郎. 日本中文典[M]. 金港堂，1891.

[10] 中村芳久. 言語における主観性・客観性の認知メカニズム[J]，言語，
2006，（5）：74-81.

日语使役句的意义与主观意志性

——以有情物做主语的场合为中心

解放军外国语学院 傅 冰

摘 要：日语使役句的意义类型复杂多样，当包含主体的意志性时，强意志性的情况包括表示强制、要求、指令等意义，弱意志性的情况中有表示许可、放任等意义。使役句的意义类型离不开使役事件中使役主体和使役对象之间的关系，有情物做主语的场合主要有四种情况：（1）包含主体的意志性、包含对象的意志性；（2）包含主体的意志性、不包含对象的意志性；（3）不包含主体的意志性、包含对象的意志性；（4）不包含主体的意志性、不包含对象的意志性。

关键词：日语使役句；意义；主观意志性；主体；对象

0. 问题的提出

日语使役句指谓语动词为使役态（"动词+（さ）せる"）结构的句子。从意义角度看，日语使役句意义用法多样，不仅可以表示强制、命令（指令）等典型的使役意义，还可以表示许可、诱发、责任等非典型的使役意义。

根据阪田（1993：39），使役的基本意义是指一方对另一方的要求、命令等，根据使役主体与使役对象的关系，可以将使役表达的具体意义分类如下：

a 使役意义（文字どおり使役を表すもの）。

私は娘に料理を<u>つくらせた</u>。

　　　　父親は子供を使いに<u>行かせた</u>。

　b　表示达到希望的结果（あることをして、期待どおりの結果になるようにする意を表すもの）。

　　　　お世辞を言って彼女を<u>喜ばせた</u>。

　　　　住民に公害問題に対する<u>関心を向けさせた</u>。

　c　表示许可、容许（元来当人だけでは行いえないことについて自分が許可を与えた結果）。

　　　　本人の希望を入れて、アメリカに<u>留学させた</u>。

　　　　子供をひとりで旅行に<u>いかせる</u>のは危険だ。

　d　表示放任（相手の行為を黙認するというより、むしろ放任という意を表すもの）。

　　　　勝手に<u>怒らせて</u>おけ。

　　　　子供じゃないんだから、したいように<u>させよう</u>。

　（自分の行動について相手の許可・承認を得てなにかをするという形式にも用いられる、としている。）

　　　　僕に<u>言わせれば</u>、責任は当然、政府がとるべきだ。

　e　表示致使、导致不期望的结果（意図的にそうしたのではないのに、ある一般に好ましくない結果を招く事態に至った意を表すもの）

　　　　うっかり失礼なことを言って彼を<u>怒らせて</u>しまった。

　　　　朝寝坊をして友だちを一時間も<u>待たせて</u>しまった。

　　根据阪田的分类，日语使役句的意义主要有使役（命令）、达成（希望的结果）、许可（容许等）、放任、致使（不期望的结果）等。关于意义，泽田（2011）指出，语言学中的意义研究主要分为语义和语用两大领域。语义范畴中的意义问题与语境无关，而语用范畴中的意义特点依赖于语境的约束。从日语使役句表示的强制、使役、放任等意义看，不仅与句式语义本身有关，与语境的制约也是分不开的。也就是说，在不同的语境和使用情况下，使役句可以表示不同的意义。而且，"强制、使役、放任"等意义用法，与不同场合下人的主观意志性有关。所谓主观意志

性就是指人的感情、意志、意愿等，比如"人的要求、人的意愿或期待"等。

我们的疑问是日语使役句式在形式上是相同的，都是动词的使役态，那么相同的语言形式为什么会产生不同的意义呢？在各种使役句意义用法中，参与者的主观意志性有什么特点呢？关于使役句的意义和主观意志性的特点的探讨将有利于进一步把握日语使役句的意义特点和本质。

1. 使役主体和对象的主观意志性

在使役用法中，句式的意义类型复杂多样。当主体是有情物时，使役句式有时包含主体的意志性，有时不包含主体的意志性。而且，当包含主体的意志性时，强意志性的情况包括表示强制、要求、指令等意义，弱意志性的情况中有表示许可、放任等意义。

在不同的场合，同样的动词的使役态可以表示不同意义。如下面的例（1）根据主语和对象的意志性以及意志性的强弱不同，可以表示多种意义类型，即表示强制、指令、使役，或者许可、放任等。

（1）彼は子どもを駅まで步かせた。／他让孩子步行到车站。

根据不同的场合或上下文，例（1）可以表示强制意义、指令意义、或者许可、放任等意义。根据语境不同，例（1）的汉语意思可以是多种情况：如"他非（硬）要孩子步行到车站""他（要求）让孩子步行到车站""他（允许）让孩子步行到车站""他由着孩子步行到车站"等。

关于日语使役的意义特点，森田（2002：194～195）指出句子的上下文、特别是使役主体（主语）和对象（行为主体）的意义，主体、对象和动词的意义关系等问题十分重要。根据森田的论述，使役的意义包括①因果关系（逻辑上）、②结果（任意）、③责任、功绩、④引发（无意志）、⑤放置、⑥放任、⑦许可、⑧指令（推动）、⑨使役（使做、使动）⑩他动性（行为）等类型。

使役句式的意义类型离不开使役事件中使役主体和使役对象之间的关系。一般情况下，使役所表达的事件包含使役主体和对象（行为主体），从包含使役主体和对象的意志性情况看，在使役用法的意义中，主要有四种情况，1）包含主体的意志性、包含对象的意志性；2）包含主体的意志性、不包含对象的意志性；3）不包含主体的意志性、包含对象的意志性；4）以及不包含主体的意志性、不包含对象的意志性。

当主语是有情物时，从事件参与者"有意志"或"无意志"看，使役句式主要有四种情况，举例如下：

1）包含使役主体的意志性、包含对象的意志性（许可）

（2）かつて植民地であった国が独立して、イギリス人にかわって、近くその国の人たちで運営されていくということになり、その候補者たちを英国に留学させるという時代があった。／当英国的殖民地纷纷独立，将由本国人取代英国人治理国家之际，英国人曾经把那些有希望执政的候选人送往英国留学。

（3）反射的に、八千代の頭には、その時、決して自分にネクタイを選ばせたことのない夫 —大貫克平のことを思い出されて来た。／同时，八千代脑海里，条件反射似地浮现出决不让自己挑选领带的丈夫大贯克平。

2）包含使役主体的意志性、不包含对象的意志性（强制）

（4）玉枝に無理矢理盃をもたせるので、玉枝は酒をうけるだけはうけて、卓の上においた。／（忠平）将酒杯往玉枝手上递。玉枝只好接过酒杯，搁在桌上。

（5）生徒として規則を守らないようなものは休校させろ…／作为学生，不遵守学校的规章，就该勒令退学。

3）不包含使役主体的意志性、包含对象的意志性（放任）

（6）「あたしに好きな事をさせるか、一々干渉なんかしないか」／"我爱怎么做就让我怎么做，不——干涉？"

（7）それで彼の思う通りにさせて、私は手を引きました。

/ 因此，便依顺了他，不再勉强他了。

4）不包含使役主体的意志性、不包含对象的意志性（责任）

（8）しみじみ、いいお母さまだと思うと同時に、こんない
いお母さまを、私と直治と二人でいじめて、困らせ弱らせ、い
まに死なせてしまうのではなかろうかと、ふうっとたまらない
恐怖と心配の雲が胸に湧いて、… / 我深深感到她是一位好妈妈，
也意识到我和直治两人时刻都在虐待这么好的一位母亲，使她为
难，使她日益衰弱下去，也许不久就会使她丧命，我心中忽然涌
起无法形容的恐怖和不安的乌云。

在强制、要求、指令等意义的使役中，使役所表示的动作、
行为与主体的意志性有关，与对象的意志性无关。在放任意义的
使役中，使役所表示的动作、行为与对象的意志性有关，与主语
的意志性无关。但是与主语的态度（放任）有关。另外，在许可
意义的使役中，使役所表示的动作、行为与对象的意志性有关，
但是与主语的意志性无关。在责任意义的使役中，使役所表示的
动作、行为既与主语的意志性有关，也与对象的意志性无关。

关于日语使役句式的主体和对象的"有意志"和"无意志"
情况，如下图所示：

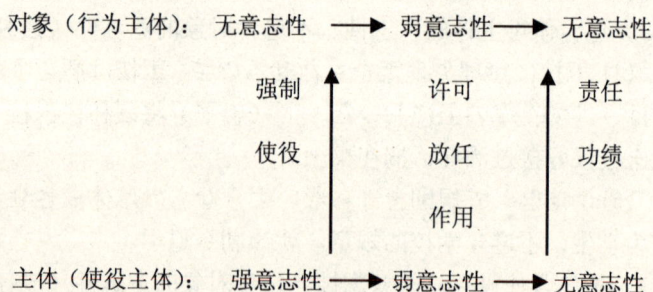

对象（行为主体）： 无意志性 ——→ 弱意志性 ——→ 无意志性

　　　　　　　强制　　　　　　许可　　　　　责任

　　　　　　　使役　　　　　　放任　　　　　功绩

　　　　　　　　　　　　　　　作用

主体（使役主体）： 强意志性 ——→ 弱意志性 ——→ 无意志性

从图中可以看出，使役用法中既体现了主语的"有意志"或
"无意志"，也体现了行为主体（使役对象）的"有意志"或"无
意志"。而且，根据主语和对象的"意志性"的强弱，还可以分

为强制、使役、许可、放任等多种意义用法。因此，关于使役表达的意义类型，与使役表达的行为、动作的参与者"意志性"有关，根据是否包含主语和对象的意志性，以及所包含的主语和对象"意志性"强弱的不同，使役可以表达繁杂多样的意义类型，如强制、使役、许可、放任、责任、致使等。

2. 使役句的意义及特点分析

可以看出，包含主体的意志性并不是使役句式成立的必要条件，当主体无意志性时，也可能使用使役句，如下面表示责任意义的情况：

（9）太郎が次郎を死なせた。＜责任＞

关于这类使役用法，森田（2006：31）举例如下：

（10）子供が病気で死んだ。

（11）子供を病気で死なせた。

森田（2006：31）指出，对于"孩子因病死了（子供が病気で死んだ）"这一事实，例（10）是把事实客观地叙述出来，而例（11）的意义包含"孩子的意外病死"原因、责任在于说话人"我"的"不周到、不注意"。也就是说，从叙述的事实看，尽管例（10）和例（11）所表示的事件是同一事件，但是由于说话人对事件的不同感知、认知，就产生了不同的句式。自动词句式和使役句式虽然包含了相同的事态，但是使役句式中加入了说话人的感情表达，即主观性感情，而自动词句式更倾向于客观性事件的描述。

也就是说，当主语是有情物时，使役句式在意义上不仅包含客观事件，也包含说话人的主观性感情，使役的句式语义是主观意志性和客观事实的结合。

从使役表达的强制、使役、要求、放任、许可等意义类型看，句式语义都包含两个事件，一个事件是从主观上一方（使役主体、主语）对另一方（对象）的强制性要求、指令性要求、使役、或者许可、放任等行为；另一个事件是从客观上是对象（动作主体）

做某一动作、行为。而且，使役句式的意义中比起客观性意义更强调主观性意义，即更强调使役主体（主语）的主观性态度对客观事件的影响，可以说这一点正是使役句式意义的本质特征。

关于使役的句式语义情况，如下图所示：

有情物主语使役的意义与主观意志性

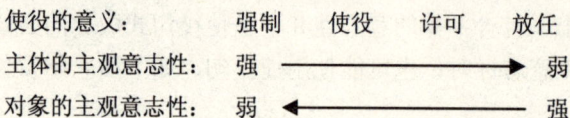

使役的意义：	强制	使役	许可	放任
主体的主观意志性：	强 ——————————————→ 弱			
对象的主观意志性：	弱 ←—————————————— 强			

从图中可以看出，使役表达的意义有强制、使役、许可、放任等，这些意义类型中使役主体的主观意志性依次有强到弱，使役对象的主观意志性依次由弱到强。另外，表示责任的使役句用法包含"致使"的意义，而且使役句的意义一般不包含使役主体的主观意志性，也不包含对象的主观意志性。在"责任"意义的使役句中，使役主体是有情物，但是"责任"使役句的意义与主体的主观意志性无关。因此，从不包含主体的主观意志性这一点看，"责任"意义的使役句与无情物主语使役的意义具有相近性。这也同时说明了使役句表达的意义具有连续性特点。

3. 结语

日语使役句的意义类型复杂多样，当包含使役主体的意志性时，强意志性的情况包括表示强制、要求、指令等意义，弱意志性的情况中有表示许可、放任等意义。使役句的不同意义类型，与使役主体和使役对象的主观意志性有关。关于有情物做主语的日语使役句，主要包括四种情况，1）包含主体的意志性、包含对象的意志性；2）包含主体的意志性、不包含对象的意志性；3）不包含主体的意志性、包含对象的意志性；4）以及不包含主体的意志性、不包含对象的意志性。

例句出典：

中日对译语料库（中日対訳コーパス）（2001）

参考文献：

[1]澤田治美．ひつじ意味論講座[C]．ひつじ書房，2011.

[2]阪田雪子．使役を表す言い方．教師用日本語教育ハンドブック④文法
　　Ⅱ　改訂版[M]．国際交流基金．凡人社，1993：39～50.

[3]森田良行．使役表現の諸相．日本語文法の発想[M]．ひつじ書房，2002：
　　181～199.

[4]傅冰．现代日语使动句式的多视角研究[M]．南开大学出版社，2009.

「上」的语义拓展机制研究[①]

解放军外国语学院　徐　莲

摘　要：为了提高研究的客观性与全面性，本研究基于对母语者内省的调查，结合心理学实验的结果，对「上」的拓展机制做出倾向性的判断。得出两点结论：（1）「上」的语义拓展以<上方>和<上表面>两个下位原型义为中心分别展开，拓展既有辐射趋势，也有连锁趋势，两者的拓展数量相当；（2）拓展手段有隐喻也有转喻，隐喻拓展远远多于转喻。

关键词：「上」；语义拓展；隐喻；转喻

0.　研究现状及存在的问题

「上（うえ）」作为典型的多义词，其语义结构分析是语义学界的传统课题。早在 20 世纪 70 年代，宫岛達夫（1972）就曾讨论过「上」的 7 项意义。其后，森田良行（1977）更是细致地将「上」的语义归纳为 2 类 13 项。这些传统的客观主义语义学研究有力地推动了多义词的义项归纳和区分，却没有关注义项之间的联系。进入 20 世纪 80 年代以来，随着认知科学的跨越性发展，研究者们开始从人类的认知过程来重新认识多义现象，认为多义词的词义具有原型范畴结构，各义项之间通过一定的认知机制互相联系。例如，嚴馥（2009）分析了「上」的 5 项意义之间的语义拓展关系。认知语义学研究在阐释各义项之间的相互联系方面弥补了客观主义语义学研究的不足，然而「上」的研究现状还存在几方面的不足：一是拓展机制研究单一，目前的研究大都集中在隐喻拓展方面，对于转喻等拓展机制的关注较少；二是客观性不足，

语义拓展机制研究涉及母语者的认知心理，而现有的研究大都基于非母语研究者的个人内省和理论分析，结论缺乏来自母语者的证据支持；第三，现有的研究语义在覆盖度和语义结构的完整性方面还有进一步提升的空间。据此，为了提高研究的客观性与全面性，本研究基于对母语者内省的调查，结合心理学实验的结果，对「上」的拓展机制做出倾向性的判断。

1. 义项认定

研究拓展机制首先必须对多义词的多个义项进行认定。根据日语语言学界和词典学界的共识，并参考主流网络购物平台的辞书类销售量，选择『大辞林』、『大辞泉』、『現代国語辞典』、『新明解国語辞典』、『明鏡国語辞典』5 部日语常用词典作为义项认定的参考词典。将这 5 部词典中的「上」的释义抽出，排除不在研究范围内的接尾词和古代义项，提取出 11 条基本义项：

①〈高方位〉シャンデリアはテーブルの<u>上</u>にある。

②〈远方位〉本文の<u>上</u>に頭注をつける。

③〈外表面〉シャツの<u>上</u>にセーターを着る。

④〈次序在前〉<u>上</u>に述べたように、復習は大切です。

⑤〈地位高〉<u>上</u>の人におべっかを使っている。

⑥〈能力强〉英語の能力は彼のほうが<u>上</u>だ。

⑦〈年龄大〉彼女は私より三つ<u>上</u>です。

⑧〈方面〉理論の<u>上</u>ではそうだが、実際はどうか。

⑨〈顺序〉十分調査した<u>上</u>で御返事します。

⑩〈累加〉彼は頭がよい<u>上</u>に、実行力もある。

⑪〈前提〉見られた<u>上</u>はしかたがない。

2. 调查

对日语母语者就「上」的语义拓展机制展开问卷调查，然后统计分析结果，依据多数人的意见判断拓展方向和拓展手段。

（1）目的　考察母语者认知心理中「上」各拓展义的始源义和拓展手段。

（2）**被试** 拓展机制考察是定性研究，对被试的数量要求不高，但要求其具备一定认知语言学知识。本实验被试为 3 名日语成人母语者，其中男性 1 名，女性 2 名，均熟知认知语言学知识。

（3）**材料** 问卷 1 张，提供「上」的 11 条基本义项及其代表性例句，同时说明通过造句联想实验认定的原型义及其下位分类。

（4）**程序** 向被试提供问卷材料，要求其判断「上」各拓展义的始源义和拓展手段。

3. 结果

三名被试对于拓展方向和手段的判断结果如下表所示。━➤ 代表隐喻，┄➤ 代表转喻，○代表被试有这种判断，合计栏的● 代表被多数被试（2 名以上）认可的拓展机制。

表 1 拓展机制调查结果

拓展方向和手段	被试 1	被试 2	被试 3	合计
上表面 ┄➤ 外表面	○	○	○	●
上表面 ━➤ 累加	○			
外表面 ━➤ 累加		○	○	●
外表面 ━➤ 顺序		○	○	●
次序在前 ━➤ 顺序	○			
外表面 ━➤ 前提	○	○	○	●
上表面 ━➤ 方面	○	○	○	●
上方 ┄➤ 远方位	○	○	○	●
上方 ┄➤ 次序在前			○	
远方位 ━➤ 次序在前	○	○		●
上方 ━➤ 年龄大	○	○	○	●
上方 ━➤ 地位高	○		○	●
上表面 ━➤ 地位高		○		
上方 ━➤ 能力强	○	○	○	●

4. 讨论

如上表所示，对于内省性较强的拓展机制的分析，即使在母语者之中也存在意见分歧。因此，我们按照多数人（3 名被试之中的 2 名以上）的意见对拓展机制做出倾向性的判断，得出的拓展机制情况如下图所示。图中实线箭头代表隐喻拓展，虚线箭头代表转喻拓展，虚线代表原型义的分裂。

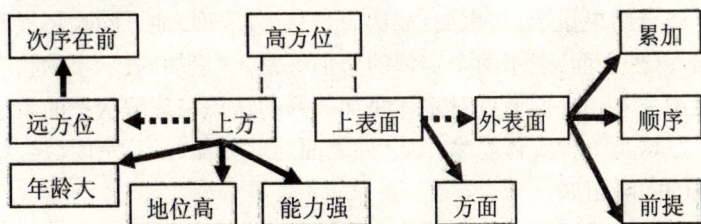

图 1　拓展机制示意图

根据徐莲（2012a）联想实验的结果，「上」的原型义是〈高方位〉，该原型义又分裂为〈上方〉和〈上表面〉两个下位意义。调查结果显示，语义拓展以这两个下位意义为中心分别展开，既有辐射趋势，又有连锁趋势。拓展的方式有隐喻也有转喻。下面分别来看各个拓展。

（1）〈上表面〉┄┄▶〈外表面〉

调查结果显示，〈外表面〉被认为是从〈上表面〉通过转喻拓展而来的。〈外表面〉中 TR 与 LM 之间是接触关系。原型义中，〈上表面〉的 TR 与 LM 接触，因此该意义成为拓展源头的可能性更高。〈上表面〉和〈外表面〉同属空间认知域，上表面只是物体外部表面的一部分。用表示部分的词来代指整体，此拓展是空间域内部的转喻拓展。

（2）〈上表面〉──▶〈方面〉

调查结果显示，〈方面〉被认为是从〈上表面〉通过隐喻拓展而来的。〈方面〉表示对后续内容范围的限定，相当于"在……方面"。根据徐莲（2012b）的考察，「上」的两个下位原型义中，〈上表面

69

>的限定性相对较强，更有可能拓展出〈方面〉。实体通常具有多个表面，每个表面展现出不同的形态，上表面是多个表面中的一个。〈上表面〉从实体的多个面中限定了一个面，〈方面〉则从事物的多个方面中限定一个"方面"，两者具有心理相似性。从〈上表面〉到〈方面〉是从空间域到状态域的隐喻拓展。

（3）〈外表面〉——→〈累加〉

调查结果显示，〈累加〉被认为是从〈外表面〉通过隐喻拓展而来的。〈外表面〉表示两个实体的叠加关系，〈累加〉表示事物状态的累加关系。人们通过对实体叠加关系的认识来理解状态的累加关系，这是一种实体隐喻。从〈外表面〉到〈累加〉是从空间域到状态域的隐喻拓展。

（4）〈外表面〉——→〈顺序〉

调查结果显示，〈顺序〉被认为是从〈外表面〉通过隐喻拓展而来的。〈外表面〉表示在一个实体的外面再叠加另一实体，这一过程隐含着时间上的先后顺序。对实体的先后叠加顺序的认知被用来理解事件发生的先后顺序。从〈外表面〉到〈顺序〉是由空间域向状态域的隐喻拓展。

（5）〈外表面〉——→〈前提〉

调查结果显示，〈顺序〉被认为是从〈外表面〉通过隐喻拓展而来的。〈外表面〉表示在一个实体的外面再叠加另一个实体，当第一个实体的基础地位被突显时，这种基础-添加的关系被映射到状态域，表示两个状态之间的前提-对策关系。从〈外表面〉到〈前提〉是从空间域到状态域的隐喻拓展。

（6）〈上方〉……▶〈远方位〉

调查结果显示，〈远方位〉被认为是从〈上方〉通过转喻拓展而来的。〈远方位〉表示"物体水平放置时距人远的方向和位置"。徐莲（2013）卡片分类实验的结果显示，〈远方位〉在「上」的空间图中位于指示-限定轴的指示端，说明其指示性较强。该研究还指出，两个下位原型义中〈上方〉的指示性相对较强，因而〈上方〉被

认为更有可能是〈远方位〉的始源义。〈上方〉表示垂直面上的空间关系，而〈远方位〉表示水平面上的空间关系，两个平面相交于观察者自身，由交点产生邻近性。因而从〈上方〉到〈远方位〉是空间域内部的转喻拓展。

（7）〈上方〉➡〈地位高〉

调查结果显示，〈地位高〉被认为是从〈上方〉通过隐喻拓展而来的。根据徐莲（2013）的调查，〈地位高〉指示性较强，因而与指示性相对较强的〈上方〉更可能形成拓展关系。在远古社会里，人在部落里的地位与他的身体强壮程度、身材是否高大紧密相关，这种体验将社会地位高与向上的概念联系在一起，使两者具有了心理相似性。从〈上方〉到〈地位高〉是从空间域到状态域的隐喻拓展。

（8）〈上方〉➡〈能力强〉

调查结果显示，〈能力强〉被认为是从〈上方〉通过隐喻拓展而来的。同样根据徐莲（2013）的考察，〈能力强〉指示性较强，其拓展源头很可能是〈上方〉。远古社会中身强体壮的人往往在格斗中处于上风，将失败者压在身下。这种体验使得能力强与向上的概念具有了心理相似性。从〈上方〉到〈能力强〉是从空间域到状态域的隐喻拓展。

（9）〈上方〉➡〈年龄大〉

调查结果显示，〈年龄大〉被认为是从〈上方〉通过隐喻拓展而来的。根据徐莲（2013）的考察，〈年龄大〉指示性较强，被认为是从指示性相对较强的〈上方〉拓展而来的。在人的成长过程中，伴随着年龄的增长，身高逐渐增加，从而在年龄大和位置高之间建立起心理相似性。从〈上方〉到〈年龄大〉是从空间域到状态域的隐喻拓展。

（10）〈远方位〉➡〈次序在前〉

调查结果显示，〈次序在前〉被认为是从〈远方位〉通过隐喻拓展而来的。〈次序在前〉表示"在文章或语流等连续体中顺序靠前

的部分"，当观察者面对水平放置的文本时，距人远的单词、句子或段落在文本中的次序靠前，因此<远方位>和<次序在前>具有自然的心理相似性。从<远方位>到<次序在前>是从空间域到时间域的隐喻拓展。

5. 结语

「上」的语义拓展机制考察得出两点结论：（1）从拓展方向来看，「上」的语义拓展以两个下位原型义为中心分别展开，拓展既有辐射趋势，也有连锁趋势，<上方>和<上表面>的拓展数量相当。（2）从拓展手段来看，「上」的语义拓展有隐喻也有转喻，隐喻拓展远远多于转喻拓展。心理学实验和母语者内省调查相结合的方法为研究提供了客观的证据和有力的支撑，修正了以往研究的部分结论，为多义词的语义结构研究提供了新的思路。

注释：

①本研究为河南省哲学社科规划项目"多义词量化认知模型的构建与应用"（2012CYY006）及洛阳市社科基金项目"空间-时间隐喻的日汉对比研究"（2013D280）的阶段性成果。

参考文献：

[1]徐蓮. 心理学実験に基づくプロトタイプ的意味の認定法[C]// 李东哲, 权宇（编）. 日本语言文化研究. 延边:延边大学出版社. 2012: 405-415.

[2]徐蓮. 「上」と"上"のプロトタイプ的意味の再認定と対照[Z]. 2012年中国日语教学研究会年会. 2012.

[3]徐蓮. 基于心理学实验的「上」的范畴结构研究[Z]. 2013 年上海外国语大学日语教学暨日本文化研究国际研讨会，2013.

[4]嚴馥. 日本語と中国語の空間表現に関する対照研究[D]. 大阪大学大学院言語文化研究科博士学位論文. 2009.

[5]宮島達夫. 動詞の意味・用法の記述的研究[M]. 東京：秀英出版. 1972.

[6]森田良行. 基礎日本語Ⅰ：角川小辞典[M]. 東京：角川書店. 1977.

试分析表动作重复的汉日频度副词

——再三，再三再四，一再，再度，再再

青岛农业大学外国语学院　　万　礼

摘　要： 汉语和日语里都存在表示动作或行为反复发生的频度副词，其中有一组汉日同形副词"再三"，"再三再四"，"一再"，"再度"，"再再"等。通过汉日语言数据库里的实例分析，从词汇意义比较，句中使用形态，所修饰动词的词汇意义，谓语形式等方面，分别进行对比分析，从而考察汉日语言里使用的异同。

关键词： 频度副词；动词；词汇意义；语法功能

0. 引言

汉语和日语里都存在表示动作或行为反复出现的频度的副词，例如"再三"不论在汉语和还是日语里都是使用较为频繁的词语，对此也已经有了较充分的相关研究。比如，周小兵，邓小宁（2002）、陈全静（2011）等人对汉语"再三"的研究。而汉日对比方面的研究虽然较少，但近年有施建军等（2012）的研究弥补了这一空缺。在汉日同形副词里面，表示动作或行为反复出现的频度副词，另外还有"一再""再度"等，对于这样一组词的研究，特别是通过汉日对比的角度进行的研究还不多见。所以本文选取了表示动作或行为重复的汉日同形的副词"再三"，"再三再四"，"一再"，"再度"，"再再"从词汇意义比较，句中使用形态，所修饰动词的词汇意义，谓语形式等方面，进行对比分析。本文利用了日本国立国语研究所开发的"现代日语书面语言均衡数据库"，

汉语资料利用了"北京大学现代汉语语料库",进行实例调查分析。

1. "再三"

1.1 意义比较

汉语"再三"在《现代汉语八百词》中的解释为,"(副),一次又一次。表示频繁重复。用于动词前,作状语。有时能说'再三再四'。"《现代汉语虚词词典》里记述,"'再三'一般用在中性和积极的词语前面",对"再三"本身并没有褒义贬义的描述。

古代汉语的"再三"有两种用法:1) 第二次第三次;一次又一次;一遍又一遍。表示频度。2) 犹言非常,极其。表示程度。

日语"再三"在『现代副詞用法辞典』里有较详细的解释:"表示多次反复",可以修饰谓语,也可以修饰名词,但不可做谓语。"主体多次重复的行为结果,没有达到预期结果,非动作主体者的本意",或者"多次重复同一行为给予说话者以麻烦",略有贬义。

实例分析中发现日语中用"再三"充当谓语的例句虽少但也存在。对于词义略有贬义的解释,多数句子使读者感觉到贬义感情色彩,但并不是所有的句子都如此。

下面(1)日语(2)汉语里,动作主体多次实施了动作行为却没有达到预期结果,整个句子可以说带有了贬义的评价性感情色彩。

(1) 彼の兄が帰国するようにと再三説得したが効果はなかった。(『第三の女』)

(2) 我再三向父亲要报纸看,父亲却不许可。(《辛亥革命与我》)

现代汉语里表示程度的用法已经消失。日语里也只有表示频度的一种用法。两者共同点是"表示动作行为的反复",从整个句子的评价性感情色彩来看,都有贬义色彩的时候,日语里要比汉语里出现的更加明显。

1.2 语法功能

日语"再三"在句中使用形态如下表有多种形式。

表1 日语"再三"的形态

成分 368 例		形态			
扩大成分①	规定语③（14.1%）	再三の+N	再三にわたる+N	再三再四の+N	再三再四にわたる+N
扩大成分①	修饰语④（84.5%）	再三+V	再三にわたって/にわたり+V	再三再四+V	—
骨格成分②	述语⑤（1.4%）	再三である	再三にわたってである	—	—

日语"再三"充当谓语的例句虽少，但也有例(3)的谓语用法类似于下面例(4)的古汉语用法。

(3) その結果、お静を責めたことも再三ではなかつた。しかし、お静はとりあはなかつた。（『德田秋聲全集』）

(4)李悝警其和曰："谨警敌人，且暮且至击汝。"如是者再三而敌不至，两和懈怠，不信李悝。（《韩非子外储说左上第三十二》）

表2 汉语"再三"的形态

成分 341 例		形态		
扩大成分	状语（86.8%）	再三+V	再 三 "地"（"的"）+V	再三再四"地"（"的"）+V
扩大成分	补语（12.3%）	V+再三	—	—
骨格成分	宾语（0.6%）	V+再三	—	—
骨格成分	谓语（0.3%）	主語+再三	—	—

汉语中的"再三"在句中充当的成分主要是状语，有少量补语用法。另外"有再一，再二，没有再三"的惯用使用中，"再三"作为名词使用，充当动词"没有"的宾语。"再三"做补语时多表示其所修饰动作的一定的时间量。

1.3 共现动词的词汇意义

本文从其修饰的动词词汇意义出发，参照"分类语彙表"的动词分类，统计如下：

表3　主要动词的词汇意义分类

词汇分类项目	日语368例	汉语341例
2.30心	12.2%	19.9%
2.31言語	29.3%	41.6%
2.36待遇	14.9%	26.4%

表3所示，汉、日用"再三"所修饰的动词大多集中在「心、言語、待遇」等表示精神活动，社会活动等的分类项目，其中汉语的动词占有率高于日语。共现动词基本都是表示人类主体的动作行为。

(5)洗濯は終わり、平気で干して、片付けてしまっていたでしょう。こんなことは<u>再三</u>ありました。(杉原悦子『カアサントコイク』)

例(5)的动词「ある」字面意思不是人类主体发出的动作或行为。但是「洗濯、干し、片付け」("洗，晾，收拾")，实为人类主体发出的动作，从文脉来分析"再三"修饰的动作行为仍归结为人类主体发出的动作行为。

除「ある」之外，日语"再三"还能搭配「出てくる」「発生する」「浮かぶ」等的"非自主动词"。而汉语的例文里并没有出现与"非自主动词"搭配的情况。

1.4　主句节・从属句节

村木新次郎（2007）指出"从属句节是相对于终止句子的主句节而言，与主句节是相对立的，后续于某成分。"并且对其划分做了提案。根据其提案，本文将"再三"所在的句节进行了分类。

表4　"再三"所在句节

句节	日语"再三"368例	汉语"再三"341例
主句节	（150例）40.7%	（36例）10.6%
从属句节	（218例）59.3%	（305例）89.4%
（从属句节里的逆接句节）	（61例）16.6%	（52例）15.2%

(6)そして僕はアリスを週末にイェールに誘うことを<u>再三</u>

考えはしたけれど、結局誘わなかった。 （偉大なるデスリフ）

　　参考汉语里前后分句的关系，本文里将「逆接句节」定义为"从属句节叙述一个事实，可是主句节没有顺着这个事实得出结论，而说出了一个相反或部分相反的事实"。将例（6）这类句子划分为「逆接句节」，汉语"再三"应用于从属句节的情况占全部例句的近9成，而日语的是几乎各占一半。「逆接句节」的使用情况，日语和汉语较为类似。

　　2. "再三再四"

　　汉语和日语里的"再三再四"据词典解释都有着"反复多次，连续多次"的意义。『现代副詞用法辞典』里注明日语的"再三再四"略带贬义。汉语里并没有贬义和褒义的区分。

　　现代语言里使用频率都不高，从句中形态来看日语有如下「再三再四にわたる＋N」、「再三再四＋の＋N」、「再三再四＋V」等的使用形态。汉语的使用形态较为简单，"再三再四＋的／地＋V""再三再四＋V"等。

　　相对于汉语，日语里"再三再四"的出现频率要略高，汉语的句法功能只能是在谓语的前面修饰谓语，使用形态也较为单一；日语的句法功能除了修饰谓语，还可以修饰名词，使用形态也比汉语要多。另外从位于句子位置来看，汉语不可用于句首，而日语有出现在句首的例子，因为实例较为有限，今后对于其历史演变需进一步考察。

　　3. "一再"

　　据『日本国語大辞典』的解释，日语"一再"1）表示一次，两次；2）不止一次两次，多次。

　　汉语的"一再"经过了历史演变，1）作为数词，表示第一，二次。谓一次以后再加一次。2）作为时间副词，表示一次又一次，屡次。对于汉日两语言里"一再"的意义，品词，功能，形态等归纳如下表：

表5　汉日"一再"的比较

一再	日语		汉语	
形态	"一再"。	「一再ならず」+V	"一再＋N""V＋一再"（古代）	"一再＋（V）"（现代）
品词	名詞	副詞	数詞	副詞
功能	述語	連用修飾語	述語、連体修飾語、目的語	連用修飾語
意义	一、二度／一、二回	一度や二度ではなく何度も	一回、もう一回	一度ならず，何度も，再三

　　本文在语言数据库只找到18个日语实例,在现代日语里几乎不再被使用,仅限于古典书面用语。而汉语"一再"的使用比"再三"还要多,属于较常使用的词汇。与"一再"相比,"再三"作为表示动作行为重复发生的副词较多在日语里使用,其从古代汉语传入日本,为何没有如"再三"那样在日语里被广泛使用,作为今后课题需进一步探讨。

　　4."再度"

　　汉语和日语里的"再度"都表示"再次,又一次",日语里除了可以做副词使用还可以做名词使用。在句中使用形态上,汉语主要是"再度＋ø＋V",日语形态「再度＋の＋N」、「再度にわたる＋N」、「再度にわたり＋V」、「再度＋V」,相对较多。

表6　与"再度"共现动词的词汇意义分类

动词分类		日语163例	汉语200例
非人类主体动词		4.91%	42.5%
人类主体动词		95.09%	57.5%
	物理活动	40.49%	12%
	精神活动	13.50%	5.50%
	社会活动	41.10%	39.50%

　　日语"再度"主要和人类主体动词共通使用,而汉语里人类主体还是非人类主体的使用区分不明显,而人类主体动词里的物理动词分类里,日语明显高于汉语的使用。

5. "再再"

无论是汉语还是日语里，现代语言使用中都几乎不再出现"再再"。『日本国語大辞典』解释"再再"做名词，形容动词，表示某动作反复进行。例如「再再忠告する」，现代日语里被用作副词。汉语里"再再"表示一次又一次，连续多次。与日语的意义相同。

汉语里多是以"再再＋Ｖ"的形态使用，后面的动词也"眷恋""徘徊""寻思"等精神活动的词语比较常见。另外出现了"再再打破再再组合"等前文出现的动作行为在后文里再一次出现的惯用形态。

日语里有几种搭配模式，1)「再再＋動作名詞」(再々反省)；2)「再再＋動詞」(再々押しかけてくる)；3)「再再＋に＋動詞」(再々に頼む)。

注释:

①扩大成分：构成句子的骨骼成分之外的成分，包括规定语，修饰语。

②骨格成分：构成句子的主要成分，包括主语，目的语，述语。

③规定语：相当于汉语的定语。

④修饰语：相当于汉语的状语。

⑤述语：相当于汉语的谓语。

参考文献:

[1] 陈全静. 数词的紧邻连用与"一再""再三"的副词化[J]. 安徽师范大学学报，2011，(5)：357-363.

[2] 周小兵，邓小宁. "一再"和"再三"的辨析[J]. 汉语学习，2002，(2)：61-64.

[3] 国立国語研究所(編集). 分類語彙表[M]. 東京：大日本図書，2004.

[4] 施建军，徐一平，谯燕. 汉日语同形副词研究[M]. 北京：学苑出版社，2012.

[5] 仁田義雄. 副詞的表現の諸相[M]. 東京：くろしお出版，2002.

[6] 村木新次郎. 日本語の節の類型[J]. 同志社女子大学学術研究年報，2007，8：9-17.

汉语新词日译研究的现状与问题

——以纸质媒介为中心

上海政法学院　刘志昱　　同济大学　金玺罡

摘　要: 本文调查了日本的纸质媒体中出现的汉语新词语的使用情况,将其中出现的汉语新词语根据其使用目的分为两种,第一种是释义上简化(Reduction)的"元语言指向(Meta language-oriented)",此类新词作为对象语言,通常在汉日词典和汉语教材中作为后续日文释义的词条被提及,缺乏语用意义;第二种是释义上富化(Enrichment)的"交际语言指向(Communicative language-oriented)",此类新词在新闻报道和各类文章等语境中用于说明和指代中国的情况,并被赋予了语用意义。鉴于使用目的的不同,本文针对前者采用了分析元语言释义共性的方法,对后者应用了根据语用意义的特征进行分类的方法,将汉语新词语在日本的传播模式总结为:同形传播、近形传播、异形传播和变形传播等四种模式。

关键词: 元语言;交际语言;新词语;传播;平面媒体

0. 引言

词语是语言研究的基本单位之一,而对新词的研究是了解词语动态发展的重要途径。新词的产生、传播不仅反映了语言交际同特定时期的物质表象世界和人类认知世界的紧密互动,更为词语研究者提供了一个可直接参与、实时观察、即时记录的良机。

中日交流的历史源远流长。在历史文化的大背景下，中日两国的词汇从早期的单向流动和吸收，演变为近代的多领域交流与文化反哺。比如现代汉语的日源性外来词就有，"新人类、宅男、人气、物流、头文字"等等，这些词汇作为补充现代汉语词汇的新词，业已被接受，并得到广泛使用，部分还被收进《现代汉语词典》。另一方面，除历史上大量传入日语的汉语词语之外，当代日语中也有"餃子（锅贴）""豆板醤（豆瓣酱）""アーイ（（家政服务的）阿姨）""一国両制度（一国两制）"等屡见于日常生活和各类媒体的汉语外来词。

本文将传播媒介的调查范围限定在传统的纸质媒介，从大众传播的角度着重调查了日本国内出版的汉语教材、中日双语辞书、以及日文的涉及中国情况介绍和报道的报纸、杂志等大众性的纸质平面媒体。在平面媒体的选择上，本文综合考虑了纸质媒体的发行量、发行地域、发行周期和媒体价值等因素，力求在理清汉语新词语在日本社会的传播途径的基本状况的前提下，观察汉语新词语的传播特点和翻译类型。但针对中国特定专业领域的研究专著、日本媒体在中国国内针对日本驻华人员发行的日文杂志、以及中文小说的日译本等翻译作品等纸质媒体，因其内容专业性强、受众有限，或是受原著内容的限定等传播上受限的原因，将不列入本文考察范围之内。

1. 关于研究对象的汉语新词语的定义与研究方法的说明

1.1 本文对新词语的界定

关于新词语的界定和定义问题存在两种主要倾向，一种是借助时间标准等外部标准的**划界法**，代表的观点有：葛本仪（2001：7）的"新词应该是在某个时期内被社会认可的新产生的词"。另一种是基于词源、词形、意义和用法等词汇本身所具有的内部属性，根据属性比对后所显露的特征进行分类的**筛选法**。如王铁昆（1991）认为：新词语是指一个新创造的或从其他语言中新借用过来的词语，也指一个产生了新语义的固有词语。这里的"新"是

个相对概念，有一定的时限性在起作用。

本文所讨论的现代汉语中的新词语，除了"新词语"所具有的在时间节点上相对居后的外部属性之外，更加关注词本身固有的"词源、词形、词义和功能用法"等内部属性，并将具备不同以往的"新来源、新词形、新词义和新用法"的特征的词语都看作本文所探讨的对象。同时对象词还必须要满足成为词语本身就应具有的"普遍性、稳固性"（葛本仪，2001：4-5）等基本条件。

对于新词语的外部的时间节点，出于研究的可行性考虑，本文将时间起点定位于 1978 年之后至今的改革开放时期。之所以采用上述的界定方法，是基于建立一个可供实际操作的传播时间上的跨度和传播内容上的广度。

1.2 研究方法

本文调查了前述的日本纸质媒体中出现的汉语新词语的使用情况，根据纸质媒体的性质和其使用汉语新词语的目的将调查对象分为两类：

第一类是"元语言指向（Meta language-oriented）"，此类新词通常在词典和教材中作为后续日文释义的词条被提及。该词语的社会公认的意义体现了约定俗成的具有客观性的语义。同时，词典释义通常采用还原释义法（Reductive Paraphrase），其基本要求是描写上的"简化（Reduction）"，即释义要比原词简单易懂。本文采用的研究方法是对汉语新词语的元语言（日语）的译词和译文进行抽象性的共性分析。

第二类是"交际语言指向（Communicative language-oriented）"。新词语主要在涉及中国情况的新闻报道和各类文章等语境中被用于说明和指代。相对于"元语言指向"时释义的简化，"交际语言指向"时的释义，要考虑诸如文体、句式结构等修辞和语法等语言性要素、以及作者的人生经验、文化背景以及主观的价值判断等非语言性的要素，这些为新词语增

添临时性的语用意义。新词语的释义过程将会包含语用学中使意义明确的用来消除歧义的"富化"（Enrichment）①过程。因此，本文所采取的研究方法是对汉语新词语所使用的具体语境进行语用上的特性分类。

2. 汉语新词语的元语言指向的分类与翻译

针对汉语新词语在日本纸质媒体的传播情况，常志斌（2007）针对汉语新词语的日文转译的问题，提出"汉语新词语传入日本社会，是通过日语文字表记体系来进行文字转换的。"因此，"采用汉字是否作为转译的一个划分标准"，将译词划分为：（一）纯汉字转译，并细分为：（1）形近性转移，如："蛇头（蛇頭）"；（2）非形近性转译，如："手机（携帯電話）"、（二）非纯汉字转译，其下分为：（1）平假名转译，如："有型（かっこいい）"；（2）片假名转译，如："超市（スーパー）"；（3）混合型转译，如："磁卡（磁気カード）"。

首先，日语表记系统是否能成为转译所应参考的标准这个前提本身是有待商榷的。因为在日语中，选择表意的汉字还是表音的假名，亦或是汉字假名混写方式，其间是可选关系而不是必然的二者择一的关系。

其次，常志斌（2007）的分类方法是建立在汉语新词语仅存在单个的对等定译词的理想前提之下的。而在现实中，如"手机"除了"携带电话（携帯電話）"的日译词之外，还有"携帯・携帯電話端末・ケータイ・モバイルフォン・セルラーフォン・セルラー電話"等多个日译词的存在。

而这种一词多译的事实存在，也显示出汉语新词语被用作对象语言时，在元语言的形式选择上不存在唯一或单一固定的释义模式。鉴于元语言释义中所存在的这种非唯一的不确定性，将元语言作为分析和比照的标准存在先天上的不足，因此本文将根据对象语言，即汉语新词语的词源这个固有性质，来重新

建构分类标准。同时从元语言与对象语言的视角来建构汉语新词语与日语释义的关系时，我们可以设定以下三种类型：②

2.1 对象语言的反转型

当汉语新词语为日源性外来词时，包括音译词、借用词形的形译词和意译词，如："榻榻米"和"畳（たたみ）"、"卡拉 OK"和"カラオーケー"、"过劳死"和"過労死（かろうし）"、"黄金周"和"ゴールデンウィーク（日式英语词 Golden Week）"、"宅男"和"お宅（おたく）"。此类汉语新词语来源于日语，即日语先为对象语言，汉语新词语为其元语言，而后在汉语新词语进行日语释义时，汉语新词语再转变为对象语言。同时很多日语汉字词不需更改词形就能直接进入汉语。如："亲和"和"親和（しんわ）"、"研修"和"研修（けんしゅう）"等。这些都极大地丰富了汉语的词汇，成为现代汉语词汇的重要组成部分。（杨锡彭，2007：159）

2.2 对象语言的共享型

当汉语新词语的来源为英语等第三方外来词，同时，在日语中也存在来源于相同的英语等原词的外来词时，即英语原词为对象语言，而此时中日文均为针对同一对象语言的元语言。如："瓶颈"和"ボトルネック"与"Bottle neck"、"论坛"和"フォーラム"与"Forum"、"便利店"和"コンビニエンスーストア"与"Convenience store"。

在对共同的外来词进行翻译时，日语虽然也有"金メダル（金牌）"等由混种语表达的音意结合的外来词，但因其惯用表音文字的片假名而多应用音译表达。与之相对，汉语除了如将"TOEFL"音译为"托福"的音译法之外，还多采用音意合译、意译或是"依照外来语的结构进行词素对译"的仿译。如："呼啦圈"和"フラフープ"与"hu la hoop"、"保龄球"和"ボーリング"与"Bowling"；"病毒"和"ウイルス"与"Virus"；"热钱"和"ホットマネー"与"Hot money"。

由此可见，虽然面对的是共同的源词，但中日两种语言所产生的新词都是根据各自语言的语音、语义和构词法等各项要素的结合特点而创制的。

2.3 对象语言的新创型

本土新创的汉语新词语中，存在三种类型：（1）词形和词义均为新的原生型；（2）旧词形产生新词义新用法的次生型；（3）在原生和次生型的基础上，通过类推和派生等方式衍生多个新词语的派生型。

2.3.1 原生型新词语

原生型新词语是指随着社会进步、时代发展与世事变迁所产生的描写新事物和新现象的新词语。如："下岗"（一時帰休）、"电荒"（電力不足）等。有些事物和现象是跨越国境而广泛存在的，在日语中有先于汉语存在或与汉语新词语同时出现的对译词，如："高铁"和"高速鉄道"、"人造美人"和"整形美人"等。

当然也存在中国特有的专有名词如："三农"和"三農（農民·農村·農業）"、"三个代表"和"三つの代表"、"和谐社会"和"調和社会"等。这类词的日文释义，除如"和谐社会 VS 調和社会"这种能根据日文构词规则以仿译方式进行对译的部分新词语之外，通常采用"种差+类"的下定义式的短语和句子的方法进行说明。

2.3.2 次生型新词语

次生型新词语指的是以既有的词形表达新语义和新用法。新语义多是词义扩大、缩小和转移产生的比喻义和引申义，如："平台"和"仕事の足場となる平らな台→プラットホーム→（活動の）場·舞台·環境"、"出台"和"舞台にでる→（政策·法律などを）発表·公布する"。

如上所述，此类型新词语在语义上往往借助于比喻和引申等修辞意义上的关联，获得本义之外的新的指称功能。母语使

用者处理此类新义时，常常借助于语言系统内贴近新义的、既有的同义词和近义词来进行理解和释义。因而在日文释义时可以也是采用既有的同义词和近义词的对译词来翻译。如："保护伞"和"後ろ盾"、"下课"和"辞職・更迭"等。对于缺少日文对译词的，如"菜篮子"和"野菜カゴ→副食品の供給"等，也通常是采用"种差+类"的下定义式的短语和句子的方法进行说明。

2.3.3 派生型新词语

派生型新词语是指以特定的共同词素为基础派生的词群中的一系列的词。该共同词素要满足"同一分布位置（Similar Position）""意义一致（Meaning Consistency）"和"能产性（productivity）"的标准。该共同语素作为形态标志，在构成该词群的外部形态特征的同时，又为词群中的成员词在彼此之间提供了意义上的共同联系。

关于新词语的词群问题，中国语言生活状况课题组发布的中国语言生活状况报告（2007）下编中，关于本年度的新词语的特点之一就指出："大量使用类推词族化表现，如：（1）以类词缀为标志的，运用较多的类词缀有"～族、～客、～奴、～友、～门、～吧、～日"；（2）以实语素为标志的，最能产的实语素有"打、导、公、官、商、外"等。[③]在隔年出版的中国语言生活状况报告（2009）下编中，关于2009年度的新词语的特点也指出：反映社会问题的词语以某些格式为标志形成词语群。如："被XX""楼XX""～门""～执法"等词语群。[④]

借助类词缀和实语素等组成新词语的词群的现象是汉语新词语的一个显著特点，构成词群的成分也用来源于上述的原生型词语和次生型词语的，如："～荒"构成的"电荒""民工荒"，和"雷"构成的"雷人""雷语"等。派生型词群的形成不仅仅是新词语本身的语义获得高频率的广泛使用的"普遍性"的标志，也是新词语获得词语应具备的"能产性"即获得了

造词和构词能力的重要标志。"普遍性"和"能产性"这两者之间是互为依托、相辅相成的关系，都有助于新词语晋升为一般词汇。

3. 汉语新词语的交际语言指向的意义与分类

关于汉语新词在日文报刊等平面媒体的传播现状，根据对日本三大报纸《朝日新闻》《日本经济新闻》《读卖新闻》所做的抽样调查，常志斌（2007）提到，汉语新词语主要出现在涉及中国的介绍性和评论性的报道中。但常志斌（2007）中对于如何判断报纸中所出现的词语可以判断为汉语新词语，并没有做出给出具体事例和可供判断的标准。鉴于此，本文也根据对日本三大报纸《朝日新闻》《每日新闻》《读卖新闻》进行了重新的调查。为了便于把握最新的动向，本文在说明相同问题时，尽可能选择最近时间的事例。

3.1 汉语新词语在日文媒体中的定位

关于汉语新词语在日文版面展示的方法，常志斌（2007）提出主要是(1)对汉语新词语加引号标注在后附的括弧中简释的"括弧式"和(2)在文章外另附小专栏以关键词和链接形式对文中的汉语新词语释义的"附栏式"。

关于这种版面展示方法的原则,在日本文部科学省第 22 期国语审议会（2000）提出的报告书的第三部分《伴随国际化产生的日语的诸问题》(『国際化に伴うその他の日本語の問題』)中，国语审议会将政府机构和新闻媒体机构所使用的外来词分成三类：（1）已广泛使用并得到民众认可的，如：スポーツ（Sports：体育）；（2）尚不稳定，可以用简明的日语对译的，如：イノベーション（Innovation）/革新（创新）；（3）尚不稳定，无法用简明的日语对译的，如：バリアフリー（Barrier free：无障碍）。

该报告对政府机构和新闻媒体提出建议，针对上述的第 1 类词语可以直接使用，第 2 类词语要进行对译、第 3 类词语要视必要采取添加注释等办法，而对第 2、3 类中的字母缩略词要求在第

一次出现时要加上日语译文，如："ASEAN（東南アジア諸国連合）、GDP（国内総生産）、NPO（民間非営利組織）、PL法（製造物責任法）、WTO（世界貿易機関）"。因此，日文版面展示所使用的"括弧式"和"附栏式"的做法本身也可以看出，对汉语新词语的定位是尚不稳定的外来词。

有关汉语新词语在日文媒体中的地位，常志斌（2007）指出：目前主要限于介绍，多是专指中国事物的，尚未在日语中成为真正意义上的外来词，对于这些已译成日语而尚未被日本大众社会作为外来词使用开来的汉语新词语，我们可称其为日语中新的"准汉语外来词"。"准外来词"是成为真正意义上的外来词的一种必经的前期过程。

对于这个问题，根据日本文部科学省1991年的国语审议会上对"外来词"和"外语词"所进行的区分：（一）外来词：已经吸收进日语的词语。分为三类：（1）进入日语时间久，已经无外来词的感觉的，如："たばこ（【葡】tabaco：烟草）"。（2）作为日语的词语已广为周知的，但尚留存有外来词感觉的，并且词形稳定，如："ラジオ（radio：收音机）"。（3）外来词的感觉明显，很多词形尚不稳定的。如："ジレンマ・ディレンマ（dilemma：两难困境）"。（二）外语词（句）：在日语文章中直接使用外语原词或按日语书写法书写的外语词的，同上述的第三类外来词有重合和交叉。

从上述规定和实际操作中的处理方法来看，日本语言学界和平面媒体行业对于汉语新词语的定位，也存在着将以日文汉字书写的汉语新词语看作为"外语词"而不是进入日语语言体系的"外来词"的倾向。

3.2 汉语新词语在日文媒体中的传播模式

汉语新词语在日文媒体题中作为符号的传播价值有两种：

（一）所指价值：传递词语所表达的指示物或语义。在日文媒体中，汉语新词语的所指价值主要由其后附的日文释义，即翻

译来实现。

（二）能指价值：是指用来突出词形本身所具有的新鲜感和特异性。如汉语中也有写成"鲜の每日 C"这样的商标。这种以符形为代表的能指价值的传播，通过将汉语新词语明示为外语词的手段，主要是在文本中实现了该词在文本中的异质性这样一个信息传递过程，而不是在文本中提供一个汉语新词语的意义产生、传递和创造的过程。

再观察日本平面媒体的汉语新词语的使用情况，我们可以发现两种使用模式，即（1）使用汉语原词的"分立（明示型）"和（2）不使用汉语原词的"融合（嵌入型）"

所谓"分立"，常志斌（2007）中也曾提到过的，是指在文本中直接使用汉语新词语的原词（多数用日文汉字来书写），将汉语新词语这个外语词同日语释义以明显方式分立出来。具体做法包括上文提到的括弧式和注解式。括弧式是指对文中的新词语以引号标出，在后附的括弧中添加释义。注解式是指在文中注解处对新词语进行释义。这种处理方法原理上等同于元语言指向的词条用法。

其中，括弧式如例 1、例 2 所示，例 1 中的"地沟油"和例 2 中的"黄金时间"分别用后附括弧中的日文"どぶ油"和"ゴールデンタイム"进行了对译。⑤

注解式如例 3 所示，关于文中提到的汉语新词语"核心利益"以日文汉字"核心的利益"表示，并在后续文中单独进行解释（文中划线部分），再有如例 4 所示，在汉语新词语的"微博"前面附加释义的"中国版ツイッターと呼ばれるミニブログ（被称作中文版推特的微博的）"定语成分。如：

(1)中国の最高人民法院（最高裁）、公安省などは 24 日、ゴミや廃油を原料とする「地溝油 **(どぶ油)**」を製造、販売する犯罪に対し、最高で死刑を適用するとの通知を発表した。（2012 年 2 月 20 日 朝日新闻）

(2)中国政府はこのほど、中国内のテレビ局に対し、外国のドラマや映画を午後 7〜10 時の「黄金時間（**ゴールデンタイム**）」に放送することを禁止する通知を出した。（2012 年 2 月 20 日　朝日新闻）

(3)中国政府が尖閣諸島⑥について公式に「**核心的利益**」と表明したことは過去になく、政府系メディアでも異例の表現といえる。

「**核心的利益**」は安全保障上、譲ることのできない国家利益で、台湾やチベットなどを指すとされる。（2012 年 2 月 2 日　毎日新闻）

(4)世界的に注目を集める裁判となり、同法院は**中国版ツイッターと呼ばれるミニブログ**「**微博**」を通じて、審議の様子を初めて文字中継した。（2012 年 2 月 29 日　朝日新闻）

这里提到的"括弧式"和"注解式"在实际使用中并不是截然分开的、相互独立的，应看作互为补充，共同作用的手段。这种明示汉语新词语原词的"分立"模式在日本平面媒体处理汉语新词语或其他外语词上应用得相当广泛，已经成为一种趋向定型化的操作模式。⑦这当然首先是出于平面媒体配合国家语言政策推进自身规范化的需要，而另一方面，这种规范化带来的优势，就是由于汉语新词语原词的同一性，也避免了不使用原词只使用日文译词可能导致的关键词不同所产生的检索上的不便，实现了报道的一致性。

所谓"融合"是指，不出现汉语新词语的原词，但通过翻译将新词语的意义融合于文本之中进行表达。

这其中分为三种情况，第一种是"仿译词"，即通过仿制汉语词语造词规则而创制的日语词，如例 5 是针对例 6 的中文报道进行全文翻译的日文报道，其中划线部分的"映画・テレビ作品（影视作品）"和"サブ専攻（辅修专业）"等即属于此类情况。

第二种是前文曾提到的"对译词"，即使用日语中已有的对译词如"小人数クラス授業（小班教学）""単位相互認定（学分互认）"和"ダブル学位（双学位）"的翻译。⑧

第三种是"跨词译"，通过使用词组等较单词大的语言单位，如"複数校での授業受講（跨校选课）"来翻译。

(5)各学校が合同テストチームを組織、有名講師を招き、**小人数クラス授業**を行い、アトリエを設けて<u>映画・テレビ作品</u>を創作する。また、**複数校での授業受講**や**単位相互認定**などを認め、**ダブル学位**や<u>サブ専攻</u>などさまざまな方法を通じてアニメ漫画類専攻分野の教育改革を推し進め、芸術・技術の融合を促し、アニメ漫画高級人材育成における新しい道を開拓する。（2012 年 2 月 10 日 朝日新闻）

(6)学校将组成跨校联合体，共同举办实验班，采用名师指导、**小班教学**、工作室制和参与<u>影视制作</u>，以及**跨校选课**、**学分互认**等方式开展教学活动，通过设立<u>双学位</u>或<u>辅修专业</u>等多种形式，推动动漫类专业教学改革，共同探索动漫高端人才培养的新途径。（2012 年 2 月 9 日 光明日报《教育部文化部启动动漫高端人才培养计划》）

在融合方式中，仿译词的方式是充分利用了中日文在汉字书写形式在表意性的特点，同分立式中将汉语新词语看作外语词不同，仿译所新生成的日语词是符合日语造词和构词规则的词语，而与之形成对比的是"跨词译"。选择"跨词译"多是汉语新词语的意义高度凝缩，如缩略语，"保八（8％成长死守）"，或词素的意义和结构复杂，如："网络预售（手段（网络）+方式（预）+动作（售））"修饰动作部分的成分为两个副词结构，或"跨校选课（动词（跨）+名词（校）+动词（选）+名词（课））"的连动式，而且前部分"跨校"对后续"选课"起修饰限定作用的复杂结构时，日语无法按自身规则进行造词和构词，而只能采用自由性更大的跨词方式进行翻译。⑨

综上所述，结合对汉语新词语在日本平面媒体中的使用情况的实际，我们可以将汉语新词语在日本平面媒体中的传播模式归结为以下四类：

传播模式	传播手段	用例
同形传播	使用汉语新词语的原词	地沟油（どぶ油）
近形传播	使用新创的日语仿译词	实名登记制（実名登録制）；裸婚（ジミ婚）
异形传播	使用既有的日语对译词	基因（遺伝子）；水货（並行輸入）
变形传播	使用日语词组等跨词翻译	网络预售（ネットでの前売り）；走转改（走基层、转作风、改文风：組織の末端を歩き、習わしを変え、体制を改める）

4. 结语

汉语新词语的国际化传播研究存在着多种角度，本文也仅仅是尝试了从日本平面媒体这一封闭性领域的传播情况来寻求一条可行的道路。而实际上，汉语新词语的国际化传播除了借助传统的平面媒体的力量之外，互联网等新兴媒体和日益频繁的人际交流也在其中发挥了推波助澜的作用。

在撰写本文过程中，作者深刻体会到汉语新词语在对日传播上，存在着不同步和不均衡的现象。这主要是指：（1）由于词典等编撰上存在的先天滞后性等因素，导致新词语的出现与介绍之间的不同步；（2）由于媒体报道的选择性，导致媒体上出现的汉语新词语只集中在政治、经济和新闻事件等部分热点领域而产生的内容上的不均衡。理想化的汉语新词语的国际化传播应该从克服这些问题上找出更有效的途径。

最后，汉语新词语的国际化传播的关键实质上是汉语本身的国际化程度，在这个过程当中，汉语的对外翻译将发挥着巨大的过渡作用。本文虽然指出了汉语新词语存在"同形""近形""异形"和"变形"四种传播模式，这四种传播模式本身也可以看作

四种翻译模式，但对于这四种模式之间的关系，则需要进一步分析和研究。

注释：

①富化（Enrichment）：亦翻译成"充实"。是借用了语用学的关联理论（relevance theory）的术语。此处是指词语在语境中所获得的确切的语境解释，是对词语的语义进行推理后的结果。可参考Diane(1992)：110-119页．和张斌（2002）：227-230页

②本章中所用的部分词例和译文来自于吴侃编著的《中国语新语辞典》（五订版）（2008年同学社）和相原茂编著的《现代中国语新语辞典》（2007年讲谈社）。

③具体参考《中国语言生活状况报告（2007）》下编：353-354页

④具体参考《中国语言生活状况报告（2009）》下编：328-330页

⑤在日文中"分立"式不是汉语新词语的专用模式，如例1中的"最高人民法院（最高裁）"。

⑥日本媒体将中国的钓鱼岛表述为"尖閣諸島"。

⑦观察《中国语言生活状况报告》2007年至2009年下编中所附的新词语表就会发现，对新词语在文章中给出释义的做法在中文媒体中也较多应用，不属于日本媒体的特有做法，如下例中的黑体的新词语均通过下定义和限定定语等方式给出了释义。值得注意的是，对于下面的例3这类外来新词汇，中文媒体在处理上并没有采用有别于中文本土新词语的特殊方式。

1、（2007：396页）所谓"晒卡族"，就是在网上把自己的会员卡号与网友们分享，网友们的消费积分就相应地计入持卡人的卡号内。（新闻晚报 12月22日）

2、（2008：353页）前段日子，媒体将那些老婆孩子都在国外拿了绿卡，而自己单身一人在国内做官的官员称为"裸官"（扬子晚报 11月10日）

3、（2009：354页）书的作者就把日语里的"婚姻"和"活动"两个词合成了"婚活"一词，意思是一切和结婚有关的活动，而这里边蕴藏着很大的商机。（中央电视台《第一时间：读报》7月1日）

⑧仿译中也包含如"烂尾楼（幽霊ビル）"等对部分词素采用意译的情况。

⑨跨词译也包括如"误区（誤った認識と方法）"等结构简单，但意义和用法上的不对等导致无法对译的词语。

参考文献：

[1]常志斌．汉语国际传播背景下的汉语新词语东渐浅析[C]// 薛才德．新世纪语言学的新探索．上海：复旦大学出版社，2007：297-317．

[2]崔胤京．汉语新时期新词新义研究[D]．济南：山东大学，2002．

[3]弗里德里希·温格瑞尔．认知语言学导论[M]．彭利贞，译．上海：复旦大学出版社，2009．

[4]葛本仪．现代汉语词汇学[M]．济南：山东人民出版社，2001．

[5]何自然．语用三论：关联论·顺应论·模因论[M]．上海教育出版社，2007．

[6]李子荣．作为方法论原则的元语言理论[M]．哈尔滨：黑龙江人民出版社，2006．

[7]刘娅莉．十年来流行的汉语新词新语[J]．四川大学学报（哲学社会学科版），2004，（S1）：289-290．

[8]奈达．翻译理论与实践[M]．上海：上海外语教育出版社，2004．

[9]王铁昆．10年来的汉语新词语研究[J]．语文建设，1991，（4）：9-13．

[10]威尔伯·施拉姆．传播学概论[M]．何道宽，译．北京：中国人民大学出版社，2010．

[11]熊学亮．语言学新解[M]．上海：复旦大学出版社，2007．

[12]杨锡彭．汉语外来词研究[M]．上海：上海人民出版社，2007．

[13]张斌．新编现代汉语[M]．上海：复旦大学出版社，2002．

[14]张国良．传播学原理[M]．上海：复旦大学出版社，2009．

[15]中国语言生活状况课题组.中国语言生活状况报告（2007）上下编[R].商务印书馆，2008．

[16]中国语言生活状况课题组.中国语言生活状况报告（2008）上下编[R].商务印书馆，2009．

[17]中国语言生活状况课题组.中国语言生活状况报告（2009）上下编[R].商务印书馆，2010．

[18]周刚，吴悦．二十年来新流行的日源外来词[J]．汉语学习，2003，（5）：72-78．

[19]周荐．汉语词汇结构论[M]．上海：上海辞书出版社，2004．

[20]周一民．新词新义的收录与规范[J]．语言文字应用，2003，（4）：65-72．

[21]Diane，Blakemore．ひとは発話をどう理解するか[M]．武内道子訳．東京：ひつじ書房，1992．

[22]国語審議会．外来語の表記（答申）（抄）[R]．文部科学省，1991．

[23]国際社会に対応する日本語の在り方（答申）[R]．文部科学省，2000．

关于人名、称谓的中日比较

——从人名的避讳谈起

上海外国语大学贤达学院　沈　悦

摘　要： 由于中日两国的历史文化以及所处地理位置、生活环境等的不同，导致了两国人民在对姓名的认识方面不尽相同。中国古代由于宗法制的影响，在名字的使用上有避讳的制度。讲究"为亲者讳，为贤者讳，为尊者讳"。本文以人名的避讳为中心，对中日两国的姓名进行研究并分析了各自特征的产生原因。

关键词： 人名避讳；长幼秩序；自我定位；辈分；意识差异

0. 序言

语言与文化的关系密不可分，语言现象往往积淀着重要的文化命题，语言常被比作文化的索引，语言符号的解析可以为我们领略栩栩如生、林林总总的文化现象开启方便之门。

人类的姓名产生于社会交际的需要，命名首先是为了方便指称，给人一个特定的社会代码，从某一个姓名联想到某个人，甚至在人和其姓名上划上等号。从历史和文化的角度来看，姓名符号的价值不仅仅在于符号本身，姓名符号在文化深层上反映的，是人类对于主观世界和客观世界的调适。在众多文化中，姓名是社会礼仪的一部分，制约着人们的行为规范，浓缩着人们的价值取向、道德观念。

本文将从人名避讳的原初意义入手，探讨中日两国在人名避讳的认知差异、姓名结构中"自我"定位以及长幼秩序的差异。

通过剖析，拨开围绕人名意识上的两国间文化交流的种种雾障。

1. 姓名的避讳

古人把人名看作是人身体的一部分的习俗，几乎是世界性的。所以人刚死，在招魂的时候呼叫死者的名字，以后便讳名，有的还要加上谥名。在吊丧、埋葬添土时都忌呼死者的名字，"因为提及死者的名字，很显然是一种与他接触的延伸……他将很快地跟随着出现"。①忌讳提及死者的名字，是因为"害怕成为已升天的死者灵魂的牺牲品"。为了避讳叫死者的名字，世界上很多民族都有为死者另取新名的习俗。而在中国则表现为"谥号"。当然"这种做法是预设鬼魂不知道且无法知道他新名字的假定"。②

中国古代就有"子不言父名，徒不言师讳"之说。避讳就是回避死者（或生者）的名字，避讳起初只局限于对死者，后来逐渐亦适用于生者。《礼仪·士冠礼》说："冠而字之，敬其名也。"说的是男子到了二十岁，男子就要有字。有了字，名就成了应该避忌的东西，相称时也只能称字而不是名。

在中国历史上的封建社会中，皇权和父权、王朝政治与宗法制度伴生并存，这种现象表现在姓名上，就是帝王讳名制与宗法讳名制的伴生并存。这种讳名制同样作用于社会语义系统，甚至直接影响到人们的行为规范。避讳是一般臣民不可不懂的一门学问，否则，一旦犯讳，定将身罹大祸。就避讳的种类而言，大致有"国讳"和"家讳"之分。回避君主的名字，叫做避公讳或国讳。避讳自己家族长辈的名字，与别人交往时则避对方的长辈之名讳，叫做避家讳。

对皇帝名的忌讳体现说来是利用国家权力强令臣民对已死的君主七世以内不得直呼其名。《唐律疏义》明确规定，故意直呼皇帝之名，就是犯了"十恶"罪之一的"大不敬"之罪。其方法有改字法，即以同训代之。如正月改端月（秦始皇嬴政讳），邦改国（刘邦讳），恒山改常山（汉文帝刘恒讳），王昭君改王明君（晋帝司马昭讳），世改代或系，民风改人风（李世民讳）。

另外一种形态叫"家讳"，即家庭中对尊长不得直呼其名。东晋桓玄初任洗马时，有客前来祝贺。因客人嫌酒冷不能饮，乃频呼取温酒来，而桓父名温，玄因客犯其家讳，便当席而哭，客扫兴而去。苏洵父名序，洵文中改序为引，轼文中改序为叙。

唐代著名诗人杜甫号称诗圣，一生中写过 3000 多首诗。但是在他的大量田园风景诗当中，从未涉及到海棠花。尤其是考虑到他曾在以海棠花盛名的四川寓居 5 年，此事更加蹊跷。原来杜甫母名海棠，出于避讳，他从不写海棠诗。同样道理，他因父亲名闲，写诗从来不用"闲"字。北宋诗人徐积，因其父名石，便一生不用石器，走路遇到石头也要绕开，如遇到避不开的石桥，就让人背着过桥。同样，生活在北宋的刘翁叟和韦翼，因其父分别名"岳"和"乐"，他们一生不听音乐，不游高山大名岳，不饮酒作乐，不参加任何欢事活动。

对人名的忌讳意识也反映在日本人的头脑中，如《万叶集》第一卷的第一首和歌，即雄略天皇御制和歌。

泊濑朝仓宫御宇天皇代：

大泊濑稚武天皇

美哉此提篮，盈盈持左手，

美哉此泥锄，轻轻持右手，

尔是谁家女，摘菜来高阜，

尔名又若何，尔能告我否，

大和好山川，向我齐俯首，

全国众臣民，听命随我走，

尔家与尔名，尔能告我否。①

对古代日本人来说，名字和实体是密不可分的，自己的名字被人知道，就意味着向对方公开了一切，于是就得服从于他。这首和歌中"尔家与尔名，尔能告我否"一句，也可以当作男方对女方的爱慕之情的吐露，甚至可以直接理解成求爱的方式。与此同时，女方不加避讳地告诉男方自己的家庭和姓名，无疑是接受

男方爱恋之情的表现。

2. 长幼秩序意识的差异

中国的传统文化特别注重辈分关系，如年纪差异很大的哥哥姐姐的孩子（有时甚至比自己大）也必须称自己为"叔叔""舅舅"。而日本则显得不在乎"辈分"，本当被侄子、侄女叫作"おじさん"（叔叔）"おばさん"（阿姨）的人，即使称他一声"お兄さん"（哥哥）"お姉さん"（姐姐），他也会欣然应答，不会理会其中辈分的误差，这一点上与中国人形成鲜明的对比。在中国称呼上辈分的混淆被视作"大逆不道"，要受到严厉的惩罚，这种意识直至今天还残留在我们的脑子里。

"あなた、おいくつ？おお、お若い、お若い。私の息子と変わりませんなあ。"（"你多大了？哦，年轻，年轻，和我儿子差不多大。"）

在日本可以听到这样的"奉承话"，听者若是日本人，心里自然会美滋滋的，但是要换成中国人，哪怕是受足了日本文化熏陶的中国人，也是高兴不起来的。

长幼之分在中国根深蒂固，甚至是高于一切之上的，这种意识集中地体现在称呼上。中国人被人降格使用晚一辈的称呼，心中就会忿忿不平，甚至会感到是侮辱。中国女子如果过了 20 岁，也许会提醒她的亲属关系或非亲属关系的弟妹们："姐姐已经 20 岁了，要叫我'阿姨'，甭再叫'姐姐'了。"十多岁的女子被孩子叫做"阿姨"也会毫不在意，这与到了阿姨的年龄也不愿被称作"おばさん"的日本女性的心里截然不同。再比如说家中生了孙子、孙女，周围的人会说"当上奶奶了，恭喜了"，"奶奶"这个称呼似乎成了一种表示祝贺的礼貌用语，本人也由于辈分的升格而沾沾自喜。在日本，如果受到这样的"祝贺"，恐怕大多数人会不愉快，心里会想"まだおばあさんなんかじゃない。まだ若いんだから！"（"我还没到奶奶辈儿呀，我还年轻呢！"）这是因为她们希望自己被叫得年轻一些，至于辈分什么的就被置之度外了。

很显然，中日两国对女性的称呼上的差异起源于长幼秩序、辈分意识的旧家族礼教观念。爱美之心人皆有之，惜青春韶华乃天下女子的共同心理，然而，在中国人的意识中长幼秩序这个更重要的原则占了上风。

由于不同语言系统的社会成员有着不同的历史文化传统和心理背景，表示同一事物和概念的词，可以反映截然不同的内涵。中日两国对"老"的理解也有差异。中国有尊老敬老的传统，至今还保留着这种遗风。汉语的"老"在大多数场合具有"富于经验、智慧、和蔼可亲"的内涵。"徐老""董老""郭老"是对德高望重的重要领导人徐特立、董必武、郭沫若的尊称；"老爷爷""老奶奶"则含有"慈祥""和蔼"的意思。

3. 名字避忌上的差异

对祖先及家族成员名字的避忌是一种跨文化的现象，中日两国这方面的共性是显而易见的。然而，有事例表明日本人对祖先名字的避忌似乎不如中国人那么严格。如镰仓初期有一位武士叫佐佐木秀义，他在追讨源义仲的宇治川之战中与梶原景季争打头阵名声大噪，《平家物语》中对这个故事作这样的描述：

"宇多天皇より九代の后胤、佐々木三郎秀義が四郎高網宇治川の先陣ぞや……"

只见他脚踏马镫，一跃而起，面对密布在河两岸黑压压的人群高声疾呼自己和父亲的名字，挟武门弟子之荣誉威震四方。这种英勇壮举日本人无不为之动容。但是，在我们中国人看来，作为儿子，对父亲的名字不但不避讳，反而在大庭广众中大喊大叫，这无疑是大逆不道的行为。威慑敌方，鼓舞我方的斗志，中国人会大喊大叫自己的名字，而不会叫自己祖先的名字的。

《三国演义》第 52 回攻取零陵的一节即是很好的佐证：

两军对阵，道荣出马，手使开山大斧，厉声高叫："反贼安敢侵我境界！"只见对阵中，一簇黄旗出。旗开处，推出一辆四轮车，车中端坐一人，头戴纶巾，身披鹤氅，手执羽扇，用扇招安道荣

曰："吾乃南阳诸葛亮也。曹操引百万之众，被吾聊施小计，杀得片甲不回。汝等岂堪与我对敌？我今来招安汝等，何不早降？"

中国人从小时候就懂得避讳父母的名字，父母的名字在孩子的心目中是神圣不可侵犯的，甚至自己的名字有时也是藏而不露的。相比之下，日本人的名字，包括自己的名字都没有什么神秘感可言。日本人的住房前，总爱挂上一块牌子（日语叫"表札"），所有家族成员的名字一个不漏地写在上面，真可谓"光明正大"，慷慨大方。上学的孩子的用品，小到一支铅笔，一块橡皮，一块手绢，大到书包，自行车都不厌其烦地一一写上本人的名字。每每写信封的时候，也是恭恭敬敬地写上（或印上）寄信人的全名，甚至电话号码。而中国人写信封时，一般不写全名，或者从略，或者只写姓后加上"缄"字。

顺便提一下，欧美、阿拉伯地区的人们对祖先的名字也是毫不避讳的，用祖父、父亲的名字给儿子命名是他们由来已久的传统，当面称呼父亲大人竟如同对待亲朋好友似的，"Karl"（卡尔）"Stephen"（斯蒂芬）的吆喝，我们中国人听着也会心惊胆颤。

4. 姓名结构中的"自我"定位

姓名是社会分类系统的一个重要部分，姓名一方面属于个人，同时也不可抗拒地刻上了命名者对被命名者社会控制的烙印，以汉民族为代表的中国人实行的排名制，体现了某种特定的社会成员所共同遵守的社会准则。

姓名的确定，既在家族群体中区别了个体，也相对其他群体整合了本家族群体。封建社会的姓名符号结构，体现了"父父子子、君君臣臣"，在当时社会的认知模式中，姓名结构的动摇甚至无序，也就是社会结构的动摇和无序，无异于"礼崩乐坏"，正所谓"名不正，则言不顺"。

汉民族的姓名结构可切割成"姓"和"名"两个部分，姓在先，名在后，直观地象征着名向姓的绝对的服从和归属。日本、韩国、朝鲜、越南等儒教的影响辐射到的国家至今还保持着这样

的传统。中国人在用汉语拼音表示人名的时候也不会更改姓名的顺序，如"鲁迅""毛泽东"作"lu xun""mao ze dong"。然而与中国人相比，日本人显得不太拘泥姓和名的前后顺序，日本人的姓名用罗马字表示的时候，大多习从西方人姓名排列的做法。如"山田太郎樣"则写成"MR．taro yamada"，姓名结构由此"本末倒置"了。

中国人除了维护大家族体系的共用符号"姓"以外，还重视家属关系中横向的排序，即同辈中的排行。根据兄弟姐妹间的排行秩序，在姓氏后面加上表示顺序的称呼和数字，在我国源远流长，可上溯至夏商时代。那时帝王名字中已见用天干的"甲乙丙丁戊己庚辛壬癸"的排行，如称夏桀为"帝履癸"，称商纣为"第辛"，以及"太甲、外壬、祖丁、盘庚"，周代以后还常将"伯、仲、叔、季"等字冠于贵族的名字之前以示排行，如"伯夷、叔齐、仲山甫、季路"等。其实《诗经》中《伯兮》《叔于田》等篇中的"伯""叔"均为主人公的字，又皆由来于排行。夏商周三代，未婚女子亦常在姓前加"孟"名"姜"，实际上"孟姜"是春秋时齐国姜姓长女的通称，姜家大小姐是也，后又泛指美女。再如"仲子、叔姬、季隗"等女子，"仲、季、叔"皆为她们的排行。汉高祖刘邦又称刘季，"季"也是他的排行。

自古以来汉族和受汉族影响的其他民族传承着典型的"行辈排名制"，公元前136年开始，汉武帝把儒教视为政治统治的重要法宝，儒教也渐渐地获得了国家宗教的地位。公元3世纪前后儒教的伦理道德广泛地为世人所接受，"行辈排名制"就是在这种情况下应运而生了。④当时规定同姓同宗同辈者皆用一个固定的字或者偏旁取名，不同的辈分使用不同的字或偏旁，世代相传。有的家谱规定了五言诗四句二十字，依世排名，周而复始，象征香火不断，轮生轮回。同宗同姓的人之间，见了名字就知道自己相应的社会地位和行为规范。族谱是施加在姓名上的社会控制，例如，孔子家族使用50个字来排列世代。

希言公彦承　　宏闻贞尚衍

兴毓传继广　　昭宪庆繁祥

令德维垂佑　　钦绍念显扬

建道敦安定　　懋修肇益常

裕文焕景瑞　　永锡世绪昌⑤

　　毛泽东的名字也是严格按照其族谱取的，《毛氏族谱》始修于乾隆二年（1737 年），从第七代起有了固定谱系，加上光绪七年修谱续订的谱系，合起来成一首五言诗。

立显荣朝士，文方运济祥；

祖恩贻泽远，世代永承昌；

孝友传家本，忠良振国光；

起元敦圣学，风雅列明章。⑥

　　毛泽东的辈分在诗的第三句"祖、恩、贻、泽、远"的"泽"字上，第 14 辈，毛泽东的"东"字也是有根据的。古俗以东南西北对春夏秋冬、伯仲叔季。毛泽东虽然排行老三，但在兄弟中居长，故取"东"字，以表"老大"之意。

　　上述中国人的姓名结构反映出儒教社会共同的重要文化命题，即人名在"孝"的名义下，首先要服从作为同宗同祖的整个大家族标识的"姓"，然后还要服从于"行辈排名制"中所规定的作为同姓中同宗同辈者的共同标识的固定的字或者偏旁，对本人来说最重要的个人名反倒排在末端的位置，这样的结构遑言个体的独立，个性的自由。

　　欧美人的姓名结构则正好与以汉民族为代表的儒教国家的姓名结构形成鲜明的对比。他们的姓名（personal　name）一般由洗礼名（christian name）和姓（family name）构成，合称为"full name"，其中，多数英国人则称个人名为"christian name"，家名为"sur name"，美国人则称为"first name""second name""last name"。总而言之，从欧美人的姓名结构中可以窥探出基督教的精神特征，基督教崇尚个人的自由，个性的完成，作用于把人们

从父权、家族关系、血缘关系的羁绊中乃至国家性统率力中解放出来，从而与儒教文化圈的姓名结构所反映的文化命题形成鲜明的对比。

注释：

①②弗洛伊德：《图腾与禁忌》，转引自赵建伟：《中国古代禁忌》，新华出版社，1991年版，第42-43页。

③岩波：《日本古典文学大系》，译文转引自《中国文化与世界》第一辑，上海外语教育出版社，1993年7月版，第84页。

④另一说认为"行辈排名制"始于北宋。详见纳日碧力戈：《姓名论》，社会科学文献出版社，1997年版，第71页。

⑤同④第72页。

⑥转引自江建高：《毛泽东的名字及其来历考》，载《楚风》，1991年第1期。

野田佳彦の国会演説における

言葉遣いに関する一考察

東北師範大学　劉桂萍

　要旨：野田佳彦国会演説における言葉遣いを調べた結果、歴代総理大臣国会演説と殆ど変わっていない表現もあれば、風格がだいぶ変化している言い方もあることが分かった。変わりのない表現には「です・ます」体や「ご協力・ご理解」や「期待します・お願いします」の使用、そして敬語や「取り組む」などの多用が挙げられる。それに対して「…う／ようではありませんか」、「…が一体となって」、「…なければなりません」などの多用には大きく変わった点が見られる。
　キーワード：第95代総理大臣；野田佳彦；国会演説

0. はじめに

　本稿は日本第95代総理大臣野田佳彦が国会で行った演説の表現をめぐって考察してみたい。ここで取り扱っている国会演説は所信表明演説と施政方針演説をいう。所信表明演説とは総理大臣が臨時国会で自分の考えを述べる演説を、施政方針演説とは通常国会で総理大臣がその年一年間の内政と外交の国政全般を述べる演説を指す①。民主党と国民新党の連立による野田内閣は2011年9月2日に発足し、2012年12月26日に辞職したが、第95代62人目である。野田氏は総理大臣就任以降、所信表明演説3回と施政方針演説1回を行い、第178回、第179

回と第181回の所信表明演説と第180回施政方針演説である。本稿では第181回所信表明演説を除いた第178回、第179回、第180回とこの3本の演説を研究の対象としている。②

1. 先行研究

日本歴代総理大臣が国会などで行った演説の言葉遣いについては、ユタ大学言語文学部教授東照二と国立情報研究所鈴木崇史が数多くの研究成果を発表した。東照二は、著作には『歴代首相の言語力を診断する』（研究社、2006）、『言語学者が政治家を丸裸にする』（文芸春秋、2007）、『選挙演説の言語学』（ミネルヴァ書房、2010）、論文には『歴代首相の言語力』（2011）等がある。東氏は歴代総理大臣の演説における言葉遣いと政治の関わりに重点を置いている。鈴木崇史は歴代総理大臣の国会演説における文体の変化及び政治との関係に注目している。主な研究論文に、『時代による総理大臣演説の文体的変化』（2006）、『総理大臣演説における語彙多様性の変化』（2007）、『総理大臣国会演説における基本的文体特徴量の探索的分析』（2008）、『名詞の分布特徴量を用いた政治テキスト分析』（2011）などがある。本研究は野田佳彦国会演説の言葉遣いを研究の対象に、所信表明演説と施政方針演説に関する統計結果に基づいて、論じていくものである。

2. 野田佳彦国会演説の言葉遣いに関する統計結果

野田氏が就任してから発表した第178回所信表明演説と第179回所信表明演説と第180回施政方針演説の表現を調べ、まとめてみたが、統計結果は以下の二点に分けて述べる。

まず第一に、野田氏国会演説の表現に国会時代における歴代総理大臣国会演説と相通じる言葉の使い方が見られる。以下のように挙げられる。

（1）「です・ます」体の使用。野田氏国会演説は3本とも「です・ます」体で書かれている。

(2)「御理解・御協力」の使用。「御理解・御協力」はそれぞ
れ、第178回所信表明演説の結びには「皆様の<u>御理解と御協力</u>
<u>を改めてお願いして</u>…」、第179回所信表明演説の結びには「国
会議員の皆様と国民の皆様の<u>御理解と御協力を改めてお願いし</u>
<u>て</u>…」、第180回施政方針演説の結びには「国民新党を始めとす
る与党、各党各会派、そして国民の皆様の<u>御理解と御協力をお</u>
<u>願い申し上げ</u>…」と使われている。結びにだけでなく本文にも
見える。

　(3)「お願いします」などの使用。(2)の例文の＿を見れば
分かるように、「お願いします」及びその活用形も野田氏国会演
説の結びに使われている。

　(4)敬語(謙譲語)の使用。野田氏は歴代総理大臣と同じ、
「…てまいります」「お…します／いたします」「いたします」
「申し上げます」など謙譲語を演説に使っている。しかし、野
田氏の国会演説は「です・ます」体が基本的なので、「謙譲語」
の使用はしているが、総じてそれほど多くない。

　(5)「…に…取り組む」などの使用。野田氏国会演説には、
歴代総理大臣国会演説と変わらず、「(…)取り組む」や、同じ
意味の「(…)努力する」「(…)努める」といった言葉が繰り返
して使われており、そしてこれらを修飾する言葉もよくある。

　(6)「引き続き」などの多用。「引き続き」「早期」「積極的」
「全力で」「粘り強く」「着実に」などは連用修飾語か連体修飾
語として、歴代総理大臣国会演説と同じく、野田氏国会演説に
も数多く使用されている。

　(7)「焦眉の急」「俎上」「正心誠意」「対岸の火事」「まず隗
より始めよ」「焦眉の急」など中国文化の引用。所信表明演説に
も施政方針演説にも中国古典文化が見られる。

　第二に、野田氏国会演説に歴代総理大臣国会演説と異なる言
葉遣いも明らかに見える。次のように挙げられる。

（1）「…う／ようではありませんか」の多用。野田内閣発足以降、国会演説を3本しか発表していないが、「…う／ようではありませんか」は3本において合わせて15回も使用されている。

（2）「…なくして…ません／…なしには…ません」の多用。野田氏国会演説には、「…なくして…ません／…なしには…ません」などといったような表現が多用されている。

（3）「…（が）一丸／一体となって」の多用。野田氏国会演説には、「国が地元と一体となって…」「官民が一丸となって…」「政府一丸となって…」がよく見られる。

（4）第180回施政方針演説には元総理大臣福田康夫（第91代）と麻生太郎（第92代）の言葉を引用。

（5）「…なければなりません」など義務の語気の多用。統計してみたところ、「…なければなりません」は、第178回所信表明演説に11回、第179回所信表明演説に2回、第180回施政方針演説に至っては14回も使用されている。「…なければならなりません」の代わりに「…必要です」「…必要があります」なども使われている。

（6）野田氏国会演説の結び方は3本とも同じ形。野田氏国会演説を読みとおしてみれば、演説の結びに同じ文の構造を使っているのが目立つ。3本とも「…の御理解と御協力をお願いして、…といたします」というパターンである。

（7）比喩法などのレトリックの利用。野田氏国会演説は比喩法、体言止め、反復法などの修辞手法を豊富に用いている。例1は第178回所信表明演説に出ている「体言止め」で、例2は第179回所信表明演説に使われている「反復法」で、例3と例4は第179回所信表明演説と第180回施政方針演説に使用されている「比喩法」である。

3．考察

野田氏国会演説の言葉遣いを調べた結果、歴代総理大臣国会

演説の表現と変わっていない部分もあれば、風格がだいぶ変化した部分もあることがわかった。この節では、統計データに基づいて、野田佳彦国会演説における言葉遣いを考察、分析してみる。

　(1) 野田佳彦総理大臣国会演説は「です・ます」体で書かれており、比喩などの修辞法も豊かに利用されているので、読んでいるうちに優しくて柔らかい雰囲気が身に沁みてくる。文章の調子にリズム感も湧いてくる。

　(2) 野田氏国会演説には、「…なければならない」「…う／ようではないか」「…一体／一丸となって」「…なくして／なしには…ません」など義務や呼びかけ、条件を表す表現、そして「取り組む」「努力する」「努める」や、「全力で…」「力を尽くして…」「積極的」などある行為の状態や程度を表す表現が繰り返し出されていることから、話者の「…を絶対にしたい」「…をともにしよう」という気合・気勢、「…を変えよう」という図りが読み取れる。と同時に、日本は経済と政治の低迷状態に陥っていることも伺われる。というのは、第 180 回施政方針演説から取った「なければならない」の使用例から見れば、経済・政治・外交など分野は多岐に亘り、その上、「なければならない」に関しては、『日本語文型辞典』に「社会常識やことがらの性質から見て、そのような義務・必要性があるという意味を表す」と解説してあるからである。つまり、経済にしても政治にしても外交にしても…すべき／する必要があるという一般的な判断を述べているのである。それも、第 90 代総理大臣安部晋三の国会演説における「なければならない」の使用状況と比べてみればわかってくる。安倍氏も国会演説を 3 回行っているが、第 165 回、第 168 回の所信表明演説と第 166 回の施政方針演説である。安倍氏は国会演説に「…なければならない」を全部で 8 回しか使っていないが、野田氏は 3 本の演説には 27 回も使っているのであ

る。使用回数ははるかに少ないことから、「…する」緊迫性が弱くなると言えよう。

　(3) 第87代〜第89代総理大臣小泉純一郎の真似が「…う／ようではありませんか」「…なくして…ません／…なしには…ません」などの多用によって伺える。第66代総理大臣三木武夫が使い始めたこの表現は今まで31本の国会演説に使われている。最も多く使用した総理大臣は小泉純一郎で10本だったが、野田氏の国会演説3本に合わせて15回も使われている。小泉純一郎氏は第151回所信表明演説で「構造改革なくして成長なし」と構造改革を思い切って進めていくという決意を表明した。その後、「構造改革なくして日本の再生と発展はない」(第159回施政)、「成長なくして改革はできない」(第164回施政)の言い方が相次いで現れた。こういった言葉遣いから、両氏は国会演説の表現において相似性がある、つまり野田氏は小泉氏に倣っていると言ってもいいのだろうか。

　(4) 第2節の(1)(3)(6)の統計で、野田氏国会演説3本において、それぞれの結び方も、結びにおける「ご理解」「御協力」と「お願いします」の使い方も全く変わっていないことが分かった。こういった言葉遣いから、野田氏の慎重な、執着型の性格が見えてくるが、一方で、その頑固さ・保守的な性格も明らかになってくる。

　(5)歴代総理大臣には国会演説を引き締めるために賢人の言葉を1、2回ぐらい引いた総理大臣がいる。ところが、野党の自民党への抱きつき、かつ、与野党協議を図るには、野田氏は民主党だが、第180回施政方針演説にわざわざ引用していた。歴代総理大臣国会演説の書き方と一味違って、極めて珍現象である。しかし、第180回施政方針演説を行った直後に「盗用丸のみ」や「恥知らず」、「巧言令色鮮なし仁」などといった批判が相次いで現れたが、野田氏の説得は功を奏するとは言えないの

ではないか。

　(6)　野田氏国会演説の言葉遣いに中国文化の神髄が見える。
野田氏は第1代総理大臣伊藤博文、第42代総理大臣鈴木貫太郎、
第70代総理大臣鈴木善幸、第73代総理大臣中曽根康弘、第78
代総理大臣宮沢喜一、第87代〜第89代総理大臣小泉純一郎、
第90代総理大臣安倍晋三に続いて、中国文化の神髄を引いた。
『礼記・大学』からの「正心誠意」、江戸時代の儒学者佐藤一斎
の名句の「春風を以て人に接し、秋霜を以て自ら粛む」、『史記
燕召公世家』からの「まず隗より始めよ」、『投谒齐巳』からの
「対岸の火事」、『史记·項羽本紀』からの「俎上」、『五灯会元』
からの「焦眉の急」、『世説新語　雅量』からの「矜持」である。
こうした中国文化は日本歴代総理大臣が自分の行いを正しくし、
国家を治める際の礎となっていると言っても言い過ぎではない。

4.　終りに

　本論では、日本第95代総理大臣野田佳彦が国会で行った所信
表明演説と施政方針演説の調査結果を基に、その言葉遣いに関
して考察をしてみた。「です・ます」体や「ご協力・ご理解」や
「期待します・お願いします」、敬語や「取り組む」などの使用
は歴代総理大臣と殆ど変わっていないが、「…う／ようではあ
りませんか」、「…が一体となって」、「…なければなりません」、
引用などのレトリックの使い方には、一変したところが見られ
る。こういう言葉づかいから野田氏の保守的な性格だけでなく、
小泉純一郎の真似と野党の自民党への抱きつきといった意図も
伺われる。

注釈：

① http://ja.wikipedia.org/wiki フリー百科事典

② 首相官邸 http://www.kantei.go.jp/

　　http://www.kantei.go.jp/jp/noda/statement2/index.html

参考文献：

[1]東照二. 歴代首相の言語力を診断する[M]. 東京：研究社，2006.

[2]東照二. 言語学者が政治家を丸裸にする[M]. 東京：文芸春秋，2007.

[3]東照二. 選挙演説の言語学[M]. 東京：ミネルヴァ書房，2010.

[4]グループ・ジャマシイ. 日本語文型辞典[M]. 東京：くろしお出版，1998.

反事実条件文に見られる話し手の発話行為

解放軍信息工程大学理学院　于　蓉

要旨：反事実条件文は日常会話の中で、数多く使用されている、コミュニケーションにおける反事実条件文に見られる話し手の発話行為を更に究明することは非常に有意義である。オースティンとサールの発話行為理論に関するそれぞれの論述を研究理論とし、反事実条件文の発話の目的は事実に反することを述べることではなく、空想の世界のことと現実のことの比べ、現実への遺憾、不満などの感情を婉曲に表わす。つまり、反事実条件文による発話行為が文字どおりの意味とは異なった内容を間接的に伝達する言語行為であり、規約的な推測することを通じてその間接発話行為が遂行できると思われる。

　キーワード：反事実条件文；発話行為；発話内行為

　反事実条件文は日常会話の中で、数多く使用されている、単に話すための道具ではなく、行為の道具でもある。反事実条件文を習得するには、表現形式による形成された反事実性及びモダリティの形式によって表わされた話し手の気持ちが理解できる以外、コミュニケーションにおける反事実条件文に見られる話し手の発話行為を更に究明することは非常に有意義であると思う。この章では、反事実条件文に見られる話し手の発話行為について以下の手順で論じる。1 では、発話行為理論の概観を簡単に紹介し、2 では、反事実条件文に見られる間接発話行為を考察し、3 では、反事実条件文に見られる発話内行為を検討

し、その考察の結果を踏まえて 4 ではこの章の結論として、反事実条件文による遂行された発話行為を明らかにしようと思われる。

1. 発話行為理論の概観

言語によるコミュニケーションを行為の面から分析することを発話行為論と呼ぶ。発話行為論は語用論の中心的主体の一つである。イギリスの言語哲学者オースティンと、アメリカの言語哲学者のサールはこの理論の中心人物である。その理論の基本概況を簡単に紹介する。

発話行為分析を最初に提起したイギリスの哲学者オースティンによれば、言語研究の目的は言語交際場面のすべての発話行為を明らかにすることにある。彼は話し手が一つの文を発すると同時に、実に三つの次行為をしていると主張し、発話行為は三つの面から捉えられるとする。更に発話行為三分説を提出する。一つは言葉を発するという行為そのものとしてみるもので、これを発話行為という。二つ目は、言葉を発するという行為が内在させている機能という観点から捉え、発話することが命令とか依頼とか宣言といった行為としての機能を有するとみるもので、それを発話内行為と呼ぶ。三つ目は、言葉を発することによってどんな効果が生じるかという観点から捉えたもので、発話媒介行為と呼ばれる。

それに対して、サールはオースティンの考えを発展的に継承した。サールはオースティンの発話行為部分を二つに分け、ことばを発することと意味が伝達されることを区別すべきだと考え、前者を発話行為、後者を命題行為と呼ぶことを提案したのである。サールはオースティンの三分説を基礎として、もっと全面的な考察を行った。オースティンの三分類は、サールでは以下のように四分類になる。発話行為、命題行為、発話内行為、発話媒介行為である。

114

発話内行為は語用論研究の中心課題である。発話内行為は基本的に遂行文を発話する行為に相当するが、サールは遂行動詞の分類が発話内行為の分類になるという考えを捨て、発話内行為はその発話の目的によって五つのタイプに分けられるとしている。断定、断言型；行為拘束型；行為指示型；感情表現、表明型；宣言型。本稿では、オースティンの提出する発話行為三分説及びサールの提出する発話内行為の種類などの発話行為理論に基づいて、反事実条件文の運用による遂行できる発話行為及び語用機能を検討しようと思う。

2. 反事実条件文に見られる間接発話行為

オースティンは以下のように述べた。発話行為の本質は交際者が言語によって、交際目的や意図を伝達することである。その伝達手段は直接か間接か、明晰か含蓄かを問わず、話し手は言葉を通して行為を遂行することであるに間違いない。したがって、間接発話行為という概念を提出して、ある発話行為によるほかの発話行為の目的が果たせ、即ち、文字どおりの意味とはことなった内容を間接的に伝達する言語行為のことである。その中に、論理、常識を使って、規約的な推測することを通じて遂行できる間接発話行為が規約的発話行為ということである。特定の場合あるいは聞き手と話し手の共同背景知識などの条件によって推測できる間接発話行為が非規約的発話行為である。

まず、反事実条件文は話し手が既知した事実に反することを仮定して事実に反する結論を取り、慣用の文末形式には、典型のモダリティ形式と発話行為を表す遂行動詞があまり存在しないが、話し手の判断、説明のモダリティを表す。発話の目的は事実に反することを述べることではなく、空想の世界のことと現実のことの比べ、現実への遺憾、不満などの感情を婉曲に表わす。したがって、反事実条件文による間接発話行為が遂行できる。

そして、反事実条件文は、恒常的に実現不可能の明らかな反事実性を持つ文の他に、実現可能性がある一般的な反事実条件文の場合に以上のように述べた形式上の特徴によって反事実と判断できる。文字どおりの意味とは異なった内容を間接的に伝達する言語行為であるが、規約的な推測することを通じて間接発話行為が遂行できると思われる。

3. 反事実条件文に見られる発話内行為

発話内行為は基本的に遂行文を発話する行為に相当するが、ここでは、検討する発話行為は主に発話内行為であり、即ち、言葉を発するという行為が内在させている機能という観点から捉え、発話することが命令とか依頼とか宣言といった行為としての機能を有するとみるものである。サールは遂行動詞の分類が発話内行為の分類になるという考えを捨て、発話内行為はその発話の目的によって五つのタイプに分けられるとしている。断定、断言型；行為拘束型；行為指示型；感情表現、表明型；宣言型。さらにそれぞれの目的及び日本語に当てはまる発話行為を規定した。以下のように、

断定、断言型：陳述、主張、報告などの形式による何かについてそれが事実であること、真実であること、真実であることを話し手に表明させる。

行為拘束型：約束、承諾、提案などを通じて話し手が将来何かすることを約束させる。

行為指示型：話し手が聞き手に何かをさせる。例えば、質問、命令、禁止、依頼、忠告、警告など。

感情表現、表明型：命題内容について感情や考えを表現する。例えば、感謝、祝福、謝る、遺憾、挨拶など。

宣言型：宣言することにより新しい事態をもたらす。例えば、任命、命名、宣言、布告、判決など。

以上の章節の反事実条件文に対する考察を通じて、反事実条

件文は後件にモダリティの形式が豊かであるが、主に説明、認識のモダリティの機能を担うと明らかにした。次に、反事実条件文における発話内行為を検討しよう。

　まず、以上の述べたように、本稿では、サールの提出する発話内行為の種類などの発話行為理論を理論基盤とする。それゆえ、反事実条件文における発話内行為を検討するには文に出て来た遂行動詞の種類ではなく、発話の目的によって行うべきだと思う。例えば、反事実条件文に陳述、主張、報告などの形式が現れるが、何かについてそれが事実であること、真実であること、真実であることを話し手に表明させるという目的が果たせない。そして、反事実条件文に陳述、主張、報告などの形式による何かについてそれが反事実であること、実現性がないことを話し手に表明させ、自分の遺憾、不満などの感情を婉曲的に表わす。だから、反事実条件文による断定 断言型の発話内行為を実施することができないと思われる。それゆえ、サールの提出する発話内行為の種類などの発話行為理論にしたがって、以上の反事実条件文における断定 断言型の発話内行為を検討したように、ついでながら、行為拘束型；行為指示型；感情表現 表明型；宣言型の発話内行為を考察しよう。

　行為拘束型の目的は話し手が将来何かすることを約束させることである。反事実条件文は前件と後件とも過去あるいは現在の反事実のことを表し、将来のことに言い及んでも事実に反して、実現できないと判断できるにすぎない。そして、約束という行為を表す遂行動詞も反事実条件文の後件に出て来ない。それゆえ、反事実条件文は将来の事実に対する意義を持たない、話し手が将来何かすることを約束させることができないと言うまでもない。反事実条件文による行為拘束型の発話内行為を実施することができないと思われる。反事実条件文における宣言型も容易に判断できる。まず、反事実条件文の後件に事実に基

づく命名、宣言、布告、判決宣言することを表す表現が現れない、そして、反事実条件文は新しい事実に基づく事態をもたらし、相手を知らせる目的が果たせない。だから、反事実条件文による宣言型の発話内行為を実施することができないと思われる。行為指示型及び感情表現表明型の発話内行為は数多く異なった下位の分類が存在する。行為指示型の発話内行為の目的は話し手が聞き手に何かをさせる。例えば、質問、命令、禁止、依頼、忠告、警告などである。反事実条件文の後件に明らかに禁止、忠告、警告などを表す遂行動詞が現れないが、事実に反することを述べることを通じて聞き手に指示が表せると思われる。たとえば、

(1) 気を付けていれば、あんな事故が起きなかったはずだ。

(2) あの時、精密検査を受けていたら、手遅れにならなかっただろう。

(3) 電話をくれるのなら、もう少し早い時間に電話してほしかった。

(4) この壁がなかったら、部屋がもっと有効に使えるだろうに。

（『日本語文型辞典』1998、p276)

例文の（1）のように、事実に反する「気を付けていれば」という仮定をして、事実に反する「事故が起きなかった」という結果を取った。だから、実際に起こった事故に対して、気をつけていないという原因を究明した。原因を間接に明らかにしたのは、気をつけていない人あるいはことに対して批評し婉曲的に気をつけろうという警告が表せると思われる。そして、例文の（2）、（3）も「あの時、精密検査を受けていない」と「遅い時間に電話した」のことに対して、婉曲に警告を表し、聞き手に述べたように事実に反すること「精密検査を受けていたら」「少し早い時間に電話して」という忠告が表し出せる。反事実

条件文の後件に明らかに禁止、忠告、警告などを表す遂行動詞が現れないが、反事実条件文による行為指示型の発話内行為を実施することができると思われる。

反事実条件文による遂行できる発話内行為の中に、感情表現表明型の発話内行為が最も典型的なものだと言える。なぜかというと、感情表現 表明型の目的は命題内容について感情や考えを表現する。例えば、感謝、祝福、謝る、遺憾、挨拶などである。反事実条件文は「だろう」、「たはずだ」、「たかもしれない」、「だろうのに」などの典型の文末の表現形式が一般的に、現在あるいは過去の事実に反する仮定あるいは予想される現状への遺憾、不満を表す。例えば、例文の（1）は気をつけていなくて事故が起こったことへの遺憾、例文の（3）は遅い時間に電話したことへの不満を表す。

4. まとめ

反事実条件文はコミュニケーションをする場合、コンテクストによって、さまざまな役割を果たしている。コミュニケーションにおける反事実条件文に見られる話し手の発話行為を更に究明することは非常に有意義であると思う。それゆえ、この章では、オースティンとサールの発話行為理論に関するそれぞれの論述を研究理論とし、反事実条件文に見られる発話行為を考察する。まず、反事実条件文の発話の目的は事実に反することを述べることではなく、空想の世界のことと現実のことの比べ、現実への遺憾、不満などの感情を婉曲に表わす。したがって、反事実条件文による間接発話行為が遂行できる。つまり、反事実条件文による発話行為が文字どおりの意味とは異なった内容を間接的に伝達する言語行為であり、規約的な推測することを通じてその間接発話行為が遂行できると思われる。

そして、サールの提出する発話内行為の種類などの発話行為理論を理論基盤とし、反事実条件文における発話内行為を検討

する。反事実条件文に、陳述、主張、報告などの形式による何かについてそれが反事実であること、実現性がないことを話し手に表明させ、自分の遺憾、不満などの感情を婉曲的に表わす。だから、反事実条件文による断定 断言型の発話内行為を実施することができないと思われる。そして、反事実条件文は将来の事実に対する意義を持たない、話し手が将来何かすることを約束させることができないと言うまでもない。反事実条件文による行為拘束型の発話内行為を実施することができないと思われる。反事実条件文は新しい事実に基づく事態をもたらし、相手を知らせる目的が果たせない。だから、反事実条件文による宣言型の発話内行為を実施することができないと思われる。つまり、反事実条件文による規約的間接的に行為指示型及び感情表現 表明型の発話内行為を実施することができると思われる。

参考文献:

[1]徐一平．日本语句型辞典[K]．北京：外语教学与研究出版社，2002.

[2]小泉保．言外的语言学日语语用学[M]．北京：商务印书馆，2005.

[3]孟瑾．日语语用学研究[M]．北京：高等教育出版社，2009.

[4]益岡隆志．日本語モダリティ探究[M]．東京：くろしお出版社，2007.

台湾地区日本文学译介现状研究

——以社会小说为例

中国人民大学外国语学院　鲍　同　吴芝蒸

摘　要：台湾地区的日本文学译介是我国对日文学译介活动的重要组成部分，其译介方式具有地区特色，译介内容与其他地区形成互补关系，对学界的学术研究具有一定的参考价值，有助于我国民众了解日本文学、观察日本社会。当然，在译介过程中，不可避免地出现一些情况，影响译作的传播。

关键词：台湾地区；文学译介；社会小说；山崎丰子；不毛地带

0. 引言

在我国，对日本文学作品的译介十分活跃。特别是上世纪八九十年代以后，伴随着改革开放的步伐，日本文学作品的译介也进入了繁荣期。就数量而言，迄今为止的 30 年间已超过 1500 部（含复译本，下同），基本涵盖了日本近代文学的全部名家名作，译介活动的系统性、全面性不断增强。新中国成立后的 60 余年间，文学汉译单行木超过 20 部以上的作家就有近 20 位。包括久负盛名的川端康成、夏目漱石、芥川龙之介等日本文学巨匠，以及渡边淳一、村上春树、五木宽之、东野圭吾等近二三十年为我国读者熟知的著名作家；推理小说作家森村诚一作品的汉译本甚至超过 70 部。[①]在这些文学作品的译介过程中，许多译者不断总结经验，完善翻译的理论和实践体系，从而使日本文学的翻译工作日

臻成熟，忠实、完美地向读者传递了作品的原始信息。但是，在对日本文学译介进行讨论时，人们更习惯于以中国大陆的出版物为研究对象，忽略了港澳台等地区的译介活动。

1. 台湾地区对日本文学的译介

与大陆地区相似，台湾地区对日本文学、特别是大众文学的译介十分活跃。近年来，更加大了对村上春树、东野圭吾、山崎丰子等作家长篇小说的译介力度，汉译本（繁体字）比较丰富。以山崎丰子（1924-2013）的社会小说为例，翻译最多的是麦田出版公司（台北市）和皇冠文化出版有限公司（台北市）。前者于2006年编译出版了《白色巨塔》和《女系家族》；次年出版《女人的勋章》；2008年4月和10月又先后编译发行了邱振瑞翻译的《暖帘》和《花暖帘》（直木奖）。皇冠出版公司于2007年出版了涂愫芸翻译的《华丽一族》、2008年出版了珂辰翻译的《不沉的太阳》、2010年和2011年又分别出版了王蕴洁翻译的《不毛地带》《命运之人》和《两个祖国》。

就译介形式来看，与大陆相比，这些译介活动更具系统性、全面性和细致性。从译作的组成部分来看，分为人物介绍、作品导读、正文、作者后记、原作附录、出版速报等。其中，作者后记和附录部分的协助采访者名单、参考资料等内容证明了故事原型的真实性，对学者的科研活动具有一定参考价值。此外，书末处会有出版速报，一般是同一作家的新作、相关题材作品或近期畅销图书，为读者提供阅读方便。

除出版小说外，台湾还出版相关作家的论文集。为宣扬山崎丰子半个多世纪不懈的文学创作，在她创作完成最后一部长篇小说《命运之人》后，新潮社又于2009年出版了『山崎豊子自作を語る集』。其中，收集了山崎在小说创作期间发表的论文、手记和对谈近70篇。2012年，天下杂志出版社编译出版了全部三部自述集《作家的使命 我的战后》《我的创作 我的大阪》《再也没有比小说更有趣的了》，让读者了解了作者的写作动机、创作

过程、资料来源、文学手法、历史观、战争观，以及很多鲜为人知的故事，更好地辅助了读者的阅读活动。特别是对外国文学、比较文学专业的研究人员来说，起到非常大的协助作用。

2. 台湾地区日本文学译介的特征

这些译介活动有两个特征：一是"新"。《花暖帘》《不毛地带》《不沉的太阳》《命运之人》等作品都是第一次被译成汉语。尤其是小说《命运之人》，在日本 2009 年连载结束、2011年初单行本问世。其汉译本同步上市，体现了对山崎小说译介的积极态度和对其价值的充分肯定。另一特征体现在汉译本的内容上，译本大多以"导读""推荐序"等方式刊载不同研究者对该部作品的评价。范立达在"推荐序"《我看〈不沉的太阳〉》中写到："身为记者，我更佩服山崎丰子的勇气。她的几部大作，都在揭露社会或大型企业、组织的阴暗面。（略）可想而知，本书问世后，山崎面临的压力与反扑，会有多么强烈。但是，富贵不能淫、贫贱不能移、威武不能屈，不正是记者应该奉行不渝的信念吗？"②当然，文学批评总会存在不同声音。李长声在《小说长鸣警世钟》一文中认为："在精神颓败荒废的现代日本，一岐正（按：主人公）对信念始终不渝，按自己的方式生活，不屈不挠，当然也不免孤独。山崎丰子大加称颂的这种男子汉美学，其实是江户时代充当藩主的家臣，战争年代效忠于天皇，战后为公司卖命，从武士到上班族一脉相承的。（略）是军国主义教育的成果，空洞其实质，塑造为日本人典型，童话般赞美，恐怕我们就难以随声附和了。"③通过文学作品，引导读者从不同角度对"战争"及日本社会进行讨论，既符合山崎丰子创作的初衷，又启发了读者对作品的深入理解和思考，成为赏析日本文学、了解日本社会的重要手段。而台湾地区对日本文学译介的方式方法对大陆地区起到了一定的参考作用。

3. 影响译作传播的要素

在译介过程中，有一些问题直接影响译作的传播。首先，台

湾的译作以繁体字为主，竖行排版，与大陆读者的阅读习惯有些差异。更主要的是，译文语言的使用更倾向台湾读者，其中也混杂少量译者的发挥成分。如：

例1原文：押し殺した声で詰り、あとは息をひそめるように沈黙したままであった。明らかに極反動と見なされている壹岐と話すことを怖れているのだった。（略）なお且つ、民主委員の耳目を怖れて、同じ日本人の呼びかけにすら応えず、息をひそめている姿は、シベリア民主運動に人間性を圧殺されてしまった惨めな人間の姿であった④。

繁体版译文：对方压低了嗓门说道，然后，就屏气凝神地陷入了沉默。他似乎害怕和被苏联集中营认定为超级反动分子的壹岐说话。（略）为了害怕民主委员的耳目，甚至无法回应同样是日本人的对话，只能屏气凝神、畏首畏尾地自保，正是被西伯利亚民主运动抹杀了人性的悲惨身影。⑤

笔者试译：对方压低了嗓门，之后，连呼吸的声音都听不到了，大家陷入了沉默。他似乎害怕与壹岐说话，因为壹岐已被认定是极为反动的人。（略）而且因忌惮民主委员的耳目，甚至无法回应日本同胞的呼唤，这噤若寒蝉的样子如同在西伯利亚民主运动中被抹杀了人性时的悲惨情形。

例2原文：「へえ、あの商売にきつい社長にねぇ、僕なら大門社長に褒められたら祝杯をあげたいところですよ、それが胸につかえるとおっしゃるところを見ると、まだまだ、泥水の飲み方が少ないですよ、（略）」⑥

繁体版译文：「喔？对做生意那么斤斤计较的董事长竟然这么说。如果大门董事长称赞我，我会举杯庆祝，你居然对此耿耿于怀，可见你喝的泥水还不够多。」⑦

笔者试译："哦？在生意场上那么较真的董事长居然这么说。如果大门董事长这样称赞我的话，我会举杯欢庆的。你却对此感到难受，可见你还未谙其道。"

例3 原文：「俺が、幕僚長になりたいのは、ただ星の数が増えて、人が敬礼してくれるとか、給料が増えるためじゃない、俺がそもそも防衛庁へ入ったのは、警察予備隊以来のマッカーサーの手紙一本で作られた自衛隊を、日本の国民に支持される自衛隊にしたいという理想を持って入ったのだ、軍国主義の手先だとか、税金の無駄使いだと非難され、石を投げられる自衛隊では、無意義だ、（略）」⑧

繁体版译文：「我想要当幕僚长，并不是因为希望多几颗星星或是接受别人的敬礼，更不是为了加薪。我当初进入防卫厅，就是怀抱理想，让警察预备队根据麦克阿瑟将军的一封信而建立的自卫队，变成受到日本国民支持的自卫队。如今，自卫队被指责为军国主义的爪牙，说我们在浪费纳税人的血汗钱。这种被人丢石头的自卫队根本就没有意义，（略）」⑨

笔者试译："我之所以想当上幕僚长，并非希望制服上能多几颗星，或是接受更多人的敬礼，更不是为了加薪。当初进入防卫厅，我便怀揣梦想：想让这支根据麦克阿瑟的书信、以警察预备队为班底组建的自卫队，成为一支受到日本民众支持的自卫队。如今，自卫队被指责为'军国主义的爪牙'，'在浪费纳税人的血汗钱'，这种遭人唾弃的自卫队毫无价值。

例4 原文：貝塚ぬ！自分の不正を棚にあげて！川又は、握りしめた拳の中に脂汗を滲ませながら、再び無念の思いが突き上げてきた。（略）空幕及び内局を利権の巣窟としてしまう今日の憂うべき事態は、改善されねばならない。⑩

繁体版译文：贝塚这只猪！自己整天违法乱纪！川又紧握的拳头冒着冷汗，再度感到极度懊恼。（略）空幕和内局沦为利益与权力纠结的中心这种令人忧心的情况便无法改善。⑪

笔者试译：贝塚这家伙！对自己的违法乱纪却视而不见！川又紧握的双拳，掌心冒着汗，仍感到极度懊恼。（略）空幕和内局已经沦为了权钱交易的中心，这种现状令人忧心，必须得

到纠正。

　　价格是阻碍台湾译作在大陆发行的另一个原因。以《白色巨塔》（正、续）为例，2006年该部作品的简体汉译本（两册）由东方出版社出版，共70元人民币；在台湾，2011年新版《白色巨塔》共三册，单色印刷，定价为999元新台币，约合200元人民币。2007年，花山文艺出版社出版了《女系家族》的简体汉译本，单价为35元人民币；2006年繁体字汉译本由麦田出版社出版，上下两卷共520元新台币，约合100元人民币，几乎是简体版的3倍。近年，纸质书籍受到电子书籍的冲击较大，若在价格上没有优势，很难广泛传播。

　　另外，繁体字汉译本的受众主要是台湾读者，在大陆缺乏正规销售渠道，仅能通过图书类经营者以网络代购的形式进行购买，若没有库存，购买周期会在2周左右。卓越亚马逊甚至需要7-10周发货，影响了读者的阅读兴趣。

　　4. 结语

　　综上所述，台湾地区的日本文学译介是我国对日文学译介活动的重要组成部分，其译介方式具有地区特色，译介内容与其他地区形成互补关系，对学界的学术研究具有一定的参考价值，为我国民众了解日本文学、观察日本社会提供了很大帮助。

　　（本文系中国人民大学2014年度新教师启动金项目阶段成果）

注释：

①详见王向远. 王向远著作集第三卷日本文学汉译史[M]. 银川：宁夏人民
　出版社，2007：377-445（附录（二）20世纪中国的日本文学译本目录）。
②山崎丰子. 不沉的太阳（上）[M]. 珂辰，译. 台北：皇冠文化出版有限
　公司，2008：6.
③山崎丰子. 不毛地带（上）[M]. 王蕴洁，译. 台北：皇冠文化出版有限
　公司，2010：6.
④山崎豊子. 不毛地带（一）[M]. 東京：新潮社，1983：234.
⑤山崎丰子. 不毛地带（上）[M]. 王蕴洁，译. 台北：皇冠文化出版有限

公司，2010：176.

⑥山崎豊子. 不毛地帯（二）[M]. 東京：新潮社，1983：128.

⑦山崎丰子. 不毛地带（上）[M]. 王蕴洁，译. 台北：皇冠文化出版有限公司，2010：540.

⑧山崎豊子. 不毛地帯（二）[M]. 東京：新潮社，1983：231.

⑨山崎丰子. 不毛地带（上）[M]. 王蕴洁，译. 台北：皇冠文化出版有限公司，2010：613.

⑩山崎豊子. 不毛地帯（二）[M]. 東京：新潮社，1983：238-239.

⑪山崎丰子. 不毛地带（上）[M]. 王蕴洁，译. 台北：皇冠文化出版有限公司，2010：617-618.

参考文献：

[1]康东元. 日本近现代文学翻译研究[M]. 上海：上海交通大学出版社，2009.

[2]赵稀方. 二十世纪中国翻译文学史（新时期卷）[M]. 天津：百花文艺出版社，2009.

[3]宿久高，鲍同. 论日本文学作品汉译中的异化现象以山崎丰子作品的汉译为例[J]. 解放军外国语学院学报，2012（3）：82-85.

浅析日本大正至昭和中期
"侦探小说"指称意涵的转变

——以谷崎润一郎的三个侦探小说集为中心

北京邮电大学人文学院　王　雪

摘　要：1911 年至 1928 年，谷崎润一郎创作了许多被称为"侦探小说"的作品，生前出版过三本侦探小说集。三本侦探小说集的出版，正处于日本侦探小说逐步确立起来的时代。本文通过考察这三本侦探小说集所用的不同名称、成集状况以及所收录作品的特点，梳理出"侦探小说"指称意涵的变化，并试图还原出纯文学对大众文学这种二元对立看法固定下来之前，"侦探小说"的面目。

关键词：谷崎润一郎；犯罪小说；侦探小说；推理小说

0. 引言

日本唯美主义文学大家谷崎润一郎（1886-1965），1911 年至 1928 年八年间，创作了许多被称为"侦探小说"的作品，生前出版过三本侦探小说集，分别是《润一郎犯罪小说集》（新潮社、1929 年）、《日本侦探小说全集》第五篇《谷崎润一郎集》（改造社、1929 年）与《前科者　谷崎润一郎推理小说集》（三才社、1951 年）。

众所周知，在日本，"侦探小说"作为独立的艺术门类确立起来是在江户川乱步、横沟正史等专业侦探小说作家出现并活跃的昭和时代。因此，从创作时间上看，谷崎的这些作品创作于"侦探小说"作为一个独立的艺术门类在日本确立之前。而这些作品结集出版的时间，正处于日本侦探小说逐步确立起来的时代。

谷崎的三个侦探小说集有三个不同名字"犯罪小说""侦探小说""推理小说"。并且,三个小说集的成书背景和收录的作品也不尽相同。这些不同正向我们呈现出"侦探小说"在逐渐成为具有清晰定义的独立文学门类的历史过程中,其指称意涵的转变。

本论文旨在通过考察三本侦探小说集所用不同名称、成集状况以及所收录作品的特点,梳理出侦探小说指称意涵的变化,并试图还原出纯文学对大众文学这种二元对立看法固定下来之前,"侦探小说"所呈现出来的面相。

1. 关于《润一郎犯罪小说集》

通过 1929 年 2 月 3、9、25 日谷崎给新潮社主编兼董事中根驹十郎的三封信①,可以知道《润一郎犯罪小说集》的成书过程。

新潮社创立于 1896 年,以出版文艺类书籍而闻名,是日本具有代表性的出版社之一。谷崎在 2 月 3 日信件中提到的"丛书",是新潮社于 1929 年企划的第二次新潮文库②。

从信件可以看出,这次文库中的第八册《近代情痴集》是出版社的企划,而第十四册《润一郎犯罪小说集》的出版,则完全没有出版社的事先企划,完全是依照谷崎个人的意愿成书的。并且,从小说集的题目到选入的作品以及目录排序,完全都依照了谷崎的想法。而谷崎想要在新潮文库系列中出版这个侦探小说集的原因有三。一是家里装修,急需用钱。二是对《黑白》不太满意,不想出版成单行本。三是名字叫"侦探小说"集的话,"可选材料非常丰富"。

三个原因体现当时谷崎眼中"侦探小说"的特点。首先,把赚钱和"侦探小说"联系在一起应该并不偶然。从明治时期的翻案侦探小说时代开始,"侦探小说"就和畅销书紧密联系在了一起。为了让更多的读者愿意购买,"侦探小说"一定要把读者的喜好放在第一位。在急需要钱的时候,提出出版侦探小说集,并要求预支至少 5000 本的版税,这些基于谷崎对读者市场的判断。第二个原因,体现出谷崎提出要求时的思量,一方面,文库本大众化的

特点，与侦探小说集很适合，另一方面，作为"侦探小说"，可以对作品艺术水平的要求适当降低。第三个原因则和当时"侦探小说"意涵的广泛有直接的关系。

从小说集收录的作品③可以看出，被选的作品都和犯罪有直接关系，小说集的题目最终定为"犯罪小说集"，可以说是基于这个特征。但是，谷崎最初的提议中还有一个选项，就是"侦探小说集"，即在谷崎看来，这些作品又可以归入"侦探小说"之列。对照 1950 年江户川为"侦探小说"下的定义 "所谓侦探小说，主要是指重视破解与犯罪相关的难解谜团这一逻辑推理过程之趣味的文学"④，而这些作品的重点并不在"逻辑推理过程"上。可见在当时，"侦探小说"的意涵是和"犯罪小说"有相重合的之处的，其指称范围比后来江户川所下的定义要大很多。

2. 关于《日本侦探小说全集》第五篇《谷崎润一郎集》

通过考察同一年，改造社出版的《日本侦探小说全集》第五篇《谷崎润一郎集》，可以窥出当时"侦探小说"的另外一面。

1929 年 5 月改造社出版的《日本侦探小说全集》第五篇《谷崎润一郎集》中，使用了"侦探小说"这个名称。这个全集，是江户川乱步受改造社的委托进行编辑的。当时的江户川已经是一名非常有名气的侦探小说专业作家。这个小说集收录了《秘密》《柳汤事件》《一个少年的恐惧》《人面疮》《金和银》《被诅咒的剧本》《哈桑·汗的妖术》《途上》和《青塚氏的故事》共九篇小说，体现了当时的江户川对侦探小说的理解。

从被选入作品的内容看，《秘密》《柳汤事件》《一个少年的恐惧》《人面疮》《金和银》《被诅咒的剧本》和《途上》是和犯罪相关的故事，这一点和《润一郎犯罪小说集》的选择视点可以说是一致的。但需要注意的是，《哈桑·汗的妖术》和《青塚氏的故事》，与犯罪无关，属于变态、怪异幻想要素很强的作品。

具有这样特点的作品不仅出现在《谷崎润一郎集》中，江户川编辑的《日本侦探小说全集》的第二十篇《佐藤春夫·芥川龙之

介集》中也可以见到。《佐藤春夫·芥川龙之介集》中，既有《指纹》《开化的杀人》等涉及到杀人案件的作品，也有《妈妈》《悲惨的发现》《家常茶饭》等没有涉及到犯罪，只是充满谜团、幻想性较强的作品，另外，《奇怪的故事》《黑衣圣母》《影》和《奇怪的再会》等则属于怪异风格的作品。

1924 年，佐藤春夫还专门写过一篇《侦探小说小论》。佐藤春夫在文章中将"侦探小说"分为两类，"一类源于实干家头脑的理性推理判断，另一类来源于神经衰弱性直觉的病态的敏感"⑤，作为所谓的纯文学作家，佐藤春夫一方面将以柯南·道尔为代表的以理性推理为中心的侦探小说列为健全派，并承认"柯南道尔的夏洛克福尔摩斯系列可说是侦探小说中的杰作。其中有不少艺术性很高的作品"，而另一方面，佐藤春夫更坚持主张根植于人类内心深处对恶的奇怪的赞美之情和渴望看到恐怖事物的奇异心理的猎奇怪异与病态、才是侦探小说的根本。

考察一下 1920 年创刊的侦探小说专门杂志《新青年》的目录就会发现，所刊载的译作和创作作品中，单纯以理性破解谜团为中心展开的作品很少，以异常变态的心理、怪异幻想的情节为中心的作品占据《新青年》的主流。

另外，侦探小说全集中，出现谷崎、芥川、佐藤春夫这样的纯文学作家，也不是江户川一厢情愿的选择。全集里收录的谷崎的《金和银》、佐藤春夫的《指纹》和芥川龙之介的《开化的杀人》，都是 1918 年 7 月发表在杂志《中央公论》夏季临时增刊"秘密与开放"号的创作栏"艺术的新侦探小说"中的作品。

这样看来，在日本，在大正时期到昭和初期这段时间，"侦探小说"涵盖了"犯罪小说"和部分变态、怪异幻想风格的小说，其指称范围远远大于后来江户川所定义的侦探小说。并且，许多纯文学作家都进行着"侦探小说"的创作，说明"侦探小说"的艺术性也是被承认的。

3. 关于《前科者 谷崎润一郎推理小说集》

二战期间，由于日本政府的言论控制，日本侦探小说的创作、出版一度中止。战后，在以江户川为代表的侦探小说作家的努力下，侦探小说在日本迎来了又一个隆盛期。在这样的大背景下，1951 年，三才社出版了《前科者 谷崎润一郎推理小说集》。

名称中，"推理小说"是"侦探小说"的代用。众所周知，"侦探小说"在日本战后被改称为"推理小说"。这是由于 1946 年 11 月的内阁训令，将"侦"字从当用汉字表中去除了。虽然 1954 年 3 月的当用汉字补正案中再次恢复了"侦"字，但此时，"推理小说"这个名称已经在日本普及开来了。之后的很长一段时间，"侦探小说"和"推理小说"作为同义语固定下来。但此时，"侦探小说"的指称意涵已经发生了巨大的变化，即江户川在 1950 年下的"侦探小说"定义已经趋于固定。

那么，谷崎的侦探小说集又呈现出什么变化呢？

三才社的相关资料非常少，但可以确定的是，这个出版社既不如新潮社、改造社那样，是日本有代表性的出版社，也不是谷崎经常合作的出版社，更不是以出版侦探小说杂志及相关读物为主要业务的出版社①。

另外，《前科者 谷崎润一郎推理小说集》中收录的作品分别是《柳汤事件》《人面疮》《受诅咒的剧本》《日本的受虐狂杀人事件》《我》《一份笔录中的一节》和《前科者》七篇。其中，除《一份笔录中的一节》为新选入的作品外，其他都和前两个小说集相重合。这个小说集选录的作品可以说与前两个小说集形成了一定程度的继承关系。但显而易见的是，小说集中没有收录与犯罪无关的、怪异风格的作品。可以说，小说集选录作品的调整，一定程度上是受到了"侦探小说"指称意涵变化的影响。

谷崎这些二三十年代作为侦探小说被高度评价的作品，战后在侦探小说界从事实上被边缘化了。随着侦探小说作为一个独立的文学门类被确立起来，侦探小说的定义更加明晰，其明晰的过

程也是一个对"变格""不健全派"排斥的过程，同时，也是侦探小说被归为大众文学的一支、与纯文学被对立分开、高下分开的过程⑦。

4. 结语

与"侦探小说"指称意涵的变化相呼应，对谷崎的这些被称为"侦探小说"的作品的评价，也褒贬不一。

一方面，江户川乱步、横沟正史等日本第一代侦探小说专业作家对这些作品评价非常高。之后，中岛河太郎在《日本推理小说史》中，将谷崎奉为继黑岩泪香后，日本侦探小说的"中兴之祖"⑧，伊藤秀雄在《大正的侦探小说》中，把谷崎定义为"日本侦探文坛形成之原动力的人物"⑨，继承了江户川的观点。

另一方面，伊藤整、野口武彦等战后文学评论家将谷崎创作活动中的大正时期（1912-1926）定义为其"艺术上的低潮期""滥作期"⑩。直至今日，关于三个侦探小说集中具体作品的研究，不仅数量寥寥，为数不多的评论也基本继承了伊藤整和野口武彦的观点，把这些小说定位为是谷崎一时的心思旁骛、"游戏"之作⑪。这样的看法成为定评，一直持续至今。

专业侦探小说家、日本侦探小说史整理者与文学研究者之间正相反的评价，可以说是纯文学对大众文学这种二元对立的观念下的产物。

然而，虽然对谷崎这些作品的评价完全相反，对这些作品在谷崎整个文学中所占位置的评价，双方却是一致的。中岛河太郎、伊藤秀雄等侦探小说的研究者们也把谷崎文学最终定义为纯文学，承认谷崎"由始至终都坚持立脚于对人性的描写"⑫，从而最终脱离了"侦探小说"达到了成熟。这正说明他们自身也接受了高尚的纯文学对低俗的大众文学这一二元式的观点。参考1950年，江户川乱步为侦探小说下的定义，确实是对侦探小说重视技巧、趣味性这一点提供了佐证。

但是，如果我们回溯到日本侦探小说开始确立的时代，也许

会发现其呈现的面相并没有那么简单。

本文是北京高等学校青年英才计划项目"谷崎润一郎文学侦探小说性格及其影响研究"（项目批号：YETP0466）和北京邮电大学青年科研创新计划专项"初期谷崎润一郎文学中的侦探小说性格"（项目批号：2013RC0707）的阶段性成果。

注释：

①由于篇幅限制，信件不做一一引用，请参照《谷崎润一郎全集》26[M]．东京：中央公论社，1983：194-198．

②新潮社企划的第一次新潮文库始于1914年，主要介绍外国名作。1929年开始的第二次新潮文库，主要介绍日本本国著名作家的作品。文库本形式的目的是争取更多的读者，所以一般都平装小巧，便于携带而且价格低廉。

③《日本的受虐狂杀人事件》《白昼鬼语》《一个犯罪的动机》《途上》《前科者》《黑白》。

④江户川乱步．江户川乱步全集15幻影城（正·续）[M]．东京：讲谈社，1972：27．

⑤佐藤春夫．侦探小説小论[J]．新青年增刊，1924(8)：81．

⑥关于最后一个侦探小说集的成书过程，目前为止没有找到相关的记录。关于三才社，目前所知道的是，历史上曾经出现过两个"三才社"。一个是上村卖剑为了发行一个名叫《天地人》的杂志而设立的，存在年代较短，大约从1924年至1929年。另一个是基督教系统的出版社，明治期开始一直持续经营至战后。出版《前科者 谷崎润一郎推理小说集》的应该是基督教系的这个出版社。从目前的资料来看，谷崎和这个出版社仅合作过一次。

⑦这种二元看法认为，纯文学重视表现人生、人的内心世界，而大众文学则重视吸引读者的技巧。侦探小说长久以来被视为重视技巧、重视通俗性、娱乐性的大众文学的一个门类。

⑧中岛河太郎．日本推理小说史1[M]．东京：桃源社，1964：150．

⑨伊藤秀雄．大正的侦探小说[M]．东京：三一书房，1991：191．

⑩伊藤整. 谷崎润一郎的文学[M]. 东京：中央公论社，1970. 野口武彦. 谷崎润一郎论[M]. 东京：中央公论社，1973.

⑪如：野村尚吾. 谷崎润一郎的作品[M]. 东京：六兴出版，1974. 红野敏郎. 耽美派与侦探小说谷崎润一郎[J]. 国文学 3 月临时增刊号侦探小说与科幻小说的世界，1975，(3). 大内茂男. 作为侦探小说作家的谷崎润一郎[J]. 艺术至上主义文艺，1979，(11). 等。

⑫中岛河太郎. 日本推理小说史 1[M]. 东京：桃源社，1964：139.

参考文献：

[1]江户川乱步. 江户川乱步全集 15 幻影城（正·续）[M]. 东京：讲谈社，1972：27.

[2]佐藤春夫. 侦探小说小论[J]. 新青年增刊，1924(8)：81.

[3]中岛河太郎. 日本推理小说史 1[M]. 东京：桃源社，1964：150.

[4]伊藤秀雄. 大正的侦探小说[M]. 东京：三一书房，1991：191.

[5]伊藤整. 谷崎润一郎的文学[M]. 东京：中央公论社，1970. 野口武彦. 谷崎润一郎论[M]. 东京：中央公论社，1973.

[6]野村尚吾. 谷崎润一郎的作品[M]. 东京：六兴出版，1974.

[7]红野敏郎. 耽美派与侦探小说谷崎润一郎[J]. 国文学 3 月临时增刊号侦探小说与科幻小说的世界，1975，(3).

[8]大内茂男. 作为侦探小说作家的谷崎润一郎[J]. 艺术至上主义文艺，1979，(11).

[9]中岛河太郎. 日本推理小说史 1[M]. 东京：桃源社，1964：139.

"物哀"佐藤春夫作品的美学归宿

湖南科技学院外语系　张　剑

摘　要："物哀"（もののあわれ）是贯穿于日本民族艺术趣味和审美情绪的重要观念，也是众所公认的日本文学最为独特和普遍显现的美学特征。佐藤春夫是日本大正时期著名的唯美文学流派作家，他在相当长的一段时间中游走于"物哀"与西方"世纪末"的颓废美之间，探寻和追索人生、命运的意义。在经历了长期的艺术磨砺后，他将"物哀"这一日本文学的美学根本与西方颓废主义人生意识进行了结合，在弘扬和发展日本传统美学的同时，也为自己的人生观、艺术观找到了终极归宿。

关键词：物哀；佐藤春夫；风流论；美学

0. 引言

"物哀"是日本民族审美意识发展史上形成的最为重要的美学理念。日本国学家本居宣长在《源氏物语·玉小栉》中指出，"物哀"中的"物"是客观存在的一切，包括人类、自然物，社会世相，人情百态等等，"哀"则是指人的所有主观情感，是人对"物"的存在状态进行审美体验后所生发的慨叹、感悟和描述①。而"物哀"即二者达成"物心合一"，以主体对客体朴素而深厚的情感为基础，用含蓄、细腻、静寂、哀婉的格调渲染内心的悲哀、感伤等情绪的过程。可以说，"物哀"实际上是本居宣长对日本传统美学的一次综合性概括和总结，而这一美学理论的形成不仅成为了日本民族的审美根基，同时也被确认为日本文学的关键性美学思想，被所有日本作家应用于自己的作品中。佐藤春夫是日本大正

时期唯美文学流派代表性作家，其对"物哀"的审美意趣一直保持着高度的崇尚感，但基于当时的社会和文学氛围，他又接受了西方"世纪末"②唯美文学思潮的影响，形成了以颓废主义为主导的人生价值观和艺术观。在这种东西方文化交错纷迭、互为交融的背景下，佐藤春夫不断求索着日本文学近代化发展的出路，尝试以西方的象征主义艺术手法对日本古典美学理念加以阐述，最终创作性的将现代文明衍生的颓废人生观与日本美学理念"物哀"进行了有机结合，使日本唯美文学呈现出独具特色的美学意蕴，不仅使"物哀"的实质性内涵更加清晰，也为自己的人生观、艺术观找到了终极归宿。

1. 佐藤春夫作品中的"物哀"之美

佐藤春夫出生于一个推崇日本古典文学的医学世家，他的文学天赋极高且具有多愁善感、敏感细腻的诗人性情。因此，青年时期的他在潜意识中对日本美学理念"物哀"是有着极为深厚的认同感的。彼时他的文学作品中也自然而然地充溢了这种审美情趣。《殉情诗集》收录了佐藤春夫早年创作的二十三首抒情诗歌，这些诗作主要描写了他的学生时代生活、初恋的美好以及对谷崎润一郎夫人千代的相思之情。其清丽、哀婉的笔触以及内敛的韵味与日本紫式部的《源氏物语》极为相似，以淡淡的哀愁和感伤色彩将自己的"心中事、眼中泪、意中人"细细地围裹，每一个细节都流溢着"物哀"的风情和韵味。如『秋刀魚（さんま）の歌』的开头就这样写到："凄凄秋风啊，你若有情，请告诉他们，有一个男人在独自吃晚饭，秋刀鱼令他思绪茫然……"③哀怨而倦怠的格调勾勒出一幅精致的工笔画，使读者的眼前立刻闪现出孑然一身、满怀爱恋的佐藤春夫在凄凉的秋夜中面对丰腴的秋刀鱼孤寂的身影，体味出他那种苦痛而哀愁的心境。再如他在《水边月夜之歌》中咏道："心怀愁绪难遣，水中冷光粼粼。我身即如朝露，不免情思绵绵。"④借物托情，以情言物，渲泄他对千代无望的爱恋，使读者立马体悟到命运的无奈和无常，从而极自然地

生发出一种悲惋的心绪。此外，佐藤春夫对"物哀"理念的运用，还体现在他的小说之中，《田园的忧郁》是佐藤春夫的成名作，可以说，在这部短篇小说中，佐藤春夫将"物哀"之风情运用到了极致。文中他以诗人般的浪漫描写了田园盛夏的美丽、初秋的迷人和晚秋的阴霾，他刻意将作品的主人公与现实进行了完全的剥离，使其呈现出一种"物哀"所特有的"物"的纯净美，随后，他将所有的景物，山、水、丛林、蜕壳而出的蝉、繁叶不再的蔷薇都涂抹上忧郁和寂寥，让主人公"我"享受着这些转映着人生命运忧郁气息，使读者情不自禁地融入于"物哀"的风雅意境之中。应该说，佐藤春夫早期作品并没有形成其独特的美学思想，他对"物哀"的运用和表现还处于一种日本作家固有的"下意识"和"惯性"之中。但正是由于这种深埋于其"潜意识"中的惯性使得其探索出一种崭新的美学理念，从而脱离日本唯美主义末流作家的恶俗和偏执，成为一代文学名家。

2."颓废美"艺术观的转折

大正时期，佐藤春夫结识了著名的唯美文学作家永井荷风和谷崎润一郎，得到二人的指点，由此开始倾心于以唯美文学的形式进行小说创作。众所周知，日本的唯美文学源于西方，而西方唯美文学的兴起则是文学者不堪忍受近代文明导致人类的异化而进行的一次思想层面的逃亡。英国学者约翰•斯托克斯(John Stokes)即指出，唯美主义是历史环境的产物，其诞生于宗教确定性的崩溃和科学方法的兴起。因此，唯美主义者共同的人生意识倾向就是：一切都是虚无的，人的生命只能在毫无意义的自我耗竭中无可挽回地走向消亡，最终消逝殆尽。因此，唯美主义者需要以超然的态度去追求所谓纯粹的审美生活和艺术理想，而不是面对现实和责任。应该说，这种颓废主义的人生观、价值观是一切唯美主义艺术的本质特征，它极大影响了佐藤春夫文学审美意识的形成。当时的日本文坛受国内政治环境和西方文明浸润的影响，正日益呈现出颓废和苦闷的情绪态势，而佐藤春夫自身也面

临着感情和文学事业的双重失意，这使其在审美认知上与这种西方"颓废美"的审美意念不谋而合，极自然地接纳了这一理念，并将其淋漓尽致地展现于自己的作品之中。例如在《西班牙犬之家》之中，他就以超现实主义的写法描绘出一个面对虚无世界依然忐忑不安的自我；而在《美丽街市》中，佐藤春夫构建了一个"乌托邦世界"，体现了梦想必然破灭以及破灭后产生的徒劳感；《都会的忧郁》则塑造了丧失自我、否定生命存在价值的颓废虚无主义者，刻画了这些"零余者"的焦虑和颓唐。这一时期的佐藤春夫在创作中大量使用了西方象征主义的写作方法，以"病蔷薇""零余者"等外物描写象征他的内心世界，可以说，是在有意识地构建自己的人生观和艺术观。但随着艺术上的不断发展，这种虚无和颓废的人生意识使其陷入了更深的孤独和哀伤之中，在这种意境下，佐藤春夫开始拷问自我的人生价值，正如他在《孤寂》中所说："我现在是自己关上窗户又放下了百叶帘，然后却抱怨房间太暗，不舒服"，如果不喜欢阴暗就打开窗户，否则就默默地享受好了"但是，我以发牢骚为乐趣，把自己关在房间里，抱怨光线昏暗，根本不去看窗外是阳光明媚还是昏天黑地，这真是大错特错，活该！"[⑤]应当说，这是佐藤春夫对自己进行的深刻自省和批判，也正是由于这种意识的产生，使其从对日本传统美学"物哀"潜意识进入了真正的关注阶段。

3. "风流论"内蕴的探索与佐藤春夫美学体系构建

《风流论》一文的问世，可谓是佐藤春夫文学美学思想系统化、理论化的起点。1924 年，即日本大正十三年三月，当时著名的《新潮》杂志社针对室生犀星创作的《田舍生活》举办了座谈会，会上佐藤春夫就其文中提出的"风流"的内涵和本质与久米正雄、德田秋声等作家进行了论证和辩论。期间佐藤春夫坚持认为"日本古典文学中的'风流'是感觉化的东西，其本质是自然感性的，而绝不是源于人的意志"。随后，佐藤春夫针对这一观点专门撰写了《风流论》一文。在该文中，佐藤春夫提出，"风流"

实际与日本传统美学"物哀"在本质上是相同的，二者均属于由"无常观"生发的审美意识⑥。为进一步阐明"风流"与"物哀"的关系，他在《风流论》中首先解释了日本"无常观"的产生原因，他认为，所谓"无常观"是指人在与大自然进行比较的过程中，认识到了自己的渺小和软弱，从而产生了一种被压抑的、苦闷的情绪，并进而形成一种希图挣扎和摆脱的人生态度。而相对于西方民族多选择对抗自然的行为，日本民族在面对这种苦闷情绪时，往往会有意识地、自然地缩小或消弭自己的意志，将瞬间的情感与永恒的物质同一化，以达到人与自然最大化的交融，这就形成了日本文学中"物哀"的美学境界，即"以最小限度的对生的执着及对生的享乐"的境界。随后，他以日本只有三十一个音的"俳句"为例确证了"风流"蕴含的"物哀"之美："我们对生的意志淡薄，这证明我们的意志达到了最小的限度，几乎处于人类意志脱落的瞬间，所以对于这样的人类来说绝不可能需要那么长的时间来表达自己的感受，这就是日本民族的诗歌短小的唯一理由。"⑦由此，佐藤春夫将"俳句"称之为近于沉默和虚无的艺术，是艺术表现形式的最高境界，而这种艺术表现的正是人与自然合一时刹那产生的美感，蕴含着随遇而安的艺术气质，是感性艺术化、唯美化的最佳体现，也是"物哀"的真正体现。在这一论证基础上，佐藤春夫又提出了"知风流"这一理念，他指出，"知风流"的实质就是"知物哀"，即感知"风流"、了解"风流"。"知风流"者必须具备真正可以感受"自然和诗情"的能力，也就是说，"知风流"者虽然具有强烈的疲于人生的性情，但他们却可以将这种性情中的颓废意识唯美化、艺术化，从自然中体会出"生"的快乐和美，并且善于发现、表现这种快乐和美，使"生"在感觉中转变为自慰式的享乐和欢愉。应该说，从文艺美学的角度来看，佐藤春夫的"风流论"具有两个方面的理论观点：首先，"风流论"与日本传统的"物哀论"异曲同工，二者均宣扬了人的情感与外界世间相达成了"物心合一"的审美意趣和价值，具

有统一的美学理论脉络，因此，"风流论"实质上就是"物哀论"的替代品。另一方面，"风流论"与"物哀论"所倡导的"以最小限度的对生的执着及对生的享乐"这一审美意识与佐藤春夫颓废主义人生观所具有的唯美享乐主义人生观具有一脉相通的关联性，都是悲哀的享乐，厌世的享乐，是一种颓废的诗情。

佐藤春夫的《风流论》一文成功地将日本美学理念"物哀"与其颓废情怀进行了糅合，这使佐藤春夫颓废主义的人生观和艺术观得到了极大的理论支撑，并由此使他创作出了一大批优秀作品。《从极乐来》就是其中一部精彩的长篇小说，故事讲述了和尚法然参禅悟道的过程，文中塑造的法然极为聪慧，他认为悟道不是凭借智慧"观佛"，而是"念佛"。每一个人的直觉、感悟、感觉才是最重要的，感觉只有被磨练得细腻、敏锐，人才能获得开悟。故事中佐藤春夫借法然阐述了自己内心中的"极乐世界"，他指出，"人们误认为极乐世界就是死后要去的世界，实际上，这是大错特错的感觉。'极乐世界'应该是现实世界中人们的生存方式。敏锐的感官和清明的智慧带来的生活是喜悦的，这就是极乐"⑧。

实际上，日本人形成"无常观"还有一个重要的因素，就是佛教的引导，邱紫华在其著作《东方美学史》(下卷)中即指出，日本变化多端的自然气候特征以及佛教"无常观"的引导，逐渐使天性孤独的日本民族形成了一种思维模式，即对变化的高度敏感及对瞬间事物状态的深深留恋⑨。由此可以看出，佐藤春夫将自身人生观中的享乐主义意识并入了佛教思想，显然是其作品有对"物哀"进行归属的趋向。

此外，佐藤春夫在确立了这一新的美学理念后，对自己的作品的美学意蕴也重新进行了认识和考量。他在晚年解说成名作《田园的忧郁》的创作意图时，曾说："我想把我国古来的隐者文学用近代小说的手法表现出来，把我心中的田园风景创作成一幅西方油画。"事实上，《田园的忧郁》极为成功地以西方象征主义艺术手法将"物哀"的内蕴进行了彻底的渲染，使读者流畅地穿梭于

东西方美学文化的完美缔结之中。我们可以设想，当时的佐藤春夫可能并没有完全体会到日文唯美趣味与西方颓废情怀相结合所产生的结果和深远意义，但通过对"风流"的系统论证，佐藤春夫在后期作品中，开始以日本古典美学的高度，重新审视和借鉴西方唯美主义文学的特征，使日本古典美学"物哀"与西方颓废主义审美观具有的共通性得以明确，不仅促进了二者契合所创造出的，和谐的感性之美，更以此化解了人类面对颓废、虚无的宿命所产生的悲哀感，并使日本古典美学中"无常""物哀"等理念得到了发扬光大。

由此可见，虽然佐藤春夫的人生价值观从始至终都体现着颓废、虚无和孤寂，然而，他将其颓废情怀与日本古典美学"物哀"进行了有机的整合，以《风流论》奠定了这一新的审美意识的理论基础，使日本美学独特的包容性得到与时俱进的发展，同时也使自己的人生观和艺术观得到了有力支撑，从而找到了自我内心世界的归宿。

注释：

①参见西尾光雄. あはれ[C]//日本文学講座·日本文学美の理念·文学評論史，東京：河出書房，1954：4052.

②参见门罗·C·比厄斯利著，高建平译. 西方美学简史[M]. 北京：北京大学出版社，2006：34-43.

③引自佐藤春夫. 殉情诗集[M]. 東京：大和書房，1921：12.

④引自佐藤春夫. 殉情诗集[M]. 東京：大和書房，1921：3.

⑤引自佐藤春夫. 佐藤春夫集·现代日本文学大系 42[M]. 筑摩書房，昭和44：102.

⑥引自佐藤春夫. 「風流」論[J]. 中央公論，1924，(4):41-42.

⑦引自佐藤春夫. 「風流」論[J]. 中央公論，1924，(4):45.

⑧引自佐藤春夫. 日本文学全集(第25集)[M]. 東京：新潮社，1961:112-113.

⑨引自邱紫华. 东方美学史(下卷)[M]. 北京：商务印书馆，2003：76-80.

参考文献:

[1]村岡典嗣. 日本文化史概説[M]. 東京:岩波書店,1949:77-102.

[2]安田武. 日本の美学[M]. 東京:風濤社,1970:19-51.

[3]高田瑞穂. 近代耽美派[M]. 東京:縞書社,昭和 42 年:25-43.

[4]大西克礼. 風雅さびの研究[M]. 東京:岩波書店,1941:63-78.

[5]叶渭渠. 物哀与幽玄日本人的美意识[M]. 桂林:广西师范大学出版社,2002:1-36.

[6]叶渭渠,唐月梅. 物哀与幽玄[M]. 桂林:广西师范大学出版社,2002:15-32.

[7]王向远.日本的"哀·物哀·知物哀"审美概念的形成流变及语义分析[J]. 江淮论坛,2012,(5): 8-14.

泉镜花《外科室》的仪式表现与空间意义

河南大学外语学院　韩　颖

摘　要： 泉镜花《外科室》表达了作家关于恋爱和婚姻的深刻思考，反映了社会层面上不可调和的矛盾。其强烈的个人思想，为作品赢得了"观念小说"的称号，但将其置于镜花文学整体中来看，仍旧是初期的、未成熟的作品。然而在《外科室》中已经体现出的复杂的空间性，预示了独特的镜花空间的成立。

关键词： 泉镜花；《外科室》；仪式表现；空间意义

0. 引言

1895 年 5 月，泉镜花在杂志《太阳》上发表了评论《爱与婚姻》。在这篇文章中，泉镜花直言不讳地道出自己对恋爱与婚姻的看法，认为传统的婚姻里没有爱情，所谓的婚姻仅仅是一个社会性的行为。一个月后，泉镜花在《文艺俱乐部》上发表了短篇小说《外科室》，以诠释《爱与婚姻》一文。这篇小说和泉镜花的《暗夜巡查》等作品一同赢得了"观念小说"的称号，受到了当时评论家的关注，焦点一方面在其强烈的观念性，另一方面在故事情节的不自然性。泉镜花在自笔年谱中用"世评喧然，毁誉参半""实则更为骂评所围绕"概括了那个时期的情景。本论将以文本为基础从仪式研究的角度诠释《外科室》的表现形式及意义，以期将其置于镜花文学整体中进行文学创作手法的再考察。

1. 叙述语气：客观和主观的两极

《外科室》是一篇回忆性的小说，由上下两部构成。上部主要以画师"我"这一旁观者的视角描写外科室内外。下部分时间

144

回到九年前，对小石川植物园内的相遇加以描述，并以回忆的眼光高度概括高峰九年的"空白时间"，最后以立足现在告知读者两人死亡的结局。整部小说为第一人称叙事，承担叙述功能的是旁观整个事件的画师"我"。山田有策曾指出，作品中的"我"，仅仅是将事件客观呈现给读者，其作用如同摄像机的镜头，作为"叙述者"的功能是非常薄弱的。（2001:50）作品中的人物和事件都是被"我"观察的对象，并通过"我"的记述将各情节客观展现。"我"严格地从外部呈现事件，而不告诉读者人物的动机、目的、思维和感情。这种类似外聚焦型的方式，使人物显得神秘而不可接近，它像一台摄影机只摄入情景却不加解释，为叙述者提供了与故事保持距离的观察角度，对所发生的事件作冷眼旁观，由此形成一种近似于零叙事的风格。

由于这种外部视角，读者无法深入主人公们的内心世界，再加上九年间的描写空缺，乍看之下，从高峰与贵船夫人初遇到外科室殉情自杀，两者间的因果律稀薄，使外科室事件充满悬疑。当所有人都在紧张于伯爵夫人的手术时，执刀医生高峰却显得"如赴晚宴般轻松"（泉镜花，2009:4）[①]，甚至使"我"觉得"过于冷静"（5），然而通过高峰发颤的声音、稍稍起了变化的脸色，可以察觉他内心的波澜。高峰反常的表现成为小说的一个不解之处。另外，伯爵夫人拒绝麻醉，宁可忍受剧痛也要保守的秘密究竟是什么，这些疑问一方面促使读者产生好奇，另一方面也使读者在得知事实真相后，不由得为主人公之间真挚的感情而感慨。

小说发表后，内田鲁庵立刻指出高峰与贵船夫人间爱情的不合逻辑性。而平井修成认为，从读者的角度来看，作品失败的原因在于泉镜花故事书写的不完整，和九年时间中情节的缺失；但是，如果立足作家，这些所谓的缺失，才是泉镜花刻意设置的重点。这是因为，在排除了人们普遍认可的因果律时，读者们会将视线转移到作品主人公们内部对真美的渴望，这种动机会成为支撑小说因果律的重要因素。（平井修成，1986:32）这种打破传统

线性因果律的写作手法，虽然没有获得普遍认可，但泉镜花的这一尝试，是具有肯定的意义的，因为我们看到泉镜花尝试用新的准则（情感、观念、动机等）建立小说文脉（因果律、线性时间）。

诚如平井修成所言，线性因果律的打破以及内部因果律的重建，均可以视为小说的创意之处。这一点，也通过作家的视点和聚焦的研究得以论证。严格意义上的外聚焦，只能以叙述者的视点来呈现，叙述者的视点必须与聚焦对象保持距离，使作品中人物的描写尽可能客观。然而这仅仅停留在理论层面，实际上是难以实现的。《外科室》虽然采用了外聚焦的叙事方式，但由于是以第一人称叙事，我们仍然能从中找出主观的痕迹。在"我"通往外科室的途中，曾有如此一段描写："医院的顶棚蛮高。匆匆迈着小碎步的皮鞋声、草屐声，打破了寂静，异样地响彻在宽敞的屋宇和长长的走廊之间，愈显出一派阴惨的气氛"。（4）其中"阴惨的气氛"并非是客观存在的事物，而是"我"的主观感受。镜花通过"阴惨"一词的使用，勾勒出整个医院的环境氛围。对外科室室内的描写为："外科室纤尘不染，明亮至极，中央坐落着手术台，不知怎么的使人感到凛然不可侵犯。躺在上面的就是（略）伯爵夫人。她白装素裹，恍若陈尸"，"这位羸弱、高贵、纯洁而美丽的病人一映入眼帘，我就嗖的一下感到浑身发冷"。（5）同样"凛然不可侵犯""浑身发冷"也是"我"的主观感受。在"高峰的风采一时显得异乎寻常地神圣不可侵犯"（12）一句中，"神圣不可侵犯"又作为"我"的主观感受被提出。除了"我"的主观流露，另一方面，"我"的视角与人物视角发生了重合。在"看他俩当时那副模样周围仿佛无天地、无社会，恰似入了无人之境"（13）。这里，在极度悲剧中感受幸福的认知，实际上是更倾向于人物的角度。尤其是"他的声音，呼吸，身姿。他的声音，呼吸，身姿。"一句，直接转换为人物视角，采用人物的声音和反复的手法，彰显了无尽的喜悦之情。文末的"试问天下的宗教家，难道他们两人由于有罪恶而不得升天吗"一句，更是将"我"的声音

与作家声音的混淆，将自我强烈的主张摆在宗教面前，表达了反对的态度。可以看到，在作家冷静客观的陈述语调中，夹杂着极致的主观情感的声音。这些主观的流露，强化了男女主人公间的感情。这种极度的主观表现与客观的叙事基调组合在一起，以反差的形式支撑起了整个事件的骨架，突出了爱与婚姻的龃龉。

2. 植物园与"家"：爱与婚姻的龃龉

《外科室》在结构上由上、下两部构成，上部描述了"手术—自杀"事件，下部则将舞台设置在五月春日的小石川植物园，描述了九年前主人公们的初遇，为自杀事件的解读提供线索。

"那是五月五号，杜鹃花怒放。我们相互挽臂，在芳草之间穿进穿出，于苑林内绕池而行，观赏那盛开的藤花。"（14）

"中间的三位女子都打着很深的遮阳伞，和服下摆窸窣有声，款款而来。擦身而过时，高峰情不自禁地回头看了看。"（14）

与美丽年轻贵妇的擦肩而过，使高峰与"我"有着很深的触动，然而高峰仅仅道了句"啊，真正的美，竟如此令人感动"（18）直接抒怀。对于年轻贵妇的审美，主要是借两位坐在旁边长椅上的年轻人的对谈传递给读者，作家用对比的方法，凸显年轻贵妇的"真正的美"。可以说，小石川植物园作为两人的邂逅地充满春日色彩，流露出浪漫气息。这一点，与上部中医院外科室的阴惨氛围很不相同。两个完全不同性质的舞台空间独立呈现，即从阴惨外科室到春日小石川植物园的空间跳跃，既表现出镜花文学空间转换的初期风貌，两个舞台空间的巨大反差又营造出不现实的幻觉感受。对《外科室》空间的关注，在楠原智惠的《〈外科室〉私论》中已有体现，楠原将小石川植物园作为视线交错的空间而定性为"视觉的装置"。如果从小说主题意义出发，这一观点是可以予以补充的。

在《〈外科室〉私论》中，楠原指出高峰与年轻伯爵夫人是因视线的交错而一见钟情的。那么按照楠原的说法，小石川植物园作为一个"鉴赏"的场所，是一个"视觉的装置"。同时，各阶层

的人们可以随意地进出，并随意地对事物投注视线，相较于被围观的被动的外科室，小石川植物园可以说是一个象征了精神自由的空间。与此相对的是具有被动性质的外科室。铃木启子在「溢れでる身体、そして言葉——泉鏡花『外科室』試論」中，指出外科室是一个将主体置于"视线的暴力"中的场所。此后，出现了许多关于"视线"的讨论，如藤村猛的「相克する恋愛泉鏡花論」、種田和加子的「偶像の逆襲泉鏡花『外科室』の問題性」、野口哲也的「「観念小説」の時代の泉鏡花「外科室」の位相」等，均提到"视线"是《外科室》中一个重要的因素。在外科室内，伯爵夫人无疑成为众人视线捕捉的对象。这里"看"与"被看"的关系，实则是伯爵夫人被动的日常生活的缩影，表现出伯爵夫人被压抑、被束缚的生活状态。在这个意义上，外科室的舞台空间代表了被束缚的"家"。

　　如前文所讲，《外科室》是对《爱与婚姻》的诠释，所以，我们应当将两者紧密地结合在一起予以解读。小说中，社会背景下的婚姻是爱情悲剧的直接原因，爱情只能以死亡结局。《爱与婚姻》中讲到，"在社会这个大背景下，是没有个人的容身之处的，一切都是为了父母、孩子、丈夫、亲友或者奴仆"。《外科室》的女主公贵船伯爵夫人，就饰演了这样一个角色。从门厅通往外科室的路上，穿梭着许许多多的人，每个人的神色都很紧张，因为贵船伯爵夫人的手术成功与否，"几乎关系到我国整个上流社会的一喜一忧"。(4) 当伯爵夫人拒绝配合护士使用麻醉药时，仆人在一旁不住地劝说，贵船伯爵以丈夫的身份施加压力，承担着亲友角色的侯爵插话道"要是太矫情，就把小姐儿领来给妈妈看。不赶快治好，怎么能行呢？"(7)，母女间的感情被用作使之妥协的道具。丈夫、亲友、女儿、仆人还有护士医生都是夫人必须妥协的理由。原本一件个人的事件，经过一个个周边人物被扩大到社会层面，个人不再是"个人"。女仆的小心翼翼，丈夫的和蔼，亲友的热心，护士的关怀，母女间的感情，众人的在意，都成了贵船

伯爵夫人任性矫情的证据，将伯爵夫人推向了道义的另一面。泉镜花认为，婚姻拷问着爱情使人们顺从，在婚姻中，我们只是创造国家的小小分子。其中，对父母的孝道，对家庭的责任，对朋友的礼仪，对亲属的交谊，总括起来就是对社会的义务，这种东西对我们自身无丝毫益处。而"在婚姻中谋求爱情的人，愚蠢的如同企望捞到水中月亮的猴子"，婚姻与爱情，无法在现实中达到一致，这是小说悲剧的原因所在。（泉镜花，1895:36-37）[2]贵船伯爵夫人被动的生活方式，通过"手术"这一特殊的生活片段被描写出，在外科室这个特殊的空间环境内，贵船伯爵夫人与他人间的被动关系达到顶峰，那些冠以社会名义被要求履行的义务与责任，最终将贵船伯爵夫人逼至死亡。其实，众人眼中夫人的偏执，是一种对爱情与自我的坚守。外科室里的事件，是借由爱的名义，以死亡捍卫自我。

　　作为小说男主人公的医学士高峰，在小说下半部"我"的描述中可以看出，是一位逃避婚姻的人，而他逃避的原因在于恋爱与婚姻的不可协调性。尽管没有结婚，但在那样的社会背景下，他已然成为了婚姻的"牺牲者"。高峰对爱情是执着的，从他与年轻的贵妇人初见到外科室的重逢，时隔九年，文中写道"直到发生医院那档子事为止，关于那个女子，高峰连对我都只字未提。论年龄，论地位，高峰都理应娶妻室了，然而却始终没有一个妻子替他治理家庭。而且他比学生时代还要品行端正。其余的，我就不多说了"（18）。"我"的旁白，以潜含的评论形式揭示爱情这一主题。其中，"九年"既实指九年的时间，这一漫长的时间跨度又象征了爱情的永恒。这段将九年漫长时间高度概述的话语，既承接两人初次相遇时的见闻，又解释了整个外科室事件的疑惑。另一方面，九年的时间跨度和大量的空白，使读者对高峰感情生活产生猜测与联想。后文中"他们两人是在同一天先后去世的"一句虽然交代了悲剧的结局，却在高峰如何死亡、具体何时死亡等情节处留白，在诱使读者想象的同时加强了悲剧性的冲击感受。

从两人初遇到高峰不婚，再从贵船夫人自杀到高峰相继离世，构成文本中两处明写与潜含，直指事件的原因在于恋爱与婚姻的冲突，并以"爱情"为中心将小说各个部分整合在一起。

其实，高峰、贵船夫人、贵船伯爵无一例外的将爱情葬送在婚姻的名下。在《爱与婚姻》中，泉镜花站在女性的立场上表达了对毫无自主权的女性的深深同情，并在《外科室》中尖锐地指出社会是杀死伯爵夫人的元凶，这与当时的时代背景有密不可分的联系。如同《爱与婚姻》中提到的，婚姻不是为了爱情，而是为了延续后代。有悖于爱情的社会性婚姻，使外科室内的悲剧具有必然性。而泉镜花的故事书写，通过梳理、抽象，可以得到一个具有象征意象的仪式原型。其中，空间的设置仍旧具有非常的意义。

3. 空间意义：世俗到异界的仪礼

泉镜花在上部对外科室的描述中写道，"外科室纤尘不染，明亮之至，中央坐落着手术台，不知怎么的使人感到凛然不可侵犯。躺在上面的就是……伯爵夫人。她白衣素裹，恍若陈尸。……这位赢弱、高贵、纯洁而美丽的病人刚一映入眼帘，我就嗖的一下感到浑身发冷"(5)。担任主刀医生的高峰 "显得异乎寻常地神圣不可侵犯"。如果我们将上述的描写离析出来便成为如下的表达：在一个纤尘不染、明亮之至的房间里，一个高贵、纯洁而美丽的女人被放置在中央的长台上，一个男人将用刀剖开她的胸膛，面前的一切，使旁观者"我"感到悚然，一切神圣不可侵犯。如果再联系到下部结尾处墓地的描写和向宗教界的质疑，则引申出一个死亡的彼岸。这样一来一个仪式的场景呼之欲出。在小说中，体现为一场以生死母题为原型的、神圣性的祭祀仪式。

在人类生命中，最为重要的仪式便是以生死为母题。文学的内部特征和叙事规律要求提取日常表现中最具有边缘形态的特点，故而将人生戏剧高潮的"降生"与"死亡"作为生命进程中最惊心动魄的"边缘表述"，用以体现文学作为一门艺术门类的规

律。这种生死边缘的描写，被泉镜花运用在包括小说《义血侠血》《暗夜巡查》和《琵琶传》等作品中，用以突出主题矛盾，引发读者强烈的感受。不过，"生"与"死"并非是绝对的二元对立，它们之间存在着一种过渡性质的中间时态，表现为生命的延续过程、生命的中间状态，生死的阈限转换。（彭兆荣，2004:301-306）在小说中，承担仪式祭祀功能的伯爵夫人将这一过程具体演绎为：九年前在小石川植物园的"生"的状态，之后重病在外科室内表现出的"垂死的中间状态"，和结局处用墓地表现的"死"的状态。即："生→垂死的中间状态→死"的形式。其中，外科室因它特有的功能，使伯爵夫人生死的阈限转换具有仪式意义。在人们的认识当中，外科室是病者接受治疗的场合，与"治愈"一词密切联系在一起，它通常象征"生"；在"治愈"失败的情况下指向"死"。这种"非生即死"的功能性使得外科室的舞台空间具有很难辨识的暧昧性，横在"生界"与"死界"之间。并且在外科室这一相对封闭的空间内，伯爵夫人是手术的接受者，也是围观众人目光捕获的对象。在这组"看"与"被看"的关系中，伯爵夫人被施与压力以满足围观者所要求的角色期望，人物做承受的被动性被典型化、夸大化，是"自我"被极度侵犯、压迫式的非日常空间，进而引发极端事件——自杀的出现。所以，外科室内"手术—自杀"的演化是必然的，也就是说，虽然外科室具有暧昧的生死阈限转换功能，但是必然指向死亡。那么，以伯爵夫人为中心，从外科室到门厅，再从外科室到二楼病房长长的走廊中，以贵船伯爵为首的各类人物实际上将外科室"包围"起来。这些借社会为名义的"围观"人群，与纯爱至上的伯爵夫人形成"世俗"与"神圣"的对立。同时，泉镜花 "凛然不可侵犯""神圣不可侵犯"等词语的多次使用，意在营造一种异于日常的空间氛围。人类学认为"圣神/世俗"这一组概念实际上间隔出了一个空间范围，仪式是连接二者的必要条件，也正是有了这一"间隔空间"，才能生成仪式的崇高性。而在以生死为母题的传统祭祀仪式中，仪式是

联系人间和他界（神界、鬼界等）的"桥梁"，死亡并不意味着结束，而是忘却烦恼或重生的形式。故而，伯爵夫人在仪式中承担了祭品的角色，以死亡的方式打开了通往"异界"的道路。小说结尾处是"他们两人是在同一天先后去世的，只不过分别埋葬在青山的墓地和谷中的墓地而已"的墓地描写，表面上写的是两人的社会地位差，实际上隐含了在另一个世界两人仍旧无法在一起的思想。到最后的"试问天下的宗教家，难道他们两人由于有罪恶而不得升天吗？"，将外科室祭祀仪式的空间外延至隐藏的"异界"之中，以期得到解决。故而，《外科室》中的舞台空间已经具备了镜花文学独特空间的初步形态，这一点在镜花文学的研究中具有特殊意义。

4. 结语

从泉镜花的文学生涯来看，作家凭借《暗夜巡查》和《外科室》登上文坛，到《照叶狂言》和《高野圣》的发表，确立了其艳丽、妖美的文风，再到《春昼》《歌行灯》等作品，完成了镜花文学美的样式。（三好行雄，1980:52）因此观念小说只能被称为镜花文学中的未成熟作品，与泉镜花所创造的独特的美与空间还有很大的距离。但是通过上述分析，《外科室》中的空间转换，以及仪式原型中暗藏的"异界"，使这部作品具有了过渡的性格。可以说，在镜花文学早期作品当中，《外科室》已经预示了镜花文学独特幻想性空间的成立。

注释：

①该作品的译文均引自文洁若译《高野圣僧》，重庆出版社 2009 年版。下文引自本书的内容仅标注页码。

②此处译文为笔者翻译。

参考文献：

[1]蔡婷婷. 试论拉康的"目光"理论[D]. 成都：四川大学，2007.

[2]富泽成实. 论岩本善治与北村透谷的近代恋爱观[J]. 日本研究，

2012(2):70-73.

[3]诺斯罗普·弗莱. 批评的解剖[M]. 陈慧，袁宪军，吴伟仁，译. 天津：
百花文艺出版社，2006.

[4]彭兆荣. 文学与仪式：文学人类学的一个文化视野[M]. 北京：北京大学
出版社，2004.

[5]泉镜花. 高野圣僧[M]. 文洁若，译. 重庆：重庆出版社，2009.

[6]朱立元，索良柱. "我们都是目光的猎物"：福柯与视觉文化批判[J]. 江
苏社会科学，2009，(4):14-20.

[7]泉鏡花. 愛と婚姻[J]. 太陽，1895，(5):36−37.

[8]楠原智恵. 泉鏡花「外科室」私論[J]. 近畿大学日本語・日本文学，2007，
(9):15−31.

[9]鈴木啓子. 溢れでる身体，そして言葉泉鏡花『外科室』試論[J]. 日本
近代文学，1998，58:15-29.

[10]種田和加子. 偶像の逆襲泉鏡花『外科室』の問題性[J]. 藤女子大学
国 文学雑誌 2000，64，42-49.

[11]野口哲也. 「観念小説」の時代の泉鏡花「外科室」の位相[J]. 文芸研
究，2002，153(3)，40-52.

[12]平井修成. 研究・泉鏡花[M]. 東京：白帝社，1986.

[13]三好行雄. 日本近代文学研究必携[M]. 東京：学燈社，1980.

[14]山田有策. 深層の近代 鏡花と一葉[M]. 東京：おうふう，2001:50.

当前日本对华政策探析

解放军外国语学院　孙成岗

摘　要：由于日本政府在历史认识、领土争议问题上的错误立场和做法，导致中日关系面临严峻考验。当前日本的对华政策已显现出明显的"安倍色彩"。安倍政权一方面顾及到右翼势力的牵制和执政地位的确保，在今后的一个时期内仍然会延续其对华强硬立场；另一方面希望通过改善与中国的关系，谋取中国经济发展的"红利"。安倍政权的这种两面性注定会使未来的中日关系充满曲折。

关键词：安倍政权；对华政策；走向

　　自 2012 年底自民党赢得众议院大选以来，日本政坛终结了"年年换相"的节奏，拉开了自民党安倍晋三执政的序幕。并且，随着 2013 年自民党在参议院大选中的全面获胜，安倍晋三相对长期执政的基础愈发巩固。安倍上台后，在内政、外交、安保等领域进行了重大调整，在对华政策上也已显现出了"安倍色彩"。分析当前及今后一段时期安倍政权对华政策及其走向，对于我国正确处理对日关系具有重要意义。

1. 安倍政权的执政风格极其对华态度

1.1　安倍晋三的政治取向

　　安倍晋三 1954 年 9 月 21 日生于日本山口县。其祖父安倍宽外号"昭和时期的吉田松阴"，因反对东条英机的军阀主义受到赞誉，战后组建"日本进步党"震动日本政坛。外祖父岸信介，外号"昭和妖怪"，1957 至 1960 年任内阁总理大臣。父亲安倍

晋太郎立志做和平主义政治家，是前首相福田赳夫的得意门生，曾任中曾根康弘内阁外务大臣，执掌福田派（后该派改名安倍派），后因病逝未能登上首相宝座。岳父松崎昭雄是森永糖果公司社长，是日本财界的重量级人物。①

2006 年，安倍晋三第一次出任日本内阁总理大臣，成为日本第一位二战后出生、且战后以来最年轻的总理大臣。在 2012 年 12 月 26 日特别国会上，安倍再度被指名出任内阁总理，由此成为战后继吉田茂之后，第二位再度任日本首相的政治家。

安倍在安保和外交上属鹰派，长期主张日本与美国深化同盟关系，对华不友好。安倍力主修改和平宪法，使日本成为"正常国家"。安倍第一次担任首相期间，日本防卫厅正式升格为防卫省。2013 年底，安倍政权连发所谓的"安保三箭"，即同时推出《国家安全战略》《防卫计划大纲》和《中期防卫力量发展计划》。这是战后日本政府首次正式发布"国家安全战略"，也是安倍重新执政后出台的系统阐述其新防卫政策及防卫力量发展规划的系列纲领性文件。安倍还创建了国家安全保障会议（日本版 NSC），以此作为统揽日本外交和安保事务的最高决策机构。以"防卫装备转移三原则"取代"武器出口三原则"，大幅放宽日本对外出口武器和军事技术。日前解禁集体自卫权已正式提上日程。否认甚至美化侵略历史，2013 年 12 月 26 日安倍晋三不顾中韩等亚洲国家国民的感情，悍然参拜靖国神社。

1.2　日本政坛的右倾倾向

在日本国内方面，经济不景气，大国诉求受压制，曾经的优越感和自豪感不再，国民情绪焦躁不安，右倾化明显加速。近年来，以和平宪法为基础的和平主义理念逐渐衰退，民族主义思潮处于中心地位，社会整体趋向右倾。共产党、社民党、公明党等进步势力日渐式微，沦为执政党的附庸，制约日本右倾的力量日渐减弱。而普通民众期待政治领导人引领日本走出困境的心理为日本右倾提供了极大的民意支持。

2012 年 12 月大选后，日本鹰派势力和右翼势力得势，而温和自由派则进一步削弱。右翼势力代表人物石原慎太郎和桥下彻双双当选众议员，其组建的维新会则成为众议院第三大党。在安倍政权内部，多名阁僚是国会跨党派"大家一起参拜靖国神社国会议员之会"的成员。②

右翼势力的主要政治诉求是通过修改教科书、参拜靖国神社等行为否认甚至美化侵略战争，通过修宪突破战后法律束缚，推动扩军，谋求对外使用武力。近年来，右翼势力利用中日之间的历史问题、领土问题煽动国内的民族主义情绪，凝聚和提升人气。随着右翼势力对政治权利和舆论导向控制的不断加深，本来就岌岌可危的中日关系变得进一步雪上加霜。

2. 安倍现政权对华关系的两面性

2010 年，中国 GDP 总量超过日本，成为世界第二大经济体。两国力量对比正在不断朝着对中国有利的方向发展。这种情况是日本自明治维新以来从未有过的，因此，日方难免感到不适应，甚至担心不断崛起的中国是日本的威胁，于是就本能地要利用一些问题对中国加以牵制和防范。可以说，除非中国强大到像美国那样让日本"心服口服"，否则日本对华政策的这一消极面就不可能完全消失。

目前，中日关系面临着关系正常化以来最为困难和复杂的局面。日本上演"购岛"闹剧以来，两国关系持续恶化，涉及的领域已经超出单纯的政治与外交的范畴，两国关系不仅处于"政冷"局面，而且还导致了"经凉"。另一方面，在对华强硬的同时，日本在经济上又不能不依赖中国，企图借助中国的巨大市场需求拉动持续低迷的日本经济。安倍晋三是打着"改善日本经济"的旗号上台的，因此振兴日本经济是其施政的重要任务。而要想改变萎靡不振的日本经济，他就必须改善恶化的中日关系，从中国的快速发展中谋取"红利"。

以上因素决定了安倍政权的对华政策在很大程度上表现出两

面性。一方面，顾及到右翼势力的牵制和执政地位的确保，在今后的一个时期内，安倍仍然会延续其对华强硬立场，在钓鱼岛问题上持续发力，在外交、安保领域加紧围堵和牵制中国。另一方面，希望改善同中国的关系，搭乘中国经济成长的快车，以缓解国内的经济压力。安倍政权的这种两面性注定会使未来的中日关系在曲折中发展，未来的两国关系势必会充满矛盾和摩擦。

3. 安倍政权对华政策的未来走向

3.1 在领土主权问题上向中国"示强"

2012 年 9 月 11 日，日本不顾中方一再反对和严正抗议，强行推进钓鱼岛"国有化"进程。日本政府的所谓"购岛"完全是非法的、无效的，丝毫改变不了日本侵占中国领土的历史事实，丝毫改变不了中国对钓鱼岛及其附属岛屿的领土主权。

安倍上台后，继承了野田政府在钓鱼岛问题上犯下的错误，声称在钓鱼岛问题上"没有谈判的余地"。在行动上，安倍表示"要毅然应对来自中国的挑战"，加强针对我国公务船的警戒监视，阻扰我国舰机在钓鱼岛海域的常态化巡航。2013 年 2 月 2 日，安倍视察了航空自卫队那霸基地，激励自卫队队员为保卫国家做好准备。安倍声称，他将"不惜一切代价"，来"保卫"这些岛屿。针对中国船只频繁在钓鱼岛海域进行巡航，安倍表示，"决意站在应对'危机'的最前列"。

在军事上，安倍政权利用钓鱼岛问题增加军费，加强军备，以"应对来自中国的威胁"。安倍内阁 2013 年底通过了《国家安全保障战略》《防卫计划大纲》和《中期防卫力量发展计划》，进一步明确了强化西南诸岛的防御；增加防卫预算，重视海空军和海上保安厅的建设；做好夺岛预案，强化日美共同夺岛演练；扩充自卫队人数，抓紧打造水陆两栖部队；成立"与那国岛沿岸监视队"，强化警戒和监视活动，以应对中国海军日益活跃的活动。

从近期来看，目前还没有出现让安倍在钓鱼岛问题上改变立场的迹象。首先，日本国内右翼势力的诉求和安倍自身的右翼立场不可能使安倍政权短期内在钓鱼岛问题上作出实质性让步。其次，近期美国总统奥巴马在访日期间明确表明《日美安保条约》第五条适用于钓鱼岛，进一步增强了日本在钓鱼岛问题上与中国叫板的底气。

3.2 在外交上围堵、牵制中国

安倍上台以来，以所谓"俯瞰地球仪"的姿态，打着"积极和平主义"旗号，密集开展"价值观外交"，大肆渲染"中国威胁论"，并以海洋安保为名，通过高层外访、经济援助、军事合作等手段，拉拢周边国家对中国进行牵制。

安倍特别重视东南亚各国，2013 年初执政伊始，他遍访了东盟所有 10 个成员国。此外，俄罗斯、印度、蒙古等中国的周边国家，也都留下了安倍的足迹。近日，送走美国总统奥巴马不久，安倍晋三又马不停蹄地继续开展其"地球仪外交"。2014 年 4 月 29 日，安倍启程前往德国，开始了为期 10 天的欧洲之行。安倍此行先后访问了德国、英国、葡萄牙、西班牙、法国、比利时 6 国。这是安倍再次成为首相以来，首次正式出访欧洲。他在欧洲又重弹"中国威胁论"的老调，呼吁北约成员国严控对华武器出口，并在钓鱼岛争端问题上颠倒黑白，混淆视听。另据日本媒体报道，安倍内阁共有 15 名内阁成员在黄金周期间外出访问，其中，副首相麻生太郎前往中亚，外务大臣岸田文雄出访丹麦、喀麦隆等国，防卫大臣小野寺五典则在大洋洲和北非之间穿梭。安倍及其阁僚在各种场合，竭其所能，指责中方在领土主权问题上"频繁试图通过实力单方面改变现状"。

安倍忙着在国际上到处恶意宣扬"中国威胁论"，挑起矛盾、制造紧张局势。其真实目的，无外乎是通过渲染别国威胁，突破军事安全限制，为日本行使不受约束的军事发展找借口。

今后一段时间，日本依然不会放松通过"外交围堵"等牵制手段来实现其遏制中国的企图。首先，通过强化日美同盟、修订《日美防卫合作指针》，增强美国在亚太的军事存在，构建以美国为首、日本为骨干的地区军事安全网络。其次，推进与澳大利亚、印度等在经济和安保方面的合作，进而强化美日澳、美日印三国在安保领域的合作。第三，利用经济援助、安全合作等，拉拢东盟有关国家，共同阻止中国"掠夺他国领土"。第四，通过加入"跨太平洋伙伴关系协定"（TPP）的谈判，在经济领域与美国形成对华包围圈。

3.3　为谋取中国发展"红利"，做出缓和双方关系的姿态

从整体来看，国与国之间政治方面的冲突会给各国的经济带来诸多方面的影响，钓鱼岛事件不仅对日本经济带来很多负面影响，同时也对中国经济产生不少影响，只是对不同的国家的影响程度不同。经济的开放，国际贸易的发展，国与国之间的贸易关系也发生着微妙的变化，因为日本经济对中国的贸易依存度高于中国对日本经济的依存度，所以钓鱼岛事件对日本经济造成的影响远远高于对中国经济造成的影响。

两国关系的恶化已使日本经济遭受了沉重打击。如果日本再和中国强硬对峙的话，会使本来就低迷的日本经济更加步履维艰。近来，安倍晋三政府一方面一再冥顽不化，四处煽风点火，在国际上抹黑、攻击中国。另一方面，出于现实的经济利益需求，不排除安倍政府对中国做些"友好表演"的可能性。

比如近一个月来，日本各界代表团频频访华。2014 年 5 月 4 日，日中友好七团体之一的日本日中友好议员联盟会长高村正彦率团访华，受到全国人大常委会委员长张德江的接见。9 日下午，以野田毅会长为团长的日本自民党亚非问题研究会代表团，受到全国政协主席俞正声的接见。其实，以上两个日本访华团只是日本政界人士近期"访华热"的一部分。4 月以来，包括日本前众议长、日本贸促会会长河野洋平，东京都知事舛添要一等在内的

十余个代表团密集访华。值得关注的是，舛添要一的访问是过去18年来北京首次接待东京都知事访华。此外，据外媒报道，日本社民党也宣布将在5月下旬派团访华。

中国前驻日大使徐敦信指出："日本政界和民间近期频繁组团访华，反映了日本各界对中日关系现状的担忧，有识之士迫切希望改变这种局面，为持续冷淡的中日关系寻找改善的突破口。"日本媒体也认为，日本政界人士近期访华呈现出越来越频繁、越来越正式的趋势，凸显了安倍政府试图"缓和对华关系"的想法。但是，需要指出的是，日本不会因为经济利益而在领土问题上作出实质性的让步。因此，在目前日本甚至连"存在主权争议"都不承认的情况下，中国不可能接受日本假惺惺地抛过来的"橄榄枝"。

4. 结束语

近年来，由于日本政府在历史认识、领土争议问题上的错误做法，导致中日关系面临严峻考验。特别是安倍再度执政以来，在历史认识问题上大开倒车，四处煽风点火、挑起事端，制造紧张局势，给中日关系的改善和发展制造了新的重大政治障碍。

同时，日本发展国内经济的压力依然很大，作为对选民的回报，安倍必须在重振经济方面有所作为，这可能会使安倍在发展对华经济合作上做出一些务实的举措。对此，我们要看清安倍政权的本质，不被其因经济利益而向中国"示好"的假象所迷惑。只要安倍政权不迷途知返，就不能让其在经济上从中国捞取利益。

总体而言，作为世界第二和第三大经济体，中日两国关系还不至于走向全面对抗。除了两国自身的因素外，影响中日关系的因素还很多，其中最不容忽视的就是美国因素。长期以来，中美关系是影响和规范中日关系发展的主要框架。美国乐于见到日本成为阻碍中国崛起的"拦路虎"，但也绝不希望日本借此"做大"或中日关系失控。因此，只要中美关系不出现重大问题，中日关系也不至于会坏到不可收拾的地步。

注：

①http://baike.baidu.com/view/90906.htm?fr=aladdin

②就在奥巴马访日前一天，安倍晋三为今年的靖国神社春季例行大祭献上被
称为"真榊"的供品。日本国家公安委员长兼绑架问题担当大臣古屋圭司
参拜靖国神社，这是近来继总务大臣新藤义孝参拜后第二名"拜鬼"的安
倍内阁成员。古屋圭司发表声明称，他是作为国会议员参拜的，是为了"哀
悼在战争中去死的英灵们"，"参拜是国会议员的责任，并且作为日本人是
理所应当的事情"。

参考文献：

[1]丁志强. 新现实主义视角下日本对华政策的演变[J].吉林省教育学院学
报,2013，(3)：118-119.

[2]廉德瑰. 日本外交的"钟摆"现象[J].日本问题研究,2011，(1)：1-7.

[3]刘江永. 钓鱼岛争议与中日关系面临的挑战[J]. 日本学刊,2012，(6)：
23-24.

[4]刘江永. 安倍再度执政后的中日关系展望[J]. 东北亚论坛,2013，
(2)：3-14.

[5]解晓东. 日本对华政策的"变"与"不变"[J].国际问题研究,2013，(1)：
66-67.

[6]五百旗头真编,吴万虹译. 战后日本的外交史（1945—2010）[M].北京：
世界知识出版社,2013.

[7]杨伯江. 日本民主党对外战略方向评析[J].现代国际关系,2012，
(2)：36-40.

"介护保险制度"：日本应对老龄化的实践和政策选择

上海大学外国语学院　马利中

摘　要： 护理保险制度是除养老保险和医疗保险制度外，保障老年人晚年生活最重要的基本制度之一。作为全社会相互协作照护老年人的全新社会保障制度，日本于 2000 年 4 月开始实施"介护保险制度"。经过 10 余年的实践，这项制度在保障日本老年人晚年生活质量和促进人口与经济社会协调发展方面取得了明显的社会效果，同时也面临着财政压力等方面的严峻课题。分析研究日本这项制度的经验和政策特征，可以为我国应对人口老龄化挑战，加快推进构建护理保险体系提供有益的启示。

关键词： 介护保险；老年护理；日本研究；人口老龄化

0. 引言

　　作为一个全社会相互协作照护老年人的全新社会保障制度，"介护保险制度"于 2000 年 4 月开始在日本实施。"介护"这个日语专业词汇，中文翻译为"护理""看护"或"照顾"（日中辞典第 2 版，2002 小学馆），是上世纪 80 年代初，随着生活质量(QOL)理念在老年福利、医疗护理领域普及开始在日本被广泛使用的，1984 年日本一家企业将"介护"作为商标注册、广告效应使"介护"这一词汇迅速蹿红，"介护"使人们连想到对老年人的帮助和保护，还可以联想到从事医疗护理工作的"看护妇"天使般的笑容和形象。事实上，"介护"一词在 1892 年的日本有关陆军军人负伤疾病恩给（津贴、年金）的法令上就已经出现，

1963 年日本《老人福利法》颁布后作为官方语言使用。

随着老龄化加剧，日本需要护理的老年人数在不断增加，并且每个老人的照护时间也呈现长期化态势，护理需求量越来越大。与此同时，核心家庭化、家庭护理人员老龄化的现状也使老年人家庭的照护压力越来越重。"介护保险制度"就是在上述社会背景下推出的，经过 10 余年的实践，目前已积累了丰富的经验并取得了明显的社会效果。同时，也面临着财政压力等方面的严峻课题。分析研究日本"介护保险制度"的政策特征，可以为我们提供有益的启示。

1. 日本人口老龄化的发展和老年保健福利政策的变迁

截至 2012 年 10 月 1 日，日本总人口为 1.27 亿，65 岁及以上人口达 3079 万人，比前一年增加了 104 万人；老龄化率为 24.1%，创历史最高，其主要原因是战后 1947-1949 年"婴儿潮"时期出生的"团块世代"开始进入了 65 岁老年人的行列，与此同时，14 岁及以下少儿人口比重则已降至历史最低，为 14%。日本从 2005 年开始年死亡人数超过出生人数，在国际人口迁移极为有限的日本，人口正开始逐渐减少。2012 年日本人口比前一年减少了 28.4 万人，出现-0.22%创纪录的年度跌幅，是 1950 年开始有可比数据以来的最大值。日本是世界上平均寿命最长的国家，男性的平均寿命为 79.55 岁，女性为 86.30 岁。导致老龄化率上升的原因不仅仅是因为人均寿命延长，更是因为出生率的降低。

1970 年日本步入老龄化社会，虽然在跨入老龄化行列的时间上大大晚于欧洲发达国家，但是其老龄化率从 7%到 14%的翻番速度仅为 24 年，是世界上老龄化速度最快的国家。与 1981 年的人口预测值相比，日本老龄化的实际发展速度要快得多。据预测，到 2060 年日本老龄化率将达 39.9%，就是说日本将进入每 10 个人中就有 4 位是 65 岁以上老年人的社会。

为应对老龄化带来的老年人养老护理等一系列问题，上世纪 60 年代初，日本在实现"国民皆保险、国民皆年金"的全民保险

制度的同时，就开始推进老年保健福利政策的构建：在老龄化率为 5.7%的 1963 年,日本政府就未雨绸缪地制定了《老人福利法》,积极创建特别养护老人院，让生活无法自理的居家老人入院接受护理服务，同时，将上门为老人服务制度进入法制化运作，此后又对该法律进行了多次修改,不断充实完善相关内容。1973 年（老龄化率 7.1%）政府实施了对老年人提供包括养老金给付与物价指数挂钩、提供日常生活公共支援服务的社会福利政策，其中最引人注目的是推出了"老人医疗费支付制度"，规定凡年满 70 岁以上或卧床不起的 65 岁以上老人享受免费医疗制度,该年被媒体称为日本"福利元年"。由于"老年人免费医疗"制度造成医疗费用迅速膨胀，对医疗保险制度造成了巨大的财政压力，1982 年（老龄化率 9.1%）日本在颁布《老人保健法》时，取消了这项制度，重新规定 70 岁以上老人的医疗费由医疗保险、个人等方面共同负担。1994 年（老龄化率 12.0%）以"充实居家护理服务"为目的，政府制定了称之为"新黄金计划"的《新高龄者保健福祉推进十年战略》，要求地方政府积极建设与完善提供老年人护理服务的项目设施。针对需要护理老年人的增长趋势,1997 年（老龄化率 14.5%）日本颁布了《护理保险法》，并且于 2000 年（老龄化率 17.3%）开始实施"介护保险制度"①。日本的老年社会福利制度和"介护保险制度"的实践是在其独特的政治、经济和文化背景基础上逐步建立发展起来的，从构建到完善经历了一个曲折的过程。在少子老龄化加剧的今天，这项制度正在发挥着保障老年人晚年生活质量和促进经济、社会协调发展的作用。[表 1]

2. "介护保险制度"的特征和运行模式

2.1 "介护保险制度"的实施背景和的三大特征

在人口老龄化加剧引起的需要护理的老年人增加、老人照护时间呈现长期化态势及核心家庭化、家庭护理人员老龄化使家庭照护状况发展变化等背景下，日本"介护保险制度"于 2000 年 4 月，作为全社会支持的老年人护理体系开始实施。

表1 日本老年保健福利政策的变迁

年	主要政策	老龄化率
1963	老人福祉法 制定	5.7%
1973	老人医疗费 免费	7.1%
1982	老人保健法 制定	9.1%
1994	新黄金计划 制定	12.0%
1997	介护保险法 制定	14.5%
2000	介护保险法 施行	17.3%

资料：《高龄社会基础资料（2009-2010年版）》，エイジング総合研究センター

介护保险制度具有"自立支援""利用者本位"（以人为本）和"社会保险方式"的三大特征。

（1）"自立支援"，是除老年人日常生活外，更重视提供支援"老年人自立"的服务项目。

（2）"利用者本位"（以人为本），提供护理服务的机构有履行信息公开义务，定期向行政机构报告并公布相关信息内容，客户可以自由选择服务机构和服务项目。

（3）"社会保险方式"，加入者须缴纳保险费，在需要护理时接受保险给付，采用给付和负担相结合的社会保险方式。

2.2 "介护保险制度"的运行模式和护理服务项目

日本推出的"介护保险制度"吸收了北欧"纯社会福利"的理想主义模式和德国"纯社会保险"的现实主义模式的长处，是一种西方成功经验和日本实际情况结合而设计的全新模式。它的运营资金是由中央、地方政府财政（在公费负担的50%中，国家出25%，都道府县和市町村各出12.5%）和投保人缴纳的保险基金对半组成的。这种被称作"两人三脚型"模式的实施标志着日本社会保障制度由以往的政府"包揽型"开始向政府、保险基金和个人共同负担的"契约型"转变。基于老年人"自立支援"的理念，"介护保险制度"规定，用户可以从众多福利服务机构中选择自己所需的照护、康复等福利服务项目，"利用者本位"（以

人为本）是护理保险制度的宗旨，在费用支付方式上采用给付与个人负担（个人负担护理费用的 10%）相结合的社会保险方式。

"介护保险制度"提供的服务，大致可分为居家服务、设施服务和地域紧密型服务三大类。居家服务内容主要包括：上门护理、上门帮助洗澡、上门康复服务、日间服务（day care）和短期入住机构护理（喘息式护理）等。设施服务内容主要包括：特别养护老人院、护理老人保健设施等。地域紧密型服务，是以市、町、村为单位指定的社区服务项目。这项制度于 2006 年创立，内容包括社区定期巡回护理、随时应对型上门护理、小规模多功能型居家护理设施和认知症老人共同生活护理设施等。

2.3　"介护保险制度"的保险费缴纳和护理认定申请流程

护理保险制度的运营主体为市、町、村，国家和都、道、府、县在财政以及事务方面予以市、町、村支持。加入护理保险的年龄为 40 岁以上，缴纳的保险费根据收入水平决定。40 岁以上未满 65 岁者的医疗保险加入者的保险费，和医疗保险的保险费一起征收，超过 65 岁老年人的保险费，原则上从公共养老金中扣除。

需要接受护理服务时，老人或其家人向市、町、村提出需要护理认定申请，市、町、村工作人员或受市、町、村委托的护理支援专员（care manager）调查了解申请人的身心状况，之后根据主治医生意见，由保健、医疗和福利专家组成的审查会对申请人需要护理的等级进行审定。护理等级认定后，护理经理根据需要护理者或需要支援者的身心状况制定"护理服务实施计划（care plan）"或"护理预防计划"并与提供护理服务的机构进行联系协调。这种做法流程与医疗保险制度是完全不同的。

3.　"介护保险制度"面临的课题和政策目标

"介护保险制度"实施 10 余年来，积累了丰富的经验并取得了非常明显的效果：在给需要护理的老年人得到相应服务，带来生活质量福祉的同时，又使医疗保险赤字得到缓解，减轻了政府的财政压力，因此获得了 85% 以上民众的认可。目前接受护理服

务人数约占老年人口总数的 16%；在接受护理服务的老年人中，85 岁以上者约占半数；72%为女性。数据显示，护理"服务对象数"已由 2000 年的 148 万人增加到了 2010 年的 403 万人，"护理服务从业人员数"由 19．62 万增加至 45．78 万[②]。[表 2]

表 2   日本"介护保险制度"实施状况

	2000 年	2005 年	2010 年
服务对象数（万人）	148	328	403
护理总费用（亿日元）	36，273	63，957	79，130
护理服务从业人员数	196，221	393，492	457，831

资料：平成 24 年版福祉劳働白書，厚生劳働省

"介护保险制度"在取得巨大成绩的同时也面临着财政等方面的巨大压力。首先，护理费用随着护理服务需求量的增加而急速增大，据统计，"护理总费用"已由 2000 年的 36,273 亿日元增加到了 2010 年的 79,130 亿日元，2011 年的总费用达 8.3 兆日元。预计到战后生育高峰期出生的"团块世代"步入 75 周岁时的 2025 年，护理费将达到 20 兆日元。另一项需要应对的严峻课题是，"介护保险"如何适应社会结构变化和满足老年人居家养老意愿的需求。调查显示，超出 70%的人希望晚年居家接受护理。2025 年日本每 5.5 个人中间就有一位是 75 岁以上老年人；认知症和独居、老夫妇家庭的老年人口比例将大幅增加；以首都圈为代表的大城市老龄化发展速度将加快。为使护理保险制度能够持续稳定地运作，日本政府正在研究探讨支付和缴费的财政平衡课题，同时制定推进"地域综合照护体系"等政策目标的落实，其内容包括：一、在 2012 年起实施的第 5 期护理保险事业计划中充实认知症支援和护理与医疗、老年人居住政策相结合的服务项目；强化"定期巡回、随时应对型"的 24 小时上门护理服务措施；落实服务人员为老年人吸痰措施的实施。二、通过政府补贴的方式，缓解缴纳保险费的急剧上升趋势。三、提高护理从业人员工资待遇。四、通过政府补贴政策推动"服务配套型老年住宅"建设。

五、实施认知症老人"市民监护"制度等。

4. 结语

中国正面临着和日本上世纪 70-80 年代相似的、快速发展的人口老龄化。面对大批第一代独生子女父母步入老年人行列的养老护理问题，需要我们未雨绸缪，提前规划。中国和日本是同属东亚文化圈、一衣带水的邻邦。日本"介护保险制度"的经验，可以为我们应对老龄化挑战，加快构建我国老年护理服务体系，提升老年人的生活质量提供有益的启示。

注释：

①高齢社会基礎資料（2009-2010 年版）[M].エイジング総合研究センター，2009.

②平成 24 年版福祉労働白書[M]．厚生労働省，2012.

参考文献：

[1]岡部正博．介護保険制度下における在宅サービスの種類と今後の課題[M]．高齢者長期介護国際シンポジウム会議資料，2012:18-27.

[2]马利中．日本的护理保险制度及对我们的启示[J]．人口，1999，(3).

[3]谢红，孟开．日本介護制度对健全中国老年照顾体系的启示[J]．国外医学，2005，(3).

[4]荆涛．长期护理保险——中国将来极富竞争力的险种[M]．对外经贸大学出版社，2006.

[5]毋庆刚，王伟华．日本老年看护保险制度的借鉴分析[J]．财经论坛，2005，(3)：75-77.

论日本传统文化中的"自肃"

——基于日本 3·11 大地震以后的灾区的实地调查

广东海洋大学外国语学院 李 晶

摘 要：辞典中的"自肃"是自我约束，互相合作的意思，生活中的"自肃"包含着"禁止"的意思。"自肃"观念源于日本稻作农业。"自肃"虽然有其消极的方面，但是在维护良好社会秩序方面所发挥的积极作用不可低估。灾后日本社会中出现的"自肃"，可以折射出传统文化对现代社会的积极作用。解读"自肃"可以帮助人们加深对日本社会的认识。

关键词：日本；地震；自肃；社会；秩序

0. 序言

日本明治维新以后社会发生了巨大变化，特别是二战后日本的发展格外引人注目，因此成为学者们争相研究的对象，大量的研究著作为人们认识日本社会提供了丰富的知识。中根千枝在《纵向社会的人际关系》中指出，传统的、并渗透到日本社会的各个角落的、无所不在的"家"的观念，明确地代表了根植于日本社会的、潜在于特殊集团意识的状况。米山俊直在《日本人的伙伴意识》中指出，明治以来的日本在国民文化中培育了家族主义，可以认为它是把伙伴视为了家族成员。荒木博之在《日本人的行动样式》中指出，他律和集团的理论深深地制约了日本人的所有行动。日本的团体是个人意志在集体框架中受到相当程度制约的团体。集体本身强有力地束缚着个人。土居健郎认为日本文化与

其说是知耻文化，不如说是依赖文化。日本研究范式已被大量研究者所确立，日本研究似乎很难向前迈进。但是，本人的田野经验表明，日本研究的推进在于其方法的改变。其中，人类学研究方法是推进日本研究的最好方法之一。笔者一直关心日本集体主义文化是如何制约个人行为的问题。平时观察日本社会，看到的只是局部。日本3·11大地震的发生为本人考察日本社会提供了绝好的机会。

笔者从2010年8月到2011年8月一直在日本仙台的秋保町马场村做人类学的民族志研究，期间经历了日本3·11大地震，亲眼目睹了大地震发生以后日本国民的表现，其中给笔者留下印象最深的是3·11大地震时，日本社会的良好秩序，究其原因已有各种各样的解读，本人认为日本人的"自肃"意识与公民意识是良好社会秩序形成的关键。其中，"自肃"意识是日本固有文化中维系良好人际关系的关键。3·11大地震以后，日本社会很好地体现了"自肃"的理念。"自肃"根据日本国语大辞典的解释是自我约束，自我克制，自慎的意思，多用在并非他人的强制，而是自己谨言慎行或终止某些行为时。根据本人对日本3·11大地震以后，日本社会出现的"自肃"一词使用情况的分析，认为"自肃"并非完全像辞典上解释的那样，它实际上有两个方面的含义。一个是自我约束、自我克制，它强调了行为主体的主动性，另一个意思是被"自肃"，即行为主体被要求"自肃"，即被要求"自我约束、自我克制"，此时的"自肃"可以和"禁止"替换。笔者观察到日本3·11大地震以后，日本社会，特别是地震、海啸、核泄漏的地区笼罩着"自肃"气氛，其氛围影响了整个日本社会，对形成良好社会秩序起到了积极作用。

在日本3·11大地震时期，传统的"自肃"和现代公民意识，影响了日本国民的行为，使日本社会始终保持着良好的秩序。如果说传统文化中的"自肃"意识是被动产生出来的话，那么公民意识则是主动培养出来的。日本社会的良好秩序就是由"主动的"

和"被动的"共同营造起来的。日本人普遍认为，在灾害来临的时候，无论是主动的还是被动的服务于社会的行为，都是对社会的贡献。日本人的公民意识另当别论，日本的"自肃"文化源远流长，可以追述到日本稻作农业的产生，"自肃"也是日本国家建构的文化传统。在传统的村落共同体内，生活要遵守约定俗成的规矩。"自肃"也是一种规矩，在日本村落的葬礼中表现得非常充分。日本农村那家有人去世，除了该家族的人为之服丧之外，全村的村民也有义务为之服丧。本人采访的马场村由于当年有人去世，就取消了每年一度的正月初一的节庆活动，要求大家从简过新年，这就是"自肃"最典型的个案。在平时，很难把握日本社会中的"自肃"，总觉得日本人的自觉主要源于现代教育，特别是公民教育，但是日本 3·11 大地震，使人们看清了日本社会的"真面目"，即日本社会在现代化的外衣下，体内涌动的仍然是日本传统文化的"洪流"。笔者在日本灾区的田野调查发现，"自肃"虽然有其消极的方面，但对维护良好社会秩序的积极作用是不可低估的。从灾后日本社会中的"自肃"氛围的出现，可以看出传统文化的社会功能。

1. 主动"自肃"

1.1 灾难发生后的日本社会

在地震发生以后，笔者便来到了离我住的地方不远的避难所避难，避难所的生活艰苦，人们一方面要面对不间断的余震带来的恐慌，另一方面又要面对缺少食物的现实。地震发生以后仙台断水、断电，避难所用电靠的是柴油发电机，取暖是用煤油炉子，最初一天的食物是家里剩的食品，第二天本地的町内会的工作人员开始给在避难所的人们发放了一些食品，勉强维持了一天。第三天，附近的大商店开始出售商品，由于断了进货，商店规定无论什么食品每人排队只能买 300 日元的，300 日元相当于人民币 24 元，只能买一罐冷饮和两个小面包。队伍排得很长，但是没有骚动。不仅在灾区是这样，就是在笔者后来去的、远离重灾区的

神奈川的藤泽市也是这样。藤泽虽然不是重灾区，但是福岛电站的核泄漏对当地的供电也有影响，当地为了节约用电，实行了限时间停电。除了停电，食品也开始紧张。由于地震、海啸及核泄漏，有些道路受影响，物资运不进来，在哪里买东西都是排长队，但是队伍总是秩序井然。你要说此时的日本人，人人都有很高的公民意识是不准确的，但是说他们都有"自肃"意识是不为过的。"自肃"更能体现日本人的"本性"，即一种被规范起来的行为方式。

1.2　地震、海啸灾区

在地震发生前我经常去仙台冈田村，地震以后也照样去，去后，除了和我认识的铃木攀谈之外，还接触了其他几户农民。该村地震以后不久就来了不少志愿者，他们在这里租房，设立了志愿者接待站。有了接待站，来的志愿者就更多了。有个奇怪的现象引起了笔者的注意，这里无论来多少志愿者，本村的人很少主动配合，而且村民限制志愿者的救助范围，不允许志愿者进入田地里清理被海水冲来的垃圾，只允许志愿者清理村里路上的垃圾和公共空间的垃圾。问他们为什么阻扰志愿者进入田地清理垃圾，村民们始终不做正面回答。终于有一天，一位村民向笔者讲了实话，他告诉我，其实有些村民还是很希望志愿者帮助他们清理田地里的垃圾的，只是由于有传言，政府要对灾区的灾民给予补贴，补贴的多少要根据灾情的严重程度而定，所以村民们不希望志愿者"破坏现场"。并强调说，在村里大家做什么都要一致，想让志愿者帮忙的村民在全体村民没有统一意见的时候，是不能擅自行动的，必须"自肃"。这是笔者第一次听到的"自肃"，我问他"自肃"是什么意思，他解释说，"自肃"就是不做大家都不喜欢做的事。他还说，村落做什么都一起做，不能特立独行，这是村里不成文的规矩，谁破坏了规矩，过去要遭到惩罚，现在也要遭人指责。所以村里的人都要"自肃"，要克制自己。这是民间对"自肃"的解释。村民的"自肃"看似很怪，但是在村民的意识中极为正

常，因为他们寻求的是村落和谐，他们认为有哪家不"自肃"，和谐将被打破，正常的社会秩序会受到影响。志愿者是来帮忙的，不是来添乱的，当他们听到村民有这种说法的时候，也就不打扰他们了，这其实也是一种"自肃"。村民的"自肃"带来村里的稳定，志愿者是来帮忙的，不是改造村民的，对有争议的事情，他们也采取了"自肃"。"自肃"给村民带来了他们想要的和谐。"自肃"不是公民意识，没有超越地域的博爱，但是它可以稳定区域社会，"自肃"符合日本人的伦理道德。

1.3 市民消费

在 3 · 11 大地震以后，"自肃"表现的最多的方面是市民消费。地震刚刚结束不久的情况另当别论，既使地震发生已经很久，灾区的市民消费还是很保守。仙台附近有很多温泉，日本人喜欢泡温泉，平时有温泉的地方来往的客人络绎不绝，可是地震发生以后很长时间，很多温泉无人问津。笔者搞田野调查，去田野点总要经过几个温泉，过去路上累了，就去泡泡温泉，地震发生以后照样。可日本人就不同了，地震发生以后，很少有人特意来泡温泉。笔者问温泉旅馆的老板，这是为什么？他们解释说，现在是大地震期间，按照日本人的习惯，灾难发生以后，人们要减少或停止娱乐活动，现在灾情还没有完全消除，需要"自肃"。如果说，村民的"自肃"想到的是不要伤害其他村民，那么洗温泉的"自肃"考虑的则是整个"社会"，自己不"自肃"不会伤及到某个个人，但是会破坏整个社会的肃穆氛围，所以要"自肃"。地震发生以后，没有人限制过市民的消费，相反，灾情稳定以后，政府虽然呼吁市民消费，促进灾区的经济复苏，但是效果并不明显，由此可见市民在灾害发生以后的"自肃"意识是多么强，这种过强的意识对经济恢复不利，但是对社会稳定有利，经济复苏虽然缓慢，但是社会秩序一直稳定。这又符合日本人的社会发展理念。稳定和谐、秩序井然是日本社会的最高追求。

2. 被"自肃"

"自肃"有主动的和被动的。无论主动还是被动的，其社会效果一样。日本大地震发生以后，社会各界考虑到灾民的心情和境况，建议收敛娱乐活动，暂时不举办焰火晚会和节庆活动，个人层面上要节制饮食和娱乐。大地震以后，整个日本地震灾区出现了不要谈地震以外的事情，遇事要"自肃"的社会氛围。对此，有人明显表示反对，称这种氛围的蔓延必将限制人们的自由言论。"自肃"氛围，使众多日本国民为悼念地震和海啸牺牲的人们，节制了自己的日常生活，灾区以外地方的奢侈活动也遭到非难。

地震灾区的福岛相马市松川浦渔港的渔民，由于近海的鱼被检测出放射性物质，出海被"自肃"了。渔港附近水产公司的老板高桥美津说，我们公司有 15 名工人，现在都赋闲在家。"自肃"成了禁止的代名词。每日新闻的地方版登了一则关于日本宫城县北部禁止捕捞鳕鱼的消息。说 2012 年 4 月 6 日决定捕捞鳕鱼的"自肃"范围扩展到金山以北的沿岸。读卖新闻的一则消息讲，去国营昭和纪念公园的游客比 2011 年以前减少了 50 多万人。受 3·11 日本大地震的影响，在行乐"自肃"氛围的影响下，每年都有 30 万人参加的烟花会也终止了。产经新闻报道，名取市医师会 3 月 29 日在 3·11 大地震发生一年以后，要求在播放有关地震灾害节目时候，尽量"自肃"海啸的画面，避免对灾民造成心理伤害。日本宫城的河北新闻报道，地震造成的"自肃"氛围，严重地打击了县的旅游观光业。福井新闻报道，3·11 地震使福井县的旅游业受到了严重的影响，3·11 大地震以后旅游"自肃"迅速蔓延。芦原野温泉协同组合的伊藤和幸理事长说，现在日本，特别是东北受灾的地区的温泉地区情况非常严重，除了地震、海啸和各种传闻的影响外，还有"自肃"的影响。福岛县和宫城县温泉旅馆，为灾民们提供了价格便宜的（有的甚至是免费）居住场所，还提供饮食，免费洗浴。他们抱怨到，为了"日本加油"牺牲了自己的利益，如果"自肃"再持续下去，包括温泉在内的日本经

济将跌入低谷。日本历来有在灾后"自肃"的传统。在一个地区发生了某种灾难以后，往往其他地区的民众也会"自肃"，减少享乐，以示团结。本次大地震后，"自肃"不断蔓延。有人推迟了婚礼，一些大企业大幅削减广告，学校纷纷取消毕业仪式及感恩会，很多公司取消了新职工的入社仪式，娱乐场所生意大减，全民气氛肃穆。往年的三、四月，是日本人赏樱花的季节。2012年的樱花依然盛开，而繁花下，看不到席地而坐，喝酒野餐的游人，春风和煦，花自零落。"自肃"使已受重创的经济雪上加霜。

　　一年以后，日本开始结束"自肃"。东北地区的清酒商联合拍了一个广告，号召全国民众多喝清酒，以振兴灾区经济。东京不少酒吧等娱乐场所也发出邀请，呼吁大家通过消费来帮助灾民。日本政府也鼓励民众积极消费，发起喝清酒、赏樱花的"花天酒地"行动。很多日本民众看了"花天酒地"行动的电视广告后很感动，纷纷结束"自肃"，走上街头消费。面对日本大地震以后社会上出现的"自肃"，日本民众也有些议论，但是议论归议论，人们还是在行动上"自肃"和被"自肃"的。不管是自觉的"自肃"还是被动的"自肃"，它给社会带来的是和谐有序，给人们带来的是安全。作为一个"局外人"的笔者感受到了"自肃"给日本社会带来的良好秩序。

3. 结语

　　"自肃"一词是日本大地震以后使用频率比较高的词。辞典上解释的是自我约束、自我克制的意思。"自肃"始于日本的稻作农业。稻作农业是集体农业，它要求人们必须互相合作，而合作的基础就是做事要为他人着想。笔者在日本3·11大地震以后，对日本社会的观察，发现"自肃"不仅是主动行为，还有被动的情况，被动时的"自肃"具有"禁止"的意思。"自肃"是来自民间的概念，"自肃"是建构和谐社会时对政府行为的一种补充，它是一种"文化力量"，它的积极意义远远超过它的消极意义。在日本社会"自肃"对人行为的影响是长久的，在灾难面前它会使人

理性、淡定。日本人认为在社会生活中，遵守社会道德规范，维护社会秩序也是教育的最重要的目的之一，日本人的"自肃"意识源于日本社会的潜移默化。

早在日本的农业社会时期，村落就很重视维护村民的共同利益，为了保障共同利益不受侵犯，他们制定了很多规矩，如果有谁胆敢冒犯这些规矩，严重的话可以受到"村八分①"的处罚，严格的纪律规范了日本人的行为，规矩是"自肃"的基础。日本虽然不是一个宗教国家，但是宗教氛围异常浓厚，日本人从生到死都要举行具有宗教色彩的人生礼仪，各种宗教的教义或多或少地影响着日本人人格的形成，培养了日本人的"自肃"精神。被培养的"自肃"精神影响着日本人的行为，保证了日本社会的稳定。因此，解读"自肃"可以帮助人们进一步认识日本社会。

注释：
①全村制裁。日本江户时代以来对违反村规的农民实行的一种非官方制裁。全村断绝与此村民的往来。转指被孤立。被众人排出在外。

参考文献：
[1] [日] 中根千枝. 纵向社会的人际关系[M]. 陈成，译. 北京：商务印书馆. 1994：14-15.
[2] [日] 米山俊直. 日本人的伙伴意识[M]. 东京：讲谈社现代新书，2007：52-53.
[3] [日] 荒木博之. 日本人的行动样式[M]. 东京：讲谈社现代新书. 1985：14-15.
[4] [日] 土居健郎. 依赖性心理的结构[M]. 阎小妹，译. 北京：商务印书馆. 2006.
[5] 古森義久. 海啸以后的日本被"自肃"之先概念所袭扰[N]. 华盛顿时报. 2012-4-4（NY版）.

[6]赤下部．鳕鱼的捕捞的"自肃"氛围已经扩大到北部沿岸[N]．每日新闻．2012-4-8（社会版）．

[7]去国营昭和纪念公园的游客比 2011 年比以前减少了 50 多万人次[N]．读卖新闻．2012-4-3（社会版）．

[8]考虑到灾民的心情日本医师会提出"自肃"海啸录像的播放[N]．产经新闻．2012-3-1（社会版）．

[9]3·11 大地震造成的"自肃"氛围严重地打击了县的旅游观光事业[N]．宫城河北新闻闻．2012-4-6（社会版）．

[10]3·11 地震使福井县的旅游业受到了严重的影响[N]．福井新闻．2011-4-13（社会版）．

中国学界关于留学日本问题研究评析

集美大学外国语学院　　任江辉

摘　要：中国人留学日本问题是中日关系史和中日文化交流史的重要内容之一，中国学界和日本学界对此都十分关注。特别是中国学界对留学日本的成效和影响进行了深入的研究和探讨，同时从不同研究视角阐释了该问题，有的是以历史学或教育学的视角进行论述，也有的是以社会学或政策学的视角进行解析。从研究成果的历史时间划分来看，可以归纳为晚清时期、民国时期、新中国成立以后等等。文中就中国学界对该问题以各异视角的研究现状进行评析，探讨中国学界关于留学日本问题研究的特点和不足，并提出相关看法与建议。

关键词：留学日本；研究视角；中国学界

0. 引言

从晚清政府于 1896 年官方派遣的第一批留日学生开始，"中国人留学日本的潮流几起几落，持续百年，绵延不断，不仅成为中国留学史的重要组成部分，而且对中国近现代历史和中日关系的发展变化，产生重大影响"。（王晓秋，2006）因此，作为近现代中日关系史和中日教育文化交流史的重要内容的中国人留日问题，在中国学界的研究中一直受到关注和重视。不仅在中国大陆，在中国台湾的学界其研究成果也日益增多。以研究对象的历史时期观之，可以划分为晚清时期、民国时期、新中国成立之后。从研究的视角异同观之，可以划分为历史学、教育学、社会学或政策学等研究视野。不同历史时期的研究成果，其研究视角也不尽

相同，笔者拟以研究对象的不同历史时期为基点，透析不同历史时期的不同研究视角和研究内容，以窥探中国人留日问题的本质和内涵。

1. 晚清时期中国人留日问题的研究

"中国人留学史的研究始于教育史研究大家舒新城，其《近代中国留学史》一书中对清末民初的日本留学做了简明扼要的论述"。（周一川，2009）因此关于晚清时期中国人留日问题的研究，最早要数 1927 年舒新城先生出版的研究成果《近代中国留学史》，该论著是国内外第一部研究中国人近代留学日本和欧美的专著，该书部分涉及到了 1896 年至 1926 年期间的中国人留学日本的历史内容，总结了中国人留学日本的历史背景和经验教训，为中国大陆学者在中国人留学日本或欧美的研究方面树立了榜样，是中国学界对中国人留日问题研究的较早范本。潘家铃（2007）指出："《近代中国留学史》成为中国近代第一部研究留学问题的专著，奠定了中国留学史研究的根基。它可说是研究有关中国留学历史的必读参考书之一，而且也成为日后书写中国留学教育史的基本典范或模式"。就连研究该问题的日本大家实藤惠秀也在其研究佳作《中国人留学日本史》中引用舒新城先生的《近代中国留学史》的研究内容。

而对于晚清时期中国人留日问题研究得更为详实和贴切的，成就比较大的是台湾学者黄福庆教授和陈瓊瀅教授。其中，黄福庆教授于 1975 出版了《晚清留日学生》一书。日本专家实藤惠秀对该书评价道："黄氏之书比较清楚说明清末留日运动历史的发展"。该书从留学日本的政策，留学日本的学习生活、文化活动，留学日本的政治活动等方面来探究晚清中国人留学日本的史实和内涵，是台湾地区研究晚清中国人留学日本问题的较早较好的论著。而陈瓊瀅教授于 1989 年出版了其论著《清季留学政策初探》，其主要内容涉及到晚清留学美国政策，留学欧洲政策和留学日本政策等。虽然该书只是局部涉及到晚清留学日本政策的内容，但

是由于该书以留学政策为研究的切入点，其研究范式比较典型，对于晚清和民国，甚至是改革开放以来的留学政策的研究都起到了示范作用。

以上三位学者是对晚清时期中国人留日问题研究的先行者。随着近年来对晚清时期中国人留日问题研究的深入，研究成果呈现多视角多内涵的特色，研究内容层出不穷。从研究视角观之，对晚清时期留日问题的研究，中国学界的研究最为成熟。在"历史学""教育学""社会学"或"政策学"等研究领域中成果很多，论文丰富。其中研究"晚清留日学生与辛亥革命辩证关系"的论文有之，研究"晚清时期中国人留日教育的成效"的报告也有之；研究"不同地域省籍的中国人留日问题"的成果也不时出现；研究"晚清时期留日政策"的文章也屡见报端。可见，晚清时期中国人留日问题的研究成果颇丰，研究论著和论文最多，研究的方向和内容呈现更为细化和详实的趋势。

2. 民国时期中国人留日问题的研究

从目前的研究来看，根据不同的历史时期和管辖政权的异同，民国时期中国人留日问题研究的成果可以分为北洋政府时期的留日问题、南京政府时期的留日问题以及日伪政权时期的留日问题等。

其中北洋政府时期的留日问题研究，从论文论著的多寡和研究内容深入程度，可以窥探出：其研究成果相对晚清时期较少，相对于南京政府时期要来的多些。而该时期留日问题的研究比较集中在于留日学生的政治活动和政治斗争以及其对中国社会的影响的考察和分析上，如：张惠芝的《略述1918年留日学生罢学归国运动》(《中州学刊》. 1997. 6)；王友平的《留日学生与五四运动》(《社会科学研究》. 1999. 3)；田雪梅的《1918年留日学生救国团活动述评》(《西南民族学院学报(哲学社会科学版)》. 2001. 8)；赵纯清的《留日学生反对"二十一条"斗争述论》(《徐州师范大学(哲学社会科学版). 2007. 1)；王丽云的《留日学生与云南护

国首义》(《徐州师范大学(哲学社会科学版).2008.1);李晔晔·任欣欣的《留日学生救国团归国抗日活动及其影响探析》(《长春师范学院学报》.2013.7)等等。

南京政府时期的留日问题研究主要体现在南京国民政府的留日教育的管理问题上。比较有价值的是冉春博士的论文《南京国民政府留学教育管理研究》(华中师范大学教育学院博士论文.2007年),该论文不仅涉及到南京国民政府对留学欧美的教育管理,而且涉及到留日的教育管理。此外还有,如:王春南的《南京国民政府对抗战期间留日学生的甄审》(《历史档案》.1994.1);于扬·孔繁岭的《留日学生在南京政府中的地位及中日政策的影响》(《徐州师范大学(哲学社会科学版).2006.6);徐志民的《九一八事变后日本政府对中华民国留日学生政策述论》(《抗日战争研究》.2011.3);周孜正的《论中国留日学生在日的爱国反抗活动—以1937—1945年为考察时期》(《社科纵横》.2013.3)等。然而"专注于1927—1949这一时期的成果比例相对明显偏低,其中侵华教育史中沦陷区留日教育研究近年来取得较大进展,但涉及国民政府留学教育的还多散见于通史或专题史性质的著作中"(冉春,2007),可见对于南京政府时期留日问题的研究深度并不高。

近年来对于民国政府时期留日问题研究的一个崭新的亮点在于对日伪政权的留日问题的深入探索和考察。根据其内容的特点可以分为伪满洲国、伪蒙疆政权和其他伪政权的留日问题。其中伪满洲国的留日问题研究较为透彻和深入。比较有价值的论文如:孔凡岭的《伪满留日教育述论》(《抗日战争研究》.1997.2);田夫的《伪满派遣的留日学生》(《民国春秋》.1998.4);汪丞的《伪"满洲国"留日活动及特点》(《教育评论》.2013.4)等。而刘振生的《满洲国日本留学史研究》是目前为止该方面研究中较为详实的论著,该论著主要研究伪满洲国时期的留学日本状况。在采用口述史方法的同时,以社会学的调查和统计方法剖析了伪满

洲国留日学生接受殖民地奴化教育的史实，对于探讨和研究中日两国的关系史和文化交流史具有一定的理论和实践意义。

对于伪蒙疆政权时期的留日问题的研究也有了新的进展。如：余子侠的《日伪统治下伪蒙疆政权的留日教育及教育交往》(《徐州师范大学学报（哲学社会科学版）》. 2005. 4)；徐志民的《近代日本政府对伪蒙疆政权留日学生政策探微》(《抗日战争研究》. 2008. 2)；汪丞·余子侠的《论伪蒙疆政权的留日教育活动及特点（1937—1945）》(《江苏师范大学学报（哲学社会科学版）》. 2013. 1)等。对于其他伪政权留日问题的研究也开始逐步出现新的特点。如：王奇生的《沦陷区伪政权下的留日教育》(《抗日战争研究》. 1997. 2)；余子侠的《日伪统治下的华北留日教育》(《近代史研究》. 2004. 5)；周孜正的《浅论汪伪时期在日中国留学生的经费来源》(《抗日战争研究》. 2005. 3)等等。不难看出，随着历史史料的深入挖掘，中国学界对于伪政权留日问题的研究有了进一步的发展。

3. 新中国成立以后中国人留日问题研究

对于新中国成立以后中国人留日问题的研究，中国学界也有了不少成果。大多发表在期刊上，其论述的内容也集中在于中国人留日问题中的人才培养、人才流失、人才回归等方面。如：朱慧玲的《当代中国留日学人及其作用》(《华侨华人历史研究》. 1995. 2)；邵春芬的《当代留日热潮与中日关系》(《日本研究》. 1999. 3)；程希的《人才流失与新移民：七十年代以来中国大陆前往日本和欧洲的留学生》(《华侨华人历史研究》. 2000. 4)；郭玉聪的《中国留学移民的增长态势及其主要原因》(《世界民族》. 2006. 2)；韩冬临·崔大伟的《国际移民的跨国联系—基于留日海归的实证研究》(《国际观察》. 2011. 5)等等。

相对期刊论文而言，论著中研究比较成熟和透彻的要数以下两部论著。一是 2009 年王雪萍博士出版的《当代中国留学政策研究：1980～1984 年赴日国家公派本科留学生政策始末》。该书主要

论述了改革开放初期从 1980 年至 1984 年这五年间中国本科公费生留日政策的内容，为我国当代留学生政策的评估与研究提供了比较珍贵的数据和史料，同时也弥补了我国留学政策研究中"轻视个案研究"的不足和缺陷，是一部集史料数据和实证案例为一身的留日政策论著。二是 2010 年出版的《留学日本丛书》。该书是由旅日华人教授朱建荣主编，由中国国务院侨务办公室国外司副司长朱慧玲和教育部国际司出国留学工作处调研员苗丹国担当副主编，并由日本华人教授协会监修而成的论著。该论著是一部丛书，主要分为四卷。第一卷《大潮涌动：改革开放与留学日本》；第二卷《跨越国境：从留学生到新华侨》；第三卷《时代召唤：中国的崛起与归国留学生》；第四卷《历史回声：中国的崛起与归国留学生》等。从内容和学术内涵来看，该论著既有理性的分析，也有感性的认知，深入浅出地论述了改革开放以来中国人留学日本的历史和状况，具备了一定的学术价值和参考价值。

4. 中国人留日问题整体史的研究

就中国学界完整地论述中国人留学日本问题的史学论著而言，笔者认为目前比较客观和翔实的研究论著要数沈殿成主编的《中国人留学日本百年史（1896 至 1996）》。沈殿成主编的《中国人留学日本百年史（1896 至 1996）》分为上下两册，是中国大陆学者从整体内容上探讨中国人留学日本历史的比较完整的一部力作。该书将中国人留学日本的历史从 1896 年阐述到 1996 年，将这百年留学日本史以时间和留学日本的状况为根据分为五个时期，主要介绍了各个时期中国人留学日本的背景和原因，分析了各个时期中国人留学日本的人数、学校等具体状况，解析了中国人留学日本的百年历史和过程，在一定程度上可以说是第一部比较全面比较客观论述中国人留学日本历史的论著。但是，笔者对于该书也有自己的一点拙见。第一，该书中提及的民国时期日伪政权的留学日本状况和 1949 年至 1978 年期间的台湾地区留学日本的历史内容很少，显然不能够比较全部地去把握该时期的中国

人留学日本状况。第二，该书论述中国人留学日本的政策比较少，只是提及一小部分重要的留日政策，并没有对其重要政策做深入的分析。以上只是笔者的一点拙见，并非完全正确，但从该书的整体研究和框架论述来看，可以说到目前为止该书是一部比较完美的论著。

5. 中国学界研究的特点

对于中国人留日问题的研究，中国学界从晚清时期到民国时期，再到新中国成立之后，直至今日都有涉及，特别是对晚清时期的研究日臻成熟和完善。对不同历史时期的研究内容和研究对象的侧重点也不尽相同，不同阶段的研究亮点也异彩纷呈，笔者对于目前中国学界的研究现状和发展趋势，归纳出以下几个特点。

第一，相对于晚清时期中国人留日问题的研究内容日趋成熟而言，民国时期中国人留日问题研究的内容出现了"两级分化"的情况。对北洋政府时期的留日问题和伪满洲国时期的留日问题的研究均十分详实，而对于南京政府时期和其他伪政权时期的留日问题涉猎得并不多，导致了不平衡的状态，也就是出现了"两级分化"的情况。究其缘由，或许是该时期历史史料的缺乏和研究工作难度较大的缘故。因此，该方面的研究有待于进一步提高和深入。

第二，对于新中国成立以来，特别是改革开放以来中国人留日问题研究的内容过于集中在人才培养、人才流失、人才回归等问题上。对于现今中国人留学生的留日意识、受教育内容，留日后的工作出路等详细内容没有微观上的研究，大多只限于宏观上的分析和思考。因此，对于现今中国人留日问题的微观上的挖掘有待于深入。

第三，比起日本学界的研究，中国学界的资料收集和整理工作做得不完善，该课题的学术研究分工和组织不合理。这一点不仅表现在留日问题的研究上，而且也体现在留学欧美问题的研究上。李喜所教授也这样论述到："资料收集整体的薄弱和滞后，学

术交流和信息沟通的严重不足，以及研究题目的重复和缺乏必要的学术组织与分工，都对本研究领域的进一步发展有一定的影响"。（李喜所，2005）这是中国学界对于留日等留学问题研究的前期资料储备和收集缺乏前瞻、在学术的交流和管理方面缺乏沟通所致。因此在资料的收集和整理，学术组织和交流方面需进一步注重和发展。

6. 结语

就中国学界对于中国人留日问题的研究现状而言，比起以往有了很大的进步和飞跃。特别是对晚清和民国的研究出现了新的亮点和突破。但是由于历史史料的缺乏和实地调查的艰难等缘故，在一些研究内涵上有待于突破和深入。同时，在研究和探索中，还应结合当时的中日关系和国际形势来进行剖析，才能够更为客观地更为详实地揭示中国人留日问题的内涵。

参考文献：

[1]王晓秋. 中国人留学日本110年历史的回顾与启示[J]. 徐州师范大学学报（哲学社会科学版），2006，（4）：1-3.

[2]周一川. 近年来日本的中国人留日史研究动向[J]. 日本研究，2009，（3）：30-33.

[3]潘家铃. "新文化与教育"的书写：为海外取经重新定位——从舒新城《近代中国留学史》再思索留学问题[J]. 北京大学教育评论，2007，（2）：181-187.

[4]实藤惠秀. 中国人留学日本史[M]. 谭汝谦，林启彦，译. 北京：生活·读书·新知三联书店，1983.

[5]冉春. 南京国民政府留学教育管理研究[D]. 武汉：华中师范大学教育学院，2007.

[6]李喜所. 中国留学生研究的历史考察[J]. 文史哲，2005，（4）：109-115.

近代における日中仏教交流の一齣

―― 『入唐求法巡礼行記』の中国伝来を起点として

解放軍外国語学院　河野保博

要旨：近代、日中両国において仏教改革が進められた。これまで一方通行的であった仏教の受容も清末民初の時代に日本から中国へと還流するようになり、双方向の交流に変化していった。その具体的例として民国時期に発刊された『入唐求法巡礼行記』を取り上げ、発刊の経緯を起点に近代における日中の仏教交流を概観した。

キーワード：仏教交流；『入唐求法巡礼行記』；円仁；還流

0.　はじめに

6 世紀半ば、朝鮮半島から仏教伝来し、日本列島内に定着すると、日本の仏教界は東アジア仏教の中心地である中国大陸から直接受容しようとし始めた。古代日本の仏教界は隋、唐を指向し、常に新しい教義や経典を求めて、中国大陸に向かった。唐代以後も多くの日本僧が中国大陸を目指し、また、中国僧を将来して最新の仏教を摂取して、大陸の仏教とリンクしながら、独自の発展を遂げていった。

「仏教東漸」というように、仏教は常に東へと伝播し、常に最新の仏教は中国大陸から伝えられるものであった。しかし、近代になると日本列島から中国大陸へと還流し、日本仏教が中国仏教に影響を及ぼすこととなった。その還流の具体像を探る

べく、取り掛かりとして『入唐求法巡礼行記』の中国伝来を取り上げ、当該時期の日中仏教の交流を概観したい。

1. 『入唐求法巡礼行記』について

『入唐求法巡礼行記』（以下、『巡礼行記』と省略する。）は平安初期の天台僧であり、承和の遣唐使に入唐請益僧として唐に渡った円仁（延暦13年〈794〉-貞観6年〈864〉）の在唐記録である。

1. 1　円仁

円仁は俗姓を壬生公氏といい、下野国都賀郡（現在の栃木県下都賀郡）の出身である。延暦13年（794）に生まれ、大慈寺で出家し、その後、比叡山で得度、最澄に師事した。修行の傍ら、現在の東北・関東地方を中心に布教活動に邁進していた。承和3年（837）、42歳の時に請益僧（天台山に赴き教学の疑問を解決するための短期留学）として入唐留学の許可が下り、翌年、遣唐使と共に入唐した。揚州に到着したが、天台山へ行く許可が下りず、遣唐使と共に帰国の途に就くことになった。しかし、求法を諦められない円仁は遣唐使一行と別れ、唐に残り、紆余曲折を経て、五臺山、長安を中心に最新の仏教教義や密教を学んだ。会昌2年（842）から始まった武宗の仏教弾圧に遭い、会昌5年（845）には還俗を強いられながらも、旧知の官人、在唐新羅人らの援助を受けながら帰国の途に就き、唐人の商船に乗り込み、承和14年（847）に帰国した。

その後、仁寿4年（854）に第3代天台座主に就任し、貞観6年（864）に71歳で没した。没後、貞観8年（866）には「慈覚大師」の諡号を朝廷から贈られており、これは師の最澄と同時に、日本で初の大師号賜与であった。

1. 2　『巡礼行記』の価値

『巡礼行記』は承和5年（開成3年〈838〉）、博多で遣唐使船に乗るところから、承和14年（大中元年〈847〉）に帰国して大

宰府で比叡山の使者と会うところまでを記した9年7ヶ月の記録であり、遣唐使の一員として、入唐僧として、巡礼者として、実地の見聞を記載しており、遣唐使や留学僧の動静だけでなく、唐代の社会・内政・外交・経済、さらには習俗や典礼など多岐にわたっており、日本古代史だけでなく、仏教史、中国唐代史の史料としても希有なものである。その上、在唐新羅人や勃海僧など国境を越えた人々の動静も記されており、当該時期の国際関係を知るための貴重な史料でもある。

また、紀行文学の先蹤でもあり、難行程にも関わらず書き続けた記録は後進に読み継がれ、玄奘三蔵の『大唐西域記』やマルコ・ポーロの『東方見聞録』と並ぶ、世界三大旅行記と称されている。

1.3 『巡礼行記』の成立

『巡礼行記』は円仁の在唐中の記録を整理し、一書にまとめたものであるが、成立時期や成立過程については不明である。唯一の写本として現存している「観智院本」は正応4年（1291）に兼胤という僧侶が京都東山の長楽寺で書写したことが奥書に記されており、また「二位僧正覚円本」を参照したことも記されている。この覚円は13世紀初頭に比叡山の再建に努めた人物であり、この頃には『巡礼行記』として一書になっていたことが窺える。その後、明徳2年（1391）に兼胤書写本は京都東寺観智院の賢宝が入手し、観智院に収蔵されることになった。

『巡礼行記』がいつ一書にまとめられたかは不明であるが、東大寺僧宗性『弥勒如来感応抄』（1235）や天台僧承澄『阿娑縛抄』（1260）、日蓮『立正安国論』（1260）に記事が引用されており、13世紀には僧侶の間で読まれていたことが確認できる。

1.4 『巡礼行記』の研究

『巡礼行記』自体の研究はある程度進んでいるといえる。しかし、日本国内の情況にとどまり、国外での出版情況などは最

低限把握しているに過ぎないのが現状である。中国では仏教・歴史の史料として数度出版されており、近年も手軽に入手できる形で出版され、主に唐代の仏教や地理の史料として利用されている。唐代の仏教・地理を詳細に記述した『巡礼行記』がどのように中国大陸に伝来し、受容されてきたのか。中国においてはじめて『巡礼行記』が刊行された民国時代を取り上げて、受容の背景を中心に検討する必要がある。

2. 『巡礼行記』の中国伝来

『巡礼行記』の中国伝来は三度に分けることができる。その時代ごとに見てみよう。

2.1 北宋時期の伝来

『巡礼行記』の初見であり、かつ中国へ伝わったことを示すのが入宋僧成尋（寛弘 8 年〈1011〉―永保元年〈1081〉）の著した『参天台五臺山記』である[①]。延久 4 年（1072）に入宋した成尋は、神宗の命により奝然の「在唐記」と円仁の「巡礼行記」を進上している。『参天台五臺山記』第四（熙寧 5 年〈1072〉10 月 14 日条）には、「奝然日記四巻・慈覚大師巡礼記三巻、依宣旨進上。」とある。

しかし、この『巡礼行記』は現存していない。その後、中国大陸に伝来した記録はなく、次は 20 世紀を待たなければならない。

2.2 『巡礼行記』の「再発見」

再度、中国へ『巡礼行記』が伝わったのは、日本での「再発見」後のことである。13 世紀には諸僧の文献にも引用されていたが、その後は観智院に収蔵されるだけであった。その観智院に収蔵されていた『巡礼行記』が 19 世紀末の史料調査によって、調査・公開されることになった[②]。世に紹介された『巡礼行記』は、まず 1907 年に『続々群書類従』に翻刻され、刊行された。ついで、1914 年に「津金寺本」を翻刻し、観智院本と国書刊行

会本(群書本)とで対校したものが『四明余霞』に掲載された。この「津金寺本」というものは文化2年(1085)に信濃津金寺の長海大僧都が比叡山横川飯室谷松禅院所蔵本(現存せず)を書写したものとされ、同寺の池田長田氏が所蔵し、池田本とも呼ばれる。しかしながら、この写本は現在所在不明であり、詳細は不明である。1915年には「観智院本」を『四明余霞』収録の「津金寺本」で対校したものが『大日本仏教全書』に収められた。また、1926年には東洋文庫から観智院本の影印が刊行され、広く学界に供された。

2.3 民国時期の伝来

これらの刊行物が中国大陸へ伝わり、『巡礼行記』が紹介されることになった。それが、民国25年(1936)及び民国27年(1938)の刊行である。これについては次に詳述するが、日本での『巡礼行記』刊行により、その存在を知った中国僧によって発行されたものである。残念ながら、一部流通にとどまり、広く利用されることはなかったようである。

2.4 近年の伝来

中国での『巡礼行記』の普及は、顧承甫・何泉達の点校によって1986年に上海古籍出版社から出版されてからである。その後、小野勝年の『入唐求法巡礼行記の研究』(鈴木学術財団、1964～69)が周一良審閲、白化文・李鼎霞・許徳楠の校注により『入唐求法巡礼行記校註』(花山文芸社、1992)として中国語に翻訳・出版されて紹介されるなどし、中国でも『巡礼行記』が史料として利用されるようになった。

近年では、前述の『入唐求法巡礼行記校註』が修補改定されて再版され(花山文芸社、2007)、簡体字版のテキストが広西師範大学出版社(2007)から発行されている。

2.5 上海仏教浄業社について

『巡礼行記』が中国で初めて刊行されたのは民国25年(1936)

年であるが、これには刊行の手がかりとなる記載が無い。引き続いて発行された民国27年版には出版の経緯が記載してある。それによると、民国26年（1937）に範成法師が『巡礼行記』を入手、上海仏教浄業社から出版したとある。範成法師（1896〜1958）は江蘇如皋の人で、掘港西方寺の住持であった。南宋時代の『磧砂版大藏經』の刊行に尽力し、一時期、上海仏教浄業社に駐在して、園内に法宝図書館を建設、仏教文物を蒐集・展示した③。上海仏教浄業社は1922年に成立した上海の仏教居士団体であり、仏教文化事業や慈善事業を中心に活動しており、主に仏教図書館の建設・維持、雑誌の刊行、難民・病者の救済、法会の開催などを行った。1956年に上海仏教居士林と合併して、上海仏教浄業居士林となった④。

　当時、上海には世界仏教居士林などもあり、居士仏教がとてもさかんであった。範成法師は自身のいた上海仏教浄業社から『巡礼行記』を刊行したことがわかる。それではなぜ、このような日本の仏典を蒐集・刊行するに至ったのであろうか。当時の仏教界の様相から検討してみたい。

3.　近代の中国仏教

3.1　清代までの仏教

　明代、国家の統制により僧侶と民衆の間には距離が置かれるようになったが、民衆は法要を通して仏教に接し、民間習俗と結合した儀礼仏教に転化していった。清代になると、清朝は僧侶と庶民との接触を禁止し、仏教教団は社会から隔離されるようになった。そして、教団では教義や経典研究は重要視されず、儀礼中心となっていた。そのため、教義や経典の研究は在家の信者である居士が担うようになった。

3.2　居士仏教の隆盛

　19世紀後半、康有為、譚嗣同、章炳麟といった新思想家の間で仏教が盛んに研究され、梁啓超は「晩清思想家有一伏流、日

佛学（清末思想界の底流にあったのは仏学である）。」と述べている⑤。

　この居士仏教界の代表的人物が楊文会（1837〜1911）である。彼は曽国藩や李鴻章の幕僚を務める役人でありながら、仏教を学び、清末の仏教界を憂えた人物である。1886年に駐英露公使の随員としてロンドンに行き、仏教学者の南條文雄（1849〜1927）と出会うことで、中国では失われた経典を日本より得ることになった。1897年、同志たちと南京に金陵刻経処を創設し、仏典の刊行と流通に尽力した。漢訳仏経典の集成である大蔵経は各時代に印行されてきたが、明代以降になると唐代以前の根本経典が失われて抜け落ちてしまった。楊文会は南條を通じて、多くの経典を中国へ再導入していった⑥。

4.　中国仏教の復興と日本仏教との交流

4.1　仏教復興事業

　このように居士が中心となって仏教復興を目指したが、もちろん仏教界でも同様の動きが広がっていった。清末、日本や西蔵の仏教に触れ、中国で失われた教えを求めて、留学僧が各国に派遣され、中国仏教の再興を目指すことになった。その具体的な動きとしては、密教復興が上げられる。中国で失われた密教を復興させるために留学僧を派遣して、高野山で東密（真言宗）を学び、チベットで西密を学んだ。

　また、中国仏教界には抜き差しならない情況があった。それは太平天国の乱以降、寺が荒れ果て、さらに追い打ちを掛けるように「廟産興学」と呼ばれる寺廟没収政策が進められていた。これは寺廟の土地や建物を没収し、学校を建設して近代教育を進めようとするものであった⑦。そのため、仏教界の規律復興、学問水準の向上は喫緊の課題となっていた。

　民国時期になると留学僧の帰国と経典の再導入により、中国の伝統的な仏教が還流していき、仏教教育機関で育った僧侶に

192

よって仏教の復興が進められていくことになった。そして、経典の蒐集が進むことで、今度はそれを発行・提供するための組織が必要となり、そのために仏教浄業社や居士林などがこの時期に設立されていったのである。

4.2　仏教の還流

中国大陸から日本列島に伝わり、中国大陸では失われ、日本列島に保存された伝統的な仏教を逆輸入する現象が近代の日中仏教界における大きな動きである。

日本からは数万冊に及ぶ経典が将来され、楊文会だけでなく、多くの居士・僧侶によってさまざまな経典・研究書が中国にもたらされた。その将来された仏典のなかには、天台智顗『法華玄義』などの中国歴代の経典だけでなく、凝然『八宗綱要』などの日本で著された仏教書も数多かった。

4.3　双方向の交流

中国大陸発祥の経典だけでなく、日本で著された仏教書が中国にもたらされ、学ばれるようになった。また、楊文会や太虚といった中国近代仏教の革新に努めた人物は、みな明治以降の日本の仏教改革に学び、手本として導入した[8]。東密による密教復興など、日本で体系化された中国仏教の導入も行われた。日本の伝統的な分類によって仏教宗派を分ける『八宗綱要』がもたらされたことにより、中国でも同じように宗派を分ける考えが広まった。この日本で形成された「宗派概念」に基づく中国仏教の再構築などの動きから、「近代中国仏教が日本仏教の構築した思想的空間の中へ取り込まれた」[9]という指摘さえある。さらに、受容するだけなく、衝突もあった。たとえば、浄土真宗の中国布教の中で日中仏教者の間で争論することもあった。その結果として、日本仏教への理解も深まっていった[10]。また、日本人僧侶の妻帯と肉食などは中国人僧侶に衝撃を与えたりもした。このように、これまでは一方通行であった仏教の受容は

還流によって双方向の交流に変化することになった。

5. おわりに

中国大陸では失われた仏教史料の蒐集をめぐって、日本列島からの仏典導入は数万冊以上に及び、日本の経典も多数将来された。そして、これまで一方通行的であった仏教伝来は、日本化された仏教が中国に還流することで双方向的になったとも言える。そのなかで『巡礼行記』が誰の手によって中国へ持ち込まれたのかは不明であるが、仏教還流の過程で持ち込まれたことは確実である。中国大陸では失われてしまった唐代の仏教を知るために同時代史料である『巡礼行記』は格好の書であったといえよう。

注釈:

①王丽萍「圆仁栝入唐求法巡礼行记枠中国早期流布考」(『浙江大学学报（人文社会科学版）』第 41 巻第 6 期、2011)

②平澤加奈子「『入唐求法巡礼行記』の伝来」(鈴木靖民編『円仁とその時代』高志書院、2009)

③孔勤「範成法師行狀」(『香港佛教』604、2010)

④高振农「民国年间的上海佛教净业社」(『法音』1990 年 5 期、1990)、上海宗教志编纂委员会编『上海宗教志』(上海科学院出版社、2001)

⑤梁啓超『清代学術概論』(商務印書館、1922)

⑥陳継東『清末仏教の研究—楊文会を中心として—』(山喜房佛書林、2003)

⑦大平浩史「南京国民政府成立期の「廟産興学運動」と仏教界—寺廟産・僧侶の「有用」性をめぐって—」(『立命館言語文化研究』13 巻 4 号、2002)

⑧孫傳釗「日中全面戦争勃発前の中国近代仏教教育—太虚法師の仏教革新運動を中心に—」(『日本の教育史学』第 40 集、1997)

⑨Erik Schicketanz『近代中国仏教の歴史認識形成と日中仏教交流』(東京大学博士学位論文、2011)

⑩陳継東『清末仏教の研究—楊文会を中心として—』(山喜房佛書林、2003)

隈取の特徴についての考察

——臉譜との比較を通じて

解放軍信息工程大学理学院　姜　輝

要旨：京劇の臉譜と歌舞伎の隈取の間にはこれまで見てきたような類似性と異質性がある。類似性は時間と空間を越えた化粧法の本質に関わる分野に認められ、異質性は時間と空間の支配を受けた日本の江戸時代と中国の宋元明清の時代との間にある。類似性は、隈取の普遍的性格を示し、異質性はその独自性を表している。

キーワード：隈取；臉譜；特徴；比較

0. 始めに

歌舞伎では、その役がどんな性格の人か、化粧を見て分かることが多いのである。特に、「隈取」と呼ばれるものは、歌舞伎独特の化粧のしかたである。中国の京劇にも臉譜と呼ばれる独特の隈取がある。京劇の臉譜と歌舞伎の隈取は、京劇と歌舞伎の中で、ともに重要な地位を占めている。だから、本稿では隈取と臉譜の異同を分析した上で、歌舞伎の特徴を述べてみよう。

1. 隈取と臉譜について

隈取は、もともと顔の血管や筋をオーバーに表現し、ある種の超人的な力を表すために顔面にした地塗りをしたうえで、くまどられたと言われている。そのため、恋愛や人情話が中心の和事の芝居では使われず、主に荒事の登場人物の顔に描かれる。

地塗りの色は、白地、赤地のほか、薄肉、ねずみ地などがある。登場人物がどんな性格を持っているのか、善人であるのか、悪人であるのかは、基本的には、塗られた色でおのずと知られるところがある。隈取の発生については、仏像や能面や古代日本人の顔面装飾を参考にしたとか、中国演劇の化粧法をまねたものではないか、などと言われているが、まだ決着をみていない。

京劇に用いられる隈取は、「臉譜」といわれ、中国芝居の中で、最も典型的な芸術である。「臉」は顔で、「譜」は様式、きまりを意味し、この顔のメイクと役者のしぐさにより、役の性格や表情、年齢、善悪をまとめて表現することができる。臉譜の基本的な様式は昔から決まっていたが、同じ人物であっても流派や役者の違いに伴い、出来上がったものが変化してきている。京劇の臉譜は地方劇を参考にしたが、歴史が悠久であり、臉譜の源は古代の祭祀用のマスクに遡ると言われる。

2. 隈取と臉譜の異同

隈取と臉譜は一体、どういうような異同があるか。つぎは、主に二つの分類表を手がかりに論を進めていくことにしたい。

表1　隈取①

	色彩	名称	役名	役柄
陽性（善意又は悪意浅いもの） 凸系（性格感情の様式的表情化） 非写実的	紅隈	筋隈	しばらく	立役 荒事の隈
		一本隈	和藤内	
		二本隈	松王	
	赤地 白地	むきみ隈	五郎	
		猿隈	朝比奈	
		鳥居隈	弁慶	
		半隈	景清	
	紅隈	鯰隈	中ウケ	敵役 半道の隈
		蟹隈	姉輪	
	赤地 白地	朝顔隈	干平	
		大入隈	金棒引	
	茶紫紅其の他隈	火焔隈	不動	神霊化身の隈 （善意の）
		同略隈	狐忠信	
		石橋隈	獅子	

陰性（悪意）凹系（悪表情の様式化）写実的	墨退藍 赭隈 其の他	公家荒隈　ウケ 剣先隈　小藤太 痩せ隈　黒主 般若隈　小坂部 鬻隈　うはなり 生なり隈　葵の上 亡霊隈　知盛	実悪の隈
			怨霊の隈
		土蜘蛛隈　蜘の精 鬼女隈　茨木	鬼畜の隈

表2　臉譜

様式名称	色彩	役名	役柄
整臉	赤地	「古城会」の関羽	善悪とも表現する
	白地	「戦宛城」の曹操	
	黒地	「鍘美案」の包公	
六分臉	花臉	「群英会」の黄蓋	年上の特徴
三塊瓦臉	花臉	「收関勝」の関勝	善悪とも表現する
		「状元印」の常遇春	
		「九竜杯」の黄三太	
砕花臉	花臉	「金沙灘」の楊七郎	模様が些細で豪華ばかりでなく、象徴性が高くて、人物の性格を反映する
		「桃花村」の周通	
		「取洛陽」の馬武	
十字門臉	花臉	張飛	年上の善玉
歪臉	花臉	「三打陶三春」の鄭恩	容貌の醜い人物
		「法門寺」の人殺しの劉彪	顔つきが獰猛な人物
		「審李七」の強盗犯の李七	
破臉	花臉	「艶陽楼」の徐世英	大往生を遂げられない人物
象形臉	花臉	孫悟空（獣形臉）	動物の形
		雷震子（鳥形臉）	
神仏臉	金色地	太乙真人	神、仏像の形
僧道臉	花臉	「野猪林」の魯智深	僧侶と道士
太監臉	赤地	「法門寺」の劉瑾	宦官の役
元宝臉	花臉	「悪虎村」の王棟	悪役、粗野な下層の人物
丑角臉	白	「十五貫」の婁阿鼠	丑角

2.1 隈取と臉譜の類似性

　隈取の直接の原型を京劇の臉譜に求めようとする考えは現在の研究者の間に根強いものがある。この項では、隈取と臉譜の色彩配合を検討する。

　(1) 図案化された化粧である。臉譜の化粧の様式には「離形」と「取形」の二つの種類がある。離形は日常の自然形態から離れて誇張して装飾し、墨・青・紅の三色を濃厚に顔に塗る様式であり、取形は日常の自然形態に基づいて顔面に模様を描く様式である。隈取は基本的には離形の様式に従っているが、なまず隈、蟹隈、朝顔隈など取形の様式も存在する。

　(2) ほどこす役柄が限定されている。京劇の役柄は、男性役「生」・女性役「旦」・男性役「浄」・道化役「丑」の四つに大別された。臉譜をほどこす役柄は浄と丑にかぎられ、生と旦が臉譜をすることはほとんどない。浄は敵役または粗暴な役柄であり丑は道化役である。この二つの役柄がもっぱら臉譜を用いて、立役の生、女形の旦はほとんど施さないというのは、歌舞伎の隈取とは若干異なる点がある。歌舞伎では女形はしないが、立役は隈取をする。こうした独自性は認められるが、役柄に限定性があるという根本性格は両者共通である。

　(3) 性格を強調する。臉譜はほどこす役柄の性格や善悪、感情などを伝える。これとまったく同じ機能を隈取も果たしている。

　以上のような本質にかかわりを持つ一致点は隈取の遠い源流として臉譜を考えることの可能性を示している。臉譜は中国の唐代にまで遡ってその原型を求めることができる。顔を墨でぬって神や鬼などの超越的存在を表現する方法が唐の時代にあったといわれ、工夫が加えられて、宋代には浄や丑は臉譜をぬった花面、生や旦は素面という原則が確立していたとされる。そうした化粧法が中国から人形劇や仮面劇の伝来に伴って日本

に入っていた可能性は否定しきれない。中期以降の歌舞伎に現れる「取形」様式が、日本独自の工夫というよりも、長崎を経由した京劇などの中国劇の影響を想定すべきであろう。

2.2. 隈取と臉譜の異質性

臉譜と隈取の相違点も大きい。次にその違いを列挙する。

（1）「ぼかす」技法の違いがある。中国の京劇の写真を見ると、歌舞伎の隈取に良く似た化粧の登場人物が散見される。孫悟空等はその典型的な例だと思う。でも、何処か歌舞伎の隈取と違うような気がする。その違いは「ぼかす」という技法にあるのであろう。京劇の化粧は、ぼかしの技法を使わずに一面にべったりと色が塗られている。そうすると、顔全体が「お面」に近い印象を持ち始める。これに比べて歌舞伎の隈取は、入れた筋の片側とぼかす「片ぼかし」で描かれている。そうすると、英雄なら英雄の印象は強めるようになった。

（2）臉譜は一種が一つの役柄に対応することを基本とするが、隈取は同種の役柄に共通して用いられる。たとえば、黒花臉という種類の臉譜をほどこす役柄は、沙悟浄・趙公明・鬼王・大鬼・夜叉・鼠精・沙僧などであるが、その図柄はすべて微妙に異なっていて、一つの図柄は厳密に一つの役柄と対応している。このことはほかのすべての種類に当てはまる。

これに対して、隈取は朝比奈・朝顔隈・なまず隈などの二、三を除いて、同種の役柄に共通して用いられる類型性を持っている。筋隈と呼ばれる紅隈は、「暫」の主人公、「車引」の梅王、「矢の根」の五郎、「国性爺」の和藤内などの荒事の役柄がすべてこれを使用する。猿隈は、目の周り全体が紅く、猿の容貌に似ることからこの名がある。力強さがどこか滑稽味に通じる役で、朝比奈や弁慶に用いる。そのほか、「土蜘」蜘蛛の精、「紅葉狩」や「戻橋」の鬼女は、茶色を基調にした隈取とする。

京劇の臉譜ももともとは類型性の強いものであったと思われ

る。その有力な成立論として、俳優の化粧の簡単なものから次第に複雑なものへと変化したという考え方がある。俳優の化粧のもととなる顔、鼻、口などの縁取りが複雑化したものとみ、色も紅紫黒藍黄の五色が臉譜本来のものであったという②。この説によれば、はじめ、臉譜は一役一臉譜の方式をとることはできず、一つの図柄で複数の役を表現していたはずである。

　しかし、臉譜は「離形」に加えて、各種の神怪や人物を表現する際に、その形をそのまま顔の上に描き、描けないものは、それらを象徴する図形なり事物なりを顔に模様化するようになった「取形」である。この方法をとることによって、臉譜は著しく数を増やすとともに、様式の象徴性に具象性を加えることになり、固定性が強まった。

　(3)隈取の配色には陽性陰性、暖色寒色の統一原理があるが、臉譜にこの区別はない。そして、色のシンボルも同一に論ずるべきものではない。臉譜の白は悪人を表すのに対して、隈取の白は、立役、二枚目つまり善なる人物を表す。臉譜の紅が、「男性の熱血正義の心」を表し、「誠意ある忠義の人」を表現するという点は隈取に一致するが、黒色は紅の示す血気がさらに強まってにごったもので、粗暴にして武力があり、剛直な性格の人物を表し、隈取のように悪や不正を表すシンボリズムは存在しない。隈取で鼠（灰）色は悪意の強い実悪、そのほか、神霊・化身・妖怪などの制禦できない不正や力を表すが、臉譜では老衰を示すにすぎない。

　藍色もまた隈取では鼠色とほぼ同じ意味を持つのに対して、臉譜での藍は「黒色よりはげしい性格」で、基本的には黒色と同一系統に属する色である③。ただ黒が「統率しやすい性格」であるのに対し、多くは「猛々しくて策謀に富んでいる」人を示す。結果として悪人を表現することになるが、神霊・化身・妖怪などを表すことはない。

臉譜の色彩配合は一種のリアリズムの支配下にある。純正な血色を示す赤から始まり、血性がさらに強まった状態に、黒・緑・藍などを考え、血性の弱まった方向に紫・黄・鼠などをすえ、人間の心性や力をその血気の強弱に対応させてそれぞれの性格と色を配当する。その根本には医学や人相学があった。

　歌舞伎の隈取の色彩は、伝統的な日本人の色彩観を反映していると言えよう。つぎは、黒の例を挙げて見よう。古代の沖縄の色彩観念を調査された仲松弥秀氏は、黒の意味を暗黒・無・恐怖・穢れとまとめておられる。人類学的な観点から見ても、黒は、邪悪、死・災厄・暗黒のイメージにつらなるものであった。このような黒の観念も歌舞伎の隈取にそのまま受け継がれた。隈取で黒ややややその薄いねずみ色、黛緒などを用いる役柄はすべて実悪・怨霊・鬼畜・化身などで、死・恐怖・災厄・暗黒などを表している。

　(4) 神仙・鬼怪の類と人間の臉譜は峻別するが、隈取はその区別があいまいである。臉譜では、神仙・鬼怪の類は、金・銀・青などを用い、人間を示す色彩と明確に区別している。神霊・化身・鬼畜などを示す色と、人間の性情、能力を表す色を混同させた隈取と大きく違う。臉譜の根本の発想は人間と神霊をちがう存在とみて、それぞれの本質の種々相を表現することにあった。それに対し、隈取は人間と神霊を極めて近い存在とみて融合させたままで、敵と味方、善と悪を識別する意識が強かったといえる。人間中心の臉譜に対し、人間と神霊を一体としてとらえる隈取と言い換えてもいい。

3. 終わりに

　臉譜と隈取の間にはこれまで見てきたような類似性と異質性がある。類似性は時間と空間を越えた化粧法の本質に関わる分野に認められ、異質性は時間と空間の支配を受けた日本の江戸時代と中国の宋元明清の時代との間にある。類似性は、隈取の

普遍的性格を示し、異質性はその独自性を表している。遠い時代に交流のあった両者がのちにそれぞれの熟成の時間を経過した結果の類似性と相違であったと見ることができる。

注釈：

①表1は、上野忠雅『歌舞伎隈取図説』から転載したものである。

②波多野乾一著『支那劇大観』、大東出版社、1940年。

③河竹登志夫著『舞台の奥の日本：日本人の美意識』、Tbs ブリタニカ、1982年。

参考文献：

[1]陈浩然．中华国剧脸谱[M]．北京：上青文化事业公司，1980．

[2]徐城北．京剧和中国文化[M]．北京：人民出版社，1999．

[3]中国大百科全书总编辑委员会．中国大百科全书　戏曲曲艺[M]．北京：中国大百科全书出版社，1983．

[4]波多野乾一．支那劇大観[M]．東京：大東出版社，1940．

[5]藤田洋．歌舞伎ハンドブック第3版[M]．東京：三省堂，2006．

日本産業国際競争力に対する実証分析

南開大学日本研究院　田　正

要旨：日本は経済発展とともに、産業の構造を常に調整し、産業の国際競争力を維持してきた。労働集約的産業の発展が戦後直後の貿易の拡大に貢献した。高度成長期には全産業の労働生産性の上昇が国際競争力をもたらした。安定成長期に入って、下請システムがコスト削減の役割を果たした。21世紀の日本産業は研究開発による製品の差別化に力を注いでいる。日本の産業国際競争力の変遷について実証分析を行った。

キーワード：産業国際競争力；労働集約的産業；労働生産性；下請システム；研究開発

0. はじめに

日本経済は高度成長期を経て、悲惨な戦後の状況から早く立ち直り、世界でも有数な経済大国に成長してきた。戦後日本の国際競争力は時代とともに変化し、日本産業の構造転換からの影響を受けながら、常に変化を遂げてきた。

産業の輸出化を通じて、当該産業を発展し、国際的にも相応な競争力を持つようになる。戦後の1950年代から21世紀までは日本産業の国際競争力をあきらかにする必要がある。年代ごとに国際競争力の決定要因を分析し、実際のデータを使って実証分析を行うのが本論の目的である。

1. 1950年代：労働集約的産業の発展による比較優位

ヘクシャー・オリーン定理によると、労働が豊富に賦存して

いる国では、賃金率が低くなるから、労働という生産要素を多く投入する製品の生産コストは低くなる。すなわち、労働集約型産業が国際競争においては比較優位産業となる。

1950 年代に日本は均質でかつ整備された義務教育を受けた高質の労働力が多く存在した。1960 年中ごろまでは有効求人倍率[1]が 1.0 以下で続いて、労働力の供給が豊富であった。

賃金からみれば、アメリカの賃金水準は 1950 年代で約 1.4 倍上昇したに対して、日本の賃金水準はほぼ横ばいの状態に止まっていた。戦後 1950 年代では低賃金の競争優位を持っていた。

リカードの比較優位貿易説によると、各国が比較優位を持つ産業の発展に専念すれば、各国の福利を上げることができる。50 年代の日本は労働集約的な産業が比較優位を持ち、輸出の大部分を占めた。50 年代では繊維、衣服、窯業、雑貨などの労働集約型の産業総輸出額の 50%以上を占めていた。

賃金水準(CW)[2]という指標を使い、50 年代の各産業の賃金水準を計算したところ、繊維、衣服産業の賃金水準は平均水準の 50%から 70%しかない。

輸出特化度(EC)[3]という指標で各産業の国際競争力を試算したところ、繊維産業は平均水準より 2 倍高く、衣服産業は平均水準の 3 倍を超えた。50 年代の日本は競争優位の持っていた産業が労働集約的産業であった。

輸出特化度(EC)と賃金水準(CW)との相関関係を調べるため、クロスセクションデータを使い、回帰分析を行った。回帰分析の結果は表 1 のようである。

1955 年から 1960 年までの 6 年間においてすべての年が生起確率 5%で負の相関がある。賃金が低くければ輸出特化度が高くなる。1950 年代初頭は朝鮮戦争による特需の影響を受けて、競争力の持たない鉄鋼や非金属鉱物製品産業が製品の価額が高くとしても輸出できた。朝鮮戦争の特需という攪乱要因があるから、低賃金水準と輸出特化度との相関が難しく観察された。

表1　1950年代回帰分析結果

年度	回帰係数 α	t 値	生起確率%	危険度 10%水準の相関
1950	-2.9733	-1.80	10.6	相関なし
1951	-3.5393	-1.89	9.2*	相関あり
1952	-3.6212	-1.73	11.8	相関なし
1953	-3.5716	-1.67	13	相関なし
1954	-3.4702	-1.96	8.1*	相関あり
1955	-3.6815	-2.34	4.4**	相関あり
1956	-4.3301	-2.59	2.9**	相関あり
1957	-3.5351	-2.35	4.3**	相関あり
1958	-3.3940	-2.38	4.1**	相関あり
1959	-3.9109	-2.56	3.1**	相関あり
1960	-3.7895	-2.62	2.8**	相関あり

EC = α + βCW + μ

*危険度 10%で相関;**危険度 5%で相関

2. 1960 年代：労働生産性上昇による総花的な工業化

　1960 年代に入って日本は高度成長期を迎えた。日本経済は1950 年代で人口紅利を享受し、経済発展を遂げたが、1960 年代から労働市場が過剰基調から不足基調へと転換した。南亮進によると、日本の労働力の転換点は 1960 年を中心とする数年間に達せられたという結論が導かれる。

　1960 年代においては日本の賃金水準が上昇し、1969 年の賃金水準は 1960 年の 1．4 倍に至った。日本の賃金水準はアメリカの賃金水準との差が徐々に縮小することが明らかになった。

　賃金が上昇する一方、産業構造の転換も進んでいた。いわゆる重化学工業化によって、資本集約的な産業も急速に発展した。60 年代では日本が大量の有形固定資産投資を行った。

　1965 年に日本の有形固定資産の年末高は 8 兆 3 千 8 百億円であったが、わずか五年で有形固定資産の規模が 1970 年 16 兆 3 千 5 百億円の規模となって、1965 年の約 2 倍となった。

日本は 1949 年から 1971 年までは 1 ドル＝360 円という固定相場制を維持し、それは明らかに割安レートであり、輸出促進にも役立った。このように、1960 年代においては従来の労働集約的産業だけでなく、鉄鋼、家電、輸出機械などの資本集約的な産業も輸出産業化し、総花的な工業化を実現した。

　その要因を分析するには、二つの仮説がある。一つは資本集約的な産業の発展が国際競争力を促進したという仮説である。もう一つは産業全体的な労働生産性の上昇により、製品コストの削減ができ、世界貿易においては有利な立場にあったという仮説である。以下は実証分析を通じて、二つの仮説を検証する。

　資本集約度(CK)という指標を使い、各産業の資本集約度の変化を表す。被説明変数を輸出特化度とし、説明変数をそれぞれ賃金水準と資本集約度とする。

表 2　1960 年代分析結果

年度	賃金水準 （CW）				資本集約度 （CK）			
	回帰係数	t 値	生起確率%	R^2	回帰係数	t 値	生起確率%	R^2
1961	-3.85	-2.82	2.24**	0.50	-2.19	-1.84	10.37	0.30
1962	-3.42	-2.53	3.54**	0.44	-1.21	-1.33	22.11	0.18
1963	-2.22	-2.29	5.11*	0.40	-0.61	-1.00	34.67	0.11
1964	-2.14	-2.40	4.32**	0.42	-0.82	-1.16	28.07	0.14
1965	-1.50	-1.80	10.86	0.29	-0.51	-0.89	39.86	0.09
1966	-1.46	-1.97	8.50*	0.33	-0.54	-1.06	31.91	0.12
1967	-1.47	-1.98	8.19*	0.33	-0.81	-1.43	19.11	0.20
1968	-1.29	-1.72	12.24	0.27	-0.36	-0.79	45.32	0.07
1969	-1.67	-1.64	13.93	0.25	-0.33	-0.70	50.08	0.06
1970	-0.89	-1.25	24.83	0.16	-0.27	-0.60	56.69	0.04

$EC = \alpha + \beta CW + \mu$; $EC = \alpha + \beta CK + \mu$
*危険度 10％で相関；**危険度 5％で相関

　1960 年代の半ばまで賃金水準と輸出特化度が危険度 10％での相関があるが、その後相関関係がなくなった。それは日本が 1960 年代の半ば頃に過剰労働の転換点を迎えたことの証拠で

ある。また、高度成長においては資本集約度と輸出特化度との有意義な関係が見つからなかった。その原因は1960年代で大量に設備投資を行った産業が資本集約型産業だけでなく、従来の労働集約型産業も大量に設備投資を行ったということである。

　日本経済は1960年代後半には鉄鋼や機械産業を中心として著しい生産性の上昇が実現された。戦後直後には日本とアメリカはかなりの労働生産性の格差があったが、60年代に日本の労働生産性が急速に増え、1970年には米国対日本の労働生産性は1対1.3まで著しく迫った。

　1960年代前半では日本は石油や輸送機械や化学などの産業の労働生産性の上昇率が高かった。それに対して、1960年代後半では日本は一般機械や鉄鋼や電気機械などの産業の労働生産性の上昇が高かった。その当時のほかの先進国に比べ、日本は各産業においても高い労働生産性の上昇率を示した。1960年代の日本産業の国際競争力の発展の一番重要な原因は日本の産業の全体的な労働生産性の上昇ということである。

3.　1970－1990年代：競争力基盤としての下請システム

　1970年代に入ると、ニクソンショックや二次のオイルショックが相次いで起こった。円高と原油の高騰が日本の企業に対して打撃も大きかった。日本の企業はそういう環境の変化に対し、構造転換を行い、大企業と中小企業との間においての下請システムが長期継続取引により安定化した。

　下請システムを通じて大企業は企業内における垂直統合式の大量専用器械投資が行われなくなった。中小企業が大企業の求められる製品を生産するための専用機械の設備投資を行う。大企業は低コストで必要な部品を購入することができたのみならず、中小企業は大企業から資金及び人材の援助を受け、積極的に設備投資や製品のプロダクトイノベーションをしていた。

　1970年代から日本の輸出の大部分は大企業によって担われ

るようになり、輸出の三分の二を占めた。1980年代で下請システムの効率性が大幅に上昇し、先進諸国からも注目を浴びるようになり、下請システムの全盛期を迎えた。1981年に約47万の下請企業が存在しており、全中小企業の65%以上を占めた。

　しかし、バブル崩壊後日本経済は長期低迷に陥り、親企業が下請企業をコントロールするために必要とされるパワー資源、すなわち、市場提供能力、技術資源供給能力が大きく低下するようになり、下請システムの変容期を迎えた。

　要するに、70年代から90年代までは下請システムが企業の生産性を高め、日本産業の国際競争力の基盤となった。下請システムを示す指標としては、産業ごとの外注比率(CS)[4]を用いる。一般機械や電子機械産業の外注比率が高い。研究費支出比率(RS)[5]を用いて、各産業の外注比率を表し、化学や電子機械産業の研究費支出比率が高い。上記のデータを用いて多変数回帰分析を行い、結果は以下のようにまとめる。

表3　70－90年代回帰分析結果

	EC			
	1971	1981	1987	1998
α	-0.158 （0.751）	-0.648 （0.333）	-0.945 （0.145）	-0.653 （0.524）
β	0.407 （0.126）	0.562 （0.291）	0.460 （0.300）	0.110 （0.844）
γ	5.13** （0.026）	4.314** （0.046）	7.650** （0.014）	6.613* （0.070）
δ	0.007 （0.976）	0.308 （0.123）	0.213 （0.143）	0.216 （0.149）
R^2	0.64	0.71	0.79	0.66

$EC = α + βCK + γCS + δRS + μ$
*危険度10%で相関;**危険度5%で相関
括弧の中にはp値を表す

　70年代から90年代までは危険度10%で外注比率と輸出特化度との相関があり、下請システムが日本産業国際競争力の

原因となる。一方、資本集約度及び研究費支出比率は相関関係が希薄であり、国際競争力の決定要因ではない。

4.　21世紀：研究開発及び技術革新によるイノベーション

1990年代から情報通信技術（ICT）革新が急激に進化し、三次元での設計と生産が実現できるようになった。

従来の日本の下請システムが得意したプロセスイノベーションが情報通信技術革新により、代替された部分が大きかった。また、技術革新が世界に広がり、世界各地においても高品質の製品を生産することができるようになり、グローバル化の競争により、日本産業の競争力も低下した。

そういう通信技術革命の中で日本が競争力を維持するためには、製品の差別化に専念せねばならなかった。製品差別化を図り、高機能の製品を作り出すためには、研究開発を進める必要性がある。研究開発投資と国際競争力との関係を検証する。

表4　21世紀回帰分析結果

年度	回帰係数 α	t 値	生起確率%	危険度 5%水準の相関
2006	-0.32	6.43	0.02[**]	相関

$EC = \alpha + \beta CK + \mu$

[**]危険度5%で相関

危険度5%で研究費支出比率と輸出特化度との相関が見つかった。21世紀以降は日本産業の国際競争力は研究開発によるところが大きい。

5.　結び

本論は日本産業の国際競争力の決定要因の変遷について実際のデータを用いて検証してみた。

1950年代は労働集約的な産業の発展による比較優位が主な要因である。1960年代から、労働構造の転換ができ、日本産業

は全面的に労働生産性が急激に上昇し、総花的な輸出産業化を実現した。1970年代から90年代までは長期継続取引による下請システムが効率性を果たし、国際競争力がもたらされた。21世紀以降は研究開発によるイノベーションは重要な役割を果たすようになった。

　日本産業国際競争力は日本国内産業の構造変化に合わせて変化し、発展してきた。

注釈：

①有効求人倍率：有効求人倍率は有効求人数を分子に有効求職者数を分母に計算した値である。

②輸出特化度（EC）：各産業の輸出額を全産業輸出額で割った数値を分子にし、分母には各産業の出荷額を全産業出荷総額で割る数値を用いて計算した値である。

③賃金水準（CW）：各産業の一人当たりの賃金を分子にして、全産業の一人当たりの賃金を分母にした値である。

④外注比率（CS）：外注する企業の外注額を企業の出荷額で割った値である。

⑤研究費支出比率（RS）：研究開発費用を総売上高で割った値である。

参考文献：

[1]白雪洁. 日本产业组织研究[M]. 天津：天津人民出版社，2001.

[2]薛孝敬，白雪洁. 当代日本产业结构研究[M]. 天津：天津人民出版社，2002.

[3]植田浩史. 現代日本の中小企業[M]. 東京：岩波書店，2004.

[4]橘木俊詔. 戦後日本経済を検証する[M]. 東京：東京大学出版会，2003.

[5]金森久雄. 日本経済読本16版[M]. 東京：東洋経済新報社，2004.

[6]大蔵省. 戦後の工業統計表（産業編）第一巻[M]. 東京：大蔵省，1982.

[7]港徹雄. 日本のものづくり競争力基盤の変遷[M]. 東京:日本経済新聞 出版社, 2011.

[8]南亮進. 日本の経済発展[M]. 東京:東洋経済新報社, 2002.

[9]行沢健三. 労働生産性の国際比較[M]. 東京:創文社, 1976.

"冲绳返还"与琉球主权问题

解放军外国语学院　刘雅楠

摘　要：近代，明治政府"灭琉置县"，琉球主权问题由此产生。二战期间，依据《波茨坦公告》等盟国宣言，琉球被明确排除在日本主权范围外。然而，1972 年，美日两国间的"冲绳返还"，使得琉球再度成为"冲绳县"。但是，所谓"返还"只是美日两国对琉球施政权的"私相授受"，没有也不可能触及琉球主权问题。时至今日，琉球主权问题在学界依旧存有相当大的争议和研究空间。

关键词：琉球；冲绳返还；主权；施政权

0. 引言

琉球位于中国台湾地区和日本九州地区之间，直至近代长期维系着"自为一国"①的地位。然而，自 19 世纪 70 年代开始的一个世纪，琉球经历了数次地位变迁：琉球王国→日本"冲绳县"→美国占领·托管时期→日本"冲绳县"。1879 年，明治政府以武力为后盾，施行"灭琉置县"。此举不仅遭到琉球士族抵抗，也遭到同琉球关系密切的清王朝反对。中日围绕琉球问题交涉数年无果，清政府又在甲午战争中惨败，琉球问题也就作为一件"悬案"被搁置下来。二战末期，美军攻占琉球。1946 年，根据盟军最高司令部训令（SCAPIN）第 677 号②，琉球群岛正式从日本分离。1951 年，在中国缺席、苏联等国拒绝签字的情况下，依据片面对日媾和的《旧金山和约》第三条，美国开始"托管"琉球。

随着国际局势及美日关系的变化，1972 年，依据《美利坚合众国与日本国关于琉球诸岛和大东诸岛的协定》③，美国将琉球施政权移交日本，即日方所谓的"冲绳返还"，琉球再次成为"冲绳县"。

关于琉球主权问题，学界已有相当多的研究成果问世。对二战前的琉球主权问题，后田多敦认为"琉球处分"的实质是"日本对琉球国权的接收、对琉球的吞并"④；又吉盛清则以"日本的殖民统治"为共通点，对战前的中国台湾地区和琉球王国进行对比研究⑤。战后，部分学者承认日本统治琉球是通过"征服"实现，但同时认为此事既成事实、已趋正当化⑥；更多的学者则认为日本领有琉球缺乏法理依据，进而提出"琉球地位未定、主权未定"⑦的观点。此外，美日两国撇开二战盟国签署的涉琉条约的合法性，也是学界争论的焦点之一。本文在前人研究的基础上，就"冲绳返还"对琉球主权问题的影响作一考察。

1. 琉球主权问题的历史由来

直至近代，琉球一直作为王国而存在。早在明初，琉球就与中国建立了以"朝贡—册封"为基轴的密切关系。其后，琉球"以舟楫为万国之津梁"，通过转口贸易成为"异产至宝充满十方刹"的商业王国⑧。17 世纪初，琉球遭日本萨摩藩入侵，被迫割地纳贡。此后，琉日间的平等关系不复存在。但琉球仍然得以保全其王国体制，并维持着与中国的关系⑨。1854 年，《美日和亲条约》签署后，美国同琉球签订《美琉修好条约》；1855 年、1859 年，法国和荷兰也同琉球签署《法琉修好条约》《荷琉修好条约》。上述三条约均以汉文书写、以清朝年号纪年，这也从侧面说明当时的琉球独立于日本之外，且得到西方国家承认。1878 年，琉球在致美、法、荷等国驻日公使的求援书中，也强调琉球"自为一国"。

日本"灭琉置县"，导致琉球主权问题的产生。明治维新后，日本以确定近代国家的疆界为名，意图吞并琉球。1872 年，明治政府通过鹿儿岛县（原萨摩藩）要求琉球遣使朝贺。琉球王府派遣伊江王子前往东京，不料日本单方宣布改琉球国为"藩"、改国

王尚泰为"藩王"。而此前一年,日本国内已基本完成"废藩置县"。经数年试探,1879 年 3 月,明治政府派遣松田道之及数百军警前往琉球,强行设置"冲绳县"。在此前后,琉球多次向中国求援。清政府亦同日本反复交涉,一度签订《琉球条约(草案)》,拟在琉球南部助其复国。但该条约遭到希望恢复全境的琉球士族反对,清廷内部也传出不同意见,光绪皇帝没有批准该条约。甲午战争期间,琉球爱国士族认为复国有望,曾前往寺院祈祷清军取胜⑩。但是,战争以清政府割地、赔款告终,琉球问题也就以既成事实的状态搁置下来。

日本"灭琉置县",遭到琉球和清王朝的反对,也没有同琉球王国、中国签订任何条约。从法理上来看,日本并未获得琉球主权,仅是以武力攫取了琉球的统治权,琉球主权问题也由此产生。

2. 二战期间,日本对琉球的主权被盟国否定

日本吞并琉球后,继续推行侵略扩张政策。二战期间,日本军国主义受到盟国遏止,搁置已久的琉球问题也被再次提出。

清政府及民国政府从未承认日本统治琉球的合法性。作为琉球王国法理上的宗主国,清政府从未放弃帮助琉球复国的努力。除与日本反复交涉外,甲午战争期间,清廷还曾出现武力帮助琉球复国的提案⑪。清政府覆亡后,民国政府也并未忘记琉球。1942 年,负责制定战后对日政策的国际问题讨论会⑫提议:在"非武装、军备委员会监督、保障琉球民族权力"的前提下,可同意将琉球"划归"日本⑬。不过,该提议并未得到国民政府认可。同年 11 月,时任外交部长的宋子文表示,希望琉球回归中国⑭。1943 年,蒋介石也反复确认琉球的殖民地地位:"琉球、香港、台湾……朝鲜沦亡的惨剧,尚在眼前"⑮、"琉球与台湾在我国历史地位不同,以琉球为一王国,其地位与朝鲜相等"⑯。同年的开罗会议上,蒋介石更是明确否定了日本对琉球的统治权。战后的 1946 年 3 月,国民政府在致盟军最高司令部(GHQ)的文件中,也明确提出希望琉球归属中国⑰。翌年 10 月,行政院院长张群在国民

参政会上再次表达了相同诉求⑱。可见，民国政府亦未认可日本对琉球的统治。新中国成立后，鉴于当时的国际格局和中美关系，中国被排斥在琉球问题的解决进程之外。

日本对琉球的主权和行政权被中、美、英、苏等二战盟国否定。《大西洋宪章》宣称：（英美两国）希望看到曾经被武力剥夺其主权及自治权的民族，重新获得主权与自治。该宪章宣示了英、美等盟国在二战中的战争目的及其正义性。开罗会议上，罗斯福曾多次询问蒋介石是否有意接收琉球，蒋则提议由中、美共管为好。也就是说，中美元首均认为，琉球并非日本固有领土，应予分离。会后，中、美、英三国发表《开罗宣言》，规定日本侵占的中国领土必须归还，还指出：其他日本以武力或贪欲所攫取之土地，亦务将日本驱逐出境。曾被中、美元首论及的琉球，自应归为"日本以暴力或贪欲所攫取之土地"。1945 年发表的《波茨坦公告》，则明确否定了日本对琉球的统治。《公告》第八条规定：《开罗宣言》之条件必将实施，而日本之主权必将限于本州、北海道、九州、四国及吾人所决定其他小岛之内。琉球被明确界定在日本主权范围之外。其后，日本拟定《和平交涉纲要》，提出：为达成和议，可以放弃冲绳、小笠原、桦太（库页岛）⑲。8 月 14 日，日本宣布接受《波茨坦公告》，也就是说日本同意盟国达成的对日领土处置原则。

3. 所谓"冲绳返还"并未触及琉球主权问题

日本投降后，琉球等岛屿的主权已处于由盟国共同协商的"待定"状态。因此，美日两国擅自决定的琉球处置方案，没有也不可能触及琉球主权。

战后初期，美国倾向将琉球从日本永久分离。开罗会议上，罗斯福已部分表明了他对琉球主权问题的认识。1944 年，美国海军在其报告《琉球列岛的冲绳人》中指出：冲绳人不是日本人⑳。1945 年 4 月，美军攻占琉球。次年 1 月，美国以 GHQ 训令的形式将琉球从日本分离。关于琉日分离线的划定，时任美国国务卿

的艾奇逊作如下解释：允许日本领有的北纬 29°线以北地区，其居民原本就是日本民族；而含奄美大岛在内的以南地区，其居民则是琉球民族[20]。1947 年，日本外相芦田均表示希望"归还冲绳"，麦克•阿瑟予以反驳：冲绳人不是日本人，对于美国占领琉球，日本人应该不会反对[22]。即使是在美国将琉球移交给日本后的 1975 年，原琉球美国民政府长官詹姆斯•B•莱哈特中将仍表示：从民族学来看，冲绳人不是日本人[23]。战后初期，美国的琉球政策虽未最终确定，但其诸多政要皆认为琉球并非日本的一部分、倾向将琉球置于美国永久控制之下。1951 年，依据片面对日媾和的《旧金山和约》第三条，美国为其对琉球的统治披上了一层"合法"外衣。其后，随着国际局势和美日关系的变化，美国的琉球政策逐渐由长期占有转变为确保驻琉美军基地。

美日两国的"私相授受"并未触及琉球主权问题。战后，美国托管琉球依据的是《旧金山和约》，将琉球移交给日本则是依据《美利坚合众国与日本国关于琉球群岛和大东群岛的协定》。暂且不论美日撇开二战盟国所签订的涉琉协定之合法性，仅从条约内容来看，二者均未提及琉球主权。《和约》第三条规定：日本政府同意美国对北纬 29°以南之西南群岛（含琉球群岛与大东群岛）等地送交联合国之信托统治制度之提议；在此提案获得通过之前，美国对上述地区、所属居民与所属海域拥有实施行政、立法、司法之权利。对此，时任美国国务卿顾问杜勒斯解释称，美国依据《和约》获得琉球的统治权，日本则拥有"residual sovereignty（潜在主权）"[24]。杜勒斯的这一解释，与此前"天皇书简"[25]所希望的处置方案不谋而合。当时，天皇顾问寺崎英成向美方表示：希望美国继续军事占领琉球，并希望此种占领以允许日本保留"残存主权"的形式进行。寺崎表示，天皇认为如此处理可向日本国民表明美国无意永久占据琉球，同时可防止中、苏等国提出同样要求。由此看来，美日两国借联合国对日和约的掩护，对琉球施政权进行"私相授受"的意图十分明显。和约中，并不拥有琉球

主权的日本"同意"美国托管琉球；和约外，美国则"承认"日本拥有琉球的"潜在主权"。然而，无论是盟国声明，还是美日两国的涉琉条约，均未提及所谓"潜在主权"。部分日本学者也承认：（《和约》）第三条并没有关于将冲绳"返还"给日本的规定，仅根据《和约》日本并不拥有"冲绳返还"的法理依据㉖。美日《关于琉球群岛和大东群岛的协定》签署前夕，顾及台湾当局（当时中美尚未建交）对钓鱼岛被包含在移交范围的反对，美国总统顾问基辛格表示：同领有权归属台湾当局还是日本无关，美国只是将从日本接收的包含钓鱼岛在内的琉球的施政权交还日本政府而已㉗。基辛格的这一表态再次表明，《协定》并未涉及琉球主权。1972年，美国将琉球的施政权移交给其盟国日本。但是根据《波茨坦公告》，日本对琉球的主权依旧处于被否定的状态。

4. 结语

琉球王国已覆灭一个多世纪，但这并不代表琉球主权问题也随之消亡。作为二战的重要成果，《开罗宣言》和《波茨坦公告》仍具有法律效力。近年来，学界对琉球问题的关注度不断提高，琉球社会对相关问题的讨论也从未中断㉘。

如前所述，日本并不拥有琉球主权，"冲绳返还"也只是美日两国对琉球施政权的"私相授受"。美国亦曾表示：《旧金山和约》是美国权利的唯一来源，在和约下，美国仅取得琉球的行政权而非主权。美国将琉球行政权移交给日本的行为，并不构成基本主权之移交，亦不可能影响到任一争论者的基本领土主张㉙。因此，无论是从历史，还是从盟国宣言、美日条约来看，日方所谓的"冲绳返还"都颇有混淆视听的意味。1972年之后，日本再次获得琉球的施政权。但是，因明治政府"灭琉置县"而产生的琉球主权问题，再次作为一件"悬案"被搁置下来。

注释：

① 山自1878年琉球向美国、法国、荷兰驻日公使递交的求援书，原文为：切
　念敝国虽小，自为一国，遵用大清国年号……。（米庆余．近代日本的东

亚战略和政策[M]．北京：人民出版社，2007：89．)

②SCAPIN第677号，发布于1946年1月29日，规定将琉球等地从日本分离。

③1971年6月17日签署，1972年5月15日生效。英文全称为：Agreement between the United States of America and Japan Concerning the Ryukyu Islands and the Daito Islands，其中并无"返还""冲绳"字样，但日方称之为"冲绳返还协定"。

④后田多敦．琉球救国運動：抗日の思想と行動[M]．那霸：Mugen出版社，2010．

⑤又吉盛清．日本殖民下的台湾与冲绳[M]．台北：前卫出版社，1997．

⑥李明峻．从国际法角度看琉球群岛主权归属[J]．台湾国际研究季刊．2005，1(2):51-81．

⑦徐勇．战后琉球政治地位之法理研究与战略思考[J]．战略与管理．2012，3/4；许金彦．琉球地位的分析与展望[J]．问题与研究．2009，48(2):79-106．

⑧出自"万国津梁钟"铭文。该钟铸造于1485年，原悬挂于琉球首里城正殿前，现藏于冲绳县立博物馆。钟上刻有"琉球国者……以大明为辅车、以日域为唇齿……以舟楫为万国之津梁、异产至宝充满十方刹"的铭文。

⑨1866年，清同治帝派遣赵新作为册封使前往琉球；1874年，琉球国王尚泰派遣毛精长前往北京朝贡。

⑩新城俊昭．琉球·冲繩史[M]．那霸：東洋企画，1999：155．

⑪西里喜行．清末中琉日关系史研究[D]．北京：社会科学文献出版社，2010：707-708．

⑫国际问题讨论会于1941年8月成立，隶属于国民政府国防最高委员会秘书厅，负责研讨和制定战后对日处置方案。

⑬石井明．中国の琉球·冲繩政策——琉球·冲繩の帰属問題を中心に[J]．境界研究，2010(1):71-96．

⑭刘少东．日美冲绳问题起源研究[M]．北京：世界知识出版社，2011：35．

⑮蒋介石．中国之命运[M]．北京：平津团支部，1946：20．

⑯蒋介石．An Inventory of His Diaries in the Hoover Institution Archives. 43-10. 1943-11-15．参见纪连海．琉球之谜[M]．北京：北京大学出版社，

2011:116.

⑰同注⑬.

⑱行政院新聞局叢刊(74). 琉球[Z]. 1947:1.

⑲参见大田昌秀. 醜い日本人[M]. 東京:岩波書店，2000：319. 原文为：
「国土については、なるべく他日の再起に便なることに努むるも、やむ
をえざれば固有本土を持って満足す」、「国有本土の解釈については、最
低限沖縄、小笠原島、樺太を捨て、千島は南半分を保有する程度とする
こと」。

⑳参见刘少东. 日美冲绳问题起源研究[M]. 北京：世界知识出版社，2011:
27.

㉑参见大田昌秀. 醜い日本人[M]. 東京:岩波書店，2000：317.

㉒参见鸟山淳. 太平洋の要石[A]. 沖縄を知る事典[C]. 那霸:日外アソシ
エーツ株式会社，2010：52-53.

㉓参见宫城悦二郎. 対沖縄人観[A]. 沖縄を知る辞典[C]. 那霸:日外アソ
シエーツ株式会社，2010：202-203.

㉔「サンフランシスコ平和会議議事録(抄)J．F．ダレス氏の発言」．中野
好夫，新崎盛暉. 沖縄戦後史[M]. 東京:岩波書店，1976：41.

㉕天皇书简：1947年9月，昭和天皇侍从寺崎英成向美国方面转达天皇对琉
球问题的看法，其内容被称为"天皇书简"。作为天皇代表的寺崎英成建
议，美国占领琉球应依据美日两国间的条约而非联合国对日和约。（鸟山
淳．天皇メッセージ[A]. 沖縄を知る辞典[C]. 那霸:日外アソシエーツ
株式会社，2010：54-55.）

㉖中村菊男. 国際政治における沖縄問題[A]. 南方同胞援護会. 沖縄復帰
への道[C]. 東京:三阳社，1968：21.

㉗米国が沖縄返還で「尖閣諸島は日本に施政権」とニクソン大統領が返還
直前に決断し、これが安保条約適用の論拠[N]. 産経新聞，2012-9-28.
http://sankei.jp.msn.com/world/news/120928/amr12092807220001-n1.htm.

㉘2013年5月，冲绳籍教授松岛泰肚等人发起成立"琉球民族独立综合研究
学会"。

㉙丘宏达. 关于中国领土的国际法问题集[M]. 台北：台湾商务印书馆. 2004：
83. 转引自许金彦. 琉球地位的分析与展望[J]. 问题与研究，2009，48(2)：
79-106.

参考文献：

[1] 李明峻. 从国际法角度看琉球群岛主权归属[J]. 台湾国际研究季刊，
2005，1(2)：51-81.

[2] 刘少东. 日美冲绳问题起源研究[M]. 北京：世界知识出版社，2011.

[3] 米庆余. 近代日本的东亚战略和政策[M]. 北京：人民出版社，2007.

[4] 纪连海. 琉球之谜[M]. 北京：北京大学出版社，2011.

[5] 许金彦. 琉球地位的分析与展望[J]. 问题与研究，2009，48(2)：79-106.

[6] 徐勇. 战后琉球政治地位之法理研究与战略思考[J]. 战略与管理，2012，
3/4.

[7] 西里喜行. 清末中琉日关系史研究[D]. 北京：社会科学文献出版社，
2010.

[8] 石井明. 中国の琉球・沖縄政策——琉球・沖縄の帰属問題を中心に[J].
境界研究，2010(1)：71-96.

[9] 后田多敦. 琉球救国運動:抗日の思想と行動[M]. 那霸:Mugen 出版社，
2010.

[10] 沖縄を知る事典[C].那霸:日外アソシエーツ株式会社，2010.

[11] 大田昌秀. 醜い日本人[M]. 東京:岩波書店，2000.

[12] 中村菊男. 国際政治における沖縄問題[A]. 南方同胞援護会. 沖縄
復帰への道[C].東京:三阳社，1968.

[13] 中野好夫，新崎盛暉. 沖縄戦後史[M]. 東京:岩波書店，1976.

[14] 新城俊昭. 琉球・沖縄史[M]. 那霸:東洋企画，1999.

中日摩擦的文化因素探究

——以"靖国神社"所反映的文化特征分析为中心

解放军外国语学院　程慧敏

摘　要：从文明谱系上讲，日本与中国同属东方文明，甚至被认为与中国"同文同种"，然而中日之间却总是摩擦和冲突不断。为了探究这一系列问题背后的原因，本文以"靖国神社"所反映的文化特征分析为主来探讨诸如"生死观""忠孝观""罪恶观"以及"耻感"文化等隐藏在日本民族背后的文化因素。

关键词：中日摩擦；靖国神社；文化因素；文化特征

0. 前言

日本是中国一衣带水的邻邦，中日有两千年的友好交往史。然而，在近代历史上日本却给我们留下了难以磨灭的伤痛。在对其所发动的侵略战争以及历史问题的认识上，日本也总是含糊不清、出尔反尔。为什么对于除日本以外的任何一个文明国家都不能容忍的恶行他们自己却可以坦然接受？日本人行为背后遵循着怎样的逻辑？

事实上，早在上世纪 40 年代鲁斯·本尼迪克特就曾经发出过同样的感慨。她曾在《菊与刀》的开篇指出，"日本是美国曾与之全力作战的最难捉摸的敌人……在其它任何与强敌的战争中我们都没有必要考虑如此迥然不同的行动和思想的习惯"（本尼迪克特，2010：2）。她利用手边所能搜集到的关于日本的各种资料，

并通过与在美日本人的接触、交流，对日本这一民族的文化、精神和国民性做出了经典而又全面的总结。对于她所著的《菊与刀》，日本人称"读了此书，才能真正认清自己"（本尼迪克特，2010：2）。该书用最具代表性的两种事物"菊花"与"刀"揭示出了日本文化和日本人性格的双重特征，即好斗又和善，尚武又崇美，蛮横又有礼，刻板又善变，温驯而又不愿受人摆布，忠心耿耿又容易背叛，勇敢又怯懦，保守又易于接受新的方式。（本尼迪克特，2010：1）的确，日本这个民族就像是一个具有双重性格的忍者，诡异且难以捉摸，他们的行为似乎从来不受日本之外人的好评，但是又会十分在乎周围人的目光。本文试图以"靖国神社"问题为中心探讨隐藏于民族精神、民族性格以及思维行为方式背后的中日不同的文化特征。

1. "靖国神社"问题的由来

靖国神社前身为 1869 年 6 月 29 日依照明治天皇的建议建立的"东京招魂社"，1879 年改称"靖国神社"至今，主要供奉自 1853 年日本开国以来在明治维新、戊辰战争、西南战争、甲午战争、日俄战争、侵华战争、太平洋战争等历次战争中为日本帝国战死的军人及军属，其中绝大多数是在中日战争及太平洋战争中阵亡的日军官兵及殖民地募集兵。[①]靖国神社战前被军国主义利用鼓吹无条件"效忠天皇"，并一直接受军方管理，是国家神道的象征。最初是用来安抚冤魂，有"镇护国家"之意。1978 年 10 月 17 日，14 名甲级战犯被秘密合祀进入靖国神社，连同乙、丙级战犯共计 2000 多名，正值时任副总理邓小平访日、中日两国互换《中日和平友好条约》批准书前一周，后经《朝日新闻》披露为外界所知。[②]

如今，这个原本的祭祀之地逐渐演变为供奉二战战犯灵位的地方，尤其是甲级战犯的合祀引起了世界各国正义之士的强烈愤慨并且遭到了亚洲各国人民的强烈反对，靖国神社也因此被饱受日本军国主义践踏的东亚各国视为军国主义的象征。然而，就是对于这样一个供奉着破坏和平、违反战争法规惯例、戕杀平民、

违反人道主义、犯下累累罪行的刽子手的地方，一个军国主义极右份子企图为在二战中犯下滔天罪行的战犯平反并借机使军国主义得以复活的封神坛，日本的政要们不但不谨言慎行对过去的侵略历史做出深刻的反省，反而频繁前往参拜。这一举动对于那些不思悔改的战犯后代以及右翼份子无疑会形成一种极大的安慰和有力的"激励"，而且相当于否定了"东京审判"，是对侵略战争的一种美化和翻案。当中韩等国批评日本政治家不该参拜靖国神社时，他们诡辩说靖国神社是宗教，参拜与否是他们的信仰自由，亚洲国家的指责是对其文化的不理解、不尊重。

2. "靖国神社"问题所反映的文化特征分析

在对"靖国神社"问题进行深入剖析的过程中，我们可以逐渐地窥视到隐藏在问题表面之下引起摩擦与冲突的文化因素，即中日两国诸多不同的文化特征。

2.1 不同的"生死观"

中国人讲究"生的伟大，死的光荣"，生前的价值决定死后的价值。正如司马迁在其《报任安书》中所阐释的那样，"人固有一死，或重于泰山，或轻于鸿毛"，同样是死却有天壤之别，究其原因在于"用之所趋异也"。死的目的不同决定了死有轻重之别。此外，中国人也重视活着的积极意义，活着就可以为社会、国家乃至黎民百姓做出自己的贡献。与此同时，倘若为了民族大义也不畏惧死亡的到来，总之，中国人不仅"重生安死"，并且"将人的自然性的感性终结赋予社会性的理性意义，即将死的品质价值归结由'生'来判断和断定。"（李泽厚，2010）

岛国日本由于长期受地震、海啸等突发且不可抗的自然灾害影响，人们普遍形成了一种比中国人更加悲观的"无常"观，盛开在岛国的樱花正好契合了日本人对于"生死"的感悟，珍惜活着的某一个辉煌的瞬间，同时又崇尚绚烂的死亡，"惜生崇死"的观念深入日本人的内心。但是，由于日本的社会结构所致，武士效忠的对象并非国家大义乃是主人恩情。日本人把个人的价值维

系于某个集体价值之上，为了集体献身被视作一种至高无上的荣誉，并且不分"善恶""是非"，只要是为了报答恩人的情义做什么都在所不惜，死对于他们而言恰恰是一种"道德的自我完善和提升"。人死后一切功罪都归于零，人也变成了神，同样，对于那些在二战中死去的士兵，无论其生前是否有罪都应受到后人的供奉和祭拜，这是日本人坚持的观点。这也是为什么虽然受到亚洲各国的强烈反对而仍然会有部分日本人坚持参拜靖国神社的原因之一，在他们的认识中只有"洁"与"不洁"的区别，没有善与恶的界定。在神道教古老的祭祀仪式"禊"与"祓"中，日本人认为，不管是接触了不洁不祥之物还是犯下了罪过，只要充分地洗浴并丢弃肮脏的所有物就可以洗清罪过开始新的生活，这也大概可以解释为什么日本人有着过度洗浴的习惯。

但是，任凭历史的长河再怎么流淌也不可能洗净军国主义者所犯下的滔天恶行，正所谓"己所不欲，勿施于人"，如果是连日本人也不愿接受的暴行为什么要口口声声地声称其具有正当性呢？退一步说，即便是正当的而别国人民不愿接受你们的"好意"呢？强迫他人接受本不愿接受也不应承担的沉重而悲惨的历史，这种行为似乎也不符合日本人性格中随处体现出来的对于他人的「思いやりの心」（体恤心理）。一个连在公众场合大声说话都害怕会影响到别人的民族怎么能够不请自来跑到别人家里放肆呢？这似乎又是日本文化心理以及民族性格的一个悖论。不仅如此，很大一部分日本人认为参拜乃是日本内政，不应受别国干涉，并且涉及宗教与信仰问题，他们认为人死即成佛，道德也随之消失，因此是非善恶便皆可免除。但是这一辩解似乎也不能成立，因为日本人并没有原谅和宽恕一切已经死去的人，例如，在很长一段时期内，他们也并没有宽恕因发动西南战争被认定为"叛贼"的西乡隆盛，甚至连一个"葬身之地"都没有给他。

2.2 不同的"忠孝观"

"忠"这一德行并非任何一个国家或民族所独有，然而由于

它在漫长的封建制度中保留时间最长，在国民中延续时间也最长，所以对其进行分析有助于把握一个民族的特性。中国自古以来就有"从道不从君，从义不从父"的说法。即便讲究"仁""义""孝""道"也有"是非""善恶"的理性原则贯穿其间。"君使臣以礼，臣事君以忠"，倘若君对臣不仁，则莫怪臣对君不忠。中国人在"忠君"之上有严格的正误判断和是非标准，"忠君"的最终目的是"报国"，倘若国君昏庸无道，人民可揭竿反之，起而诛之，"替天行道"，这个"道"就在百姓的心中，不受统治阶级的主宰和控制。所以，中国人讲究的"忠义"乃是忠于内心的"正义"，而非忠于"君王"。

然而，"日本的'忠'作为神道观的主要内容之一，是一种神秘性甚强、要求彻底献身的非理性的情感态度的行为准则，它高于世界人事的是非标准和理性了解"（李泽厚，2010）。相比之下，中国人向来反对"愚忠""愚孝"，故无论何等高贵的王侯将相，只要对百姓行不仁不义之事，任何仁人志士都有理由将其推翻。因为，几千年的儒家礼教对人的理性教化已经深入骨髓。虽然日本在对中国文化进行吸收的过程中也受到儒教的影响，但正如武田义雄所说："我们的祖先并不是囫囵吞枣，而常常是批判吸取，形成了我国独特的发展。"（李泽厚，2010）李泽厚认为，相对于中国重视孝道的家庭本位而言，日本的五伦则是用国家主义来提倡忠孝一致，"忠"比"孝"更为关键和根本。"忠"与"孝"的最终着落点在于所属的集团、行业、地域及其首领。残酷的自然生存条件使得个人更多地依赖集体的力量，对集体的"忠"成为比对家庭的"孝"更重要的生存、生活的必要条件。这一特殊的国情相应地对这个民族意识形态和文化心理产生影响，导致他们依赖集团，为集团利益可以舍弃一切个人利益。在日本，"忠"超越了理性的规范和批判，成了一种"对个人的义务而不是对国家的义务"（本尼迪克特，2010：142），是对上的绝对服从。

被供奉于靖国神社中的 2000 多名战犯其中就有很大一部分

是抱着"对天皇尽忠"的决心而战死的。在大部分日本人看来，他们在战场上的所作所为不论对错也不论是否给别国人民带来伤害都是对天皇的一种尽忠。在 1946 年 1 月 1 日日本天皇裕仁发表《人间宣言》以前，"忠"的要求是"一亿玉碎"，要不惜一切代价与敌人战斗到最后一刻，直到最后的一兵一卒。而当天皇宣布日本投降之后，对国民"忠"的要求也随即发生了变化，日本国民的观念随即出现了 180 度的大转弯，一夜之间，日本人放下"屠刀"，接受盟军的改造，表现出了非常合作的态度，令美国人都大为惊奇和困惑。本尼迪克特写到"日本人从一种行为转到另一种行为在精神上不会感到痛苦，这种能力是西方人所难以理解的"。用新渡户稻造《武士道》中的一句话来总结可能更能体现日本人这种"忠孝观"的精髓，即"将生命看作是侍奉君主的手段，而其理想则系于名誉"。

2.3 不同的"罪恶观"

在西方人的观念中，人是有"原罪"的。人类作为亚当和夏娃的后裔从出生开始就都带有"原罪"。由于受"原罪"思想的影响，在西方普遍形成一种"罪感"文化，即提倡建立绝对的道德标准。人一旦违反了这个"绝对的道德标准"就会感到有罪，会受到来自内部的、自我的良心谴责与不安。

与西方人不同的是，中日同属东方文化圈，曾一度被认为是"同文同种"，因为都受到儒教的影响也都具有"耻感"文化特性，然而尽管同受"耻感"文化的影响，中日两国还是会表现出极具差异性的文化特征。中国古代先贤教育我们"闻过而终礼，知耻而后勇"。对于何为"过"何为"耻"，中国人的认定是有一个社会群体性的统一标准的。而对于日本这个民族而言，正如古代的武士为各自的主人战斗一样，他们"但问输赢，不论是非"，"善"与"恶""罪"与"非罪"的判定又与其独特的"忠孝观""耻辱观"联系在一起，他们只接受来自自己集团内部的评判，在乎的是自己人的眼光。与德国一直致力于检讨并补救纳粹所犯下的罪

行不同，日本一再否认其法西斯军国主义所犯下的战争罪行，美化其侵略历史，右翼历史教科书问题、参拜"靖国神社"问题无一不令亚洲人民心寒。按日本人的认知，日本唯一的"罪过"就是没有打赢战争，他们为输掉战争而感到耻辱，对于将别人眼中的战犯供奉起来的行为也不觉得有何可耻之处，相反认为这是对所谓"为国尽忠"的一种表彰，是对其家属的抚慰。

2.4 日本人的"小集团主义"

本文认为，不管是日本人对于"生死""善恶""耻辱"还是对于"忠孝"的观念，姑且不论它们的合理性，仅就这些价值评判标准而言也只是在一定范围——"小集团"内才起作用。在日本人的这些行为模式的背后起原始推动作用的动因即其根深蒂固的"小集团主义"。"集团主义"是我们对于日本最突出的印象。"集体主义"就是以无比强烈的归属感为基础，个人对所属集团竭尽忠诚、无私奉献，并作为该集团的成员与他人保持行动上的一致。（刘利华，2008：77）所谓"小集团主义"，本文认为日本人的"集团"并非无限大也非无限小，集团范畴是随时变动但又总体稳定的，看似无形却与外界有着强烈的隔阂，并且日本人对集团范围的界定令人难以捉摸，大到国家小到个人，对于什么样的对象能成为其集团的一员，他们有着自己的直观而又严格的判断。他们之间"等级"观念相当浓厚，内部凝聚力强。也正是由于这种紧密的内部凝聚力，他们的小集团趋于封闭，并带有强烈的排外意识。

透过"小集团主义"的视野我们可以看到，日本人的一切道德准则的运行都是针对集团内成员的，对于集团外的成员他们不再坚持原有的道德准则。这也是为什么日本政要参拜"靖国神社"会很有"市场"，会帮助他们赢得选民。一些右翼分子和战犯遗属围绕着"靖国神社"形成了一个自己的小集团，这里有他们的情感归宿和一致的利益诉求，他们根本不在乎自身的行为是否伤害到了他人的感情和历史的正义与真相。在日本这个岛国成长起来

的近乎单一的民族很难培养出接纳不同事物的胸怀，"小集团主义"植根于这个民族的内心深处，并形成了根深蒂固的思维与行为模式。

中国人崇尚"和而不同"，以求万事万物和谐相处而又丰富多彩，日本人却推崇近乎苛求的一致性，对于不同于集团内普遍成员的其他成员，他们采取一致的排斥行为，即便有人会有一刹那对被排挤者产生恻隐之心，也会忌惮于其他集团成员的看法而服从于集团的决定。这也让我想到了在日本中小学校园内多发的「いじめ」事件，从日本文部科学省的调查来看，遭受「いじめ」的原因多种多样，然而归结起来却不外乎一条，"因为与别人不一样"。害怕失去集团的依靠与庇护，为了集团利益可以放弃自身的利益，即便集团的追求并不是自己所愿，甚至有违"仁义孝道"，也会生死相随，哪怕日后再进行谢罪。对此，日本人加藤嘉一认为，"历史证明，日本社会的集体主义或跟风心理既成为发展的动力，也成为阻碍生存的弱点，至今依然如此"。只是，对于二战前夕日本军部推行的对外扩张侵略战略的"暴行"，加藤认为，"海军与陆军之间等内部关系出现了利害冲突，文官、文化人、媒体人、学者，甚至天皇都无法阻止军部之'暴走'"（加藤嘉一，2011：197）。然而，我们认为不是"无法"而是"不敢"，我们有充分的理由相信日本人中不会没有人想到这种赤裸裸的侵略行径是一种犯罪，只是"耻感"胜过了"罪感"，究其根源还在于这个民族无处不在的"小集团主义"桎梏禁锢了他们勇敢地站出来阻止这种暴行的发生。

3. 结语

日本是中国的亚洲近邻，如何与日本和谐共处而不是互相伤害是两国今后面临的一个共同课题。"靖国神社"问题在各个时期的中日关系中都占据着举足轻重的地位，这事关日本如何认识其发动的侵略战争，以及如何对待曾经饱受战火蹂躏的邻国人民感情的问题，也是当今严重影响中日关系正常发展的重要问题之一。

本文旨在从文化特征的角度对"靖国神社"问题及其背后的文化动因进行粗浅的分析，力图探求隐藏在现象之下的文化的影响因素。综上所述，正是日本人这种架构于"小集团主义"之上的"生死""忠孝""善恶"等观念导致了日本在战争认识问题、"靖国神社"等问题上与我们的认识南辕北辙。中日跨文化交往的顺利实现有赖于日本在其民族利益和世界其它国家利益之间找到一个合理的平衡点，以求在坚持自己民族文化的同时温和地尊重他国文化和价值判断与追求，这也是当今日本搞好同中国乃至亚洲国家之间关系的关键。

注释：

①靖国神社[EB/OL]．http://www.yasukuni.or.jp/history/index.html.

②凤凰快博．日本政要参拜靖国神社[EB/OL].http://k.ifeng.com/4357450/6258620.

参考文献：

[1]本尼迪克特等．菊与刀大全集[M]．晏榕，姜波译．北京：中国华侨出版社，2010.

[2]加藤嘉一．日本的逻辑[M]．北京：光明日报出版社，2011.

[3]李麟，乔琰编．东方人与西方人[M]．北京：中华工商联合出版社，1991.

[4]李泽厚．中日文化心理比较试说略稿(1997)[J]．华文文学，2010，(5)：15-36.

[5]刘利华．析评日本集团意识的内涵及影响[J]．社会科学论坛，2008，(7)：77-81.

河南省日语教育的历史、现状及未来

——从中日邦交恢复后谈起

解放军外国语学院　王铁桥

　　摘　要：回顾中日邦交恢复以来的河南省日语教育和研究的历史，简要介绍河南省日语教学和日本学研究现状，根据中日关系的发展趋向和国际大环境的变化情况，粗略地预测了我省日语教育在招生和就业等方面的发展方向。

　　关键词：河南省；日语教育；历史；现状；未来

　　关于河南省乃至中原地区日语教育的历史尚未见到有成文的资料，可以说还没有人专门涉及到这个领域。笔者在河南省从事日语学习和教学、研究达 45 年，并担任河南省高校日语教学研究会会长达 16 年之久，深感有义务将自己与河南日语学界同仁共同经历的这段历史记录下来，以彰显我省日语学界的优良传统，鼓励后人奋进，规划将来发展，也为后人研究我省教育文化发展史保留一些有用的资料。

　　关于河南省日语教育的历史，如果在中国和日本的关系史中深入探究的话，或许从隋唐时代就开始了。但是，在后来的历史长河中，由于该领域狭小，时断时续，即便有，也是在其他历史记录中一带而过，加之笔者尚未展开对自古以来日语教育历史的考察，所以，本文只限定于回顾中日两国恢复邦交之后的河南日语教育史，简单介绍一下河南省日语教育的现状，并试图展望其未来的发展。

1. 河南省日语教育发展历程①

1.1 初创形成期（1972-1986）

1972 年中国与日本签署联合声明，正式实现两国关系正常化，日本断绝了与台湾当局的外交关系，我国政府方面已着手应对今后交流所需的各种工作，而这时的河南民众还在为伟大中国蒸蒸日上双欣鼓舞，正沉浸在外交战线取得胜利的喜悦之中，似乎后来的事情还离自己十分遥远。然而，随着中日两国邦交的恢复，两国各界交往日益增多，作为中华民族的摇篮，中国文化的主要发祥地——河南，尤其受到日本人关注，国门一打开，到河南来的日本游客和商人蜂拥而至。据河南省外事办公室主办的《河南外事》报道，至 70 年代中后期入境人数已占所有来华外国人的70%左右，据省外办导游说，到河南旅游的日本人也大体是这个比例。在这个形势下，河南人才开始匆忙应对，河南省的日语教育才开始逐步形成。

1.1.1 社会上的日语教育

首先，社会各界对懂日语的人才需求大幅增加，而日语人才奇缺，于是，1975 年以后一些院校和科研院所单位开始组织起一些在伪满时期学过日语的和战前去日本留学归来的一些老先生开设了日语培训班，以应对本系统和社会上对日交流需要。如：河南农学院（现河南农业大学）、郑州工学院（现郑州大学工学院）、郑州纺织工学院（现中原工学院）、中国电力设计院、纺织工业设计院等。社会上的各种速成日语培训班也开始出现，如：省工人文化宫、省建筑工人文化宫办的日语培训班，1976 年郑州煤矿机械厂开办日语培训班，还有一些中小学开办的日语培训班。据说郑州 26 中较早开设了日语课，后来郑州外语中学也开设了日语课程。据不完全统计，郑州当时有十几家高校和厂矿企业、科研院所以及社会人士在文化宫、中小学举办了日语培训班。任课的老先生们具有较强的日语应用能力，但缺乏日语教学经验，也缺乏教材。他们使用当时广播日语教材或自己组织一些教学内容进行

很初级的日语教学。例如，当时任教的日语教师有铁路上退休的胥耀坤老师、西郊纱厂搞工会工作的王春伯老师、电力设计院的日语翻译张本华老师、二战前从日本早稻田大学毕业的纺织设计院叶日昌老先生等，都是当时教日语的"大忙人"。他们组织了一个郑州市职工日语协会，开展一些业余性的教学及"口语角"日语会话活动。另外，这些老先生的日本友人也应邀来到河南教授日语。当时，有吉田先生、五十岚先生、熊野昭一先生等来到河南，在工人文化宫、外语中学和郑州纺织工学院日语培训班讲课。河南省医学研究所的中国籍日本人王悦（战争时期留下来嫁给中国人的"残留夫人"，原名叫"望月藤子"）和水利厅退休干部孙继尧等也在本单位从事了一些日语教学活动。

1975 年后，"文革"后毕业的大学生也在业余时间加入社会日语教学活动中，如：郑州大学的王先进、省外办的王自杰、信息工程学院（现信息工程大学）的王铁桥（三人由于科班出身，语言知识系统化，授课规范，效果显著，学生戏称"京津艺人有三张，郑州日语有三王"），还有省外贸的曹爱萍、郑州粮食学院（现河南工业大学）的席巧玲等也活跃在业余日语教学第一线。上世纪 80 年代初期社会上开始社会力量办学的方式，各种业余外语学校像雨后春笋出现，不过，也如流星闪烁消失，大多只是办上一两期或若干期。坚持到今天的有"黄河科技大学"（现升为本科改名叫"黄河科技学院"，院长胡大白）；坚持 10 多年的有"东方外语学院"（院长张甦），当时大多是二战前的老先生和"文革"以后毕业的年轻教师站在当时的讲台上。

1.1.2 高校的日语教育

从 1972 年说起的话，当时，大学中有日语专业的只有洛阳外院（即现解放军外国语学院），而且，那是为适应我国军事外语人才的需求，早在 1938 年就开始的日语教学。在新中国成立之初1949 年 11 月正式建校，开设日语专业。当时在国内日语教育界是屈指可数的外语院校，日语教师多达 40 余人。自 1969 年搬迁

至河南洛阳之后，即开始为河南的日语教育事业不断发挥着作用。据洛外河南校友会统计，至上个世纪80年代后期，洛阳外院客观上已为河南省培养了500多名外语人才，仅日语专业在河南工作的就有40多名。该校上个世纪70年代出版的《日语语法》（王曰和编著）、《日语惯用型》（陈书玉编著）在当时国内日语界起到了开创和引领的作用。

当时河南省属高校还没有日语专业，只有少数院校开设日语课程和日语培训班，如：河南农学院和郑州工学院，任课教师也多是一些在伪满时期学过日语的和战前去日本留学归来的，或从俄语教师转过来学日语，进而教授日语的老师。如，郑州工学院的夏竹老师，韩淑贞老师，该学院还有一位随丈夫来中国的日本人，中国名叫郭月芳的老师和一位朝鲜族的韩基模老师，他们在该学院各专业教授日语二外课或在日语培训班上课。河南农学院担任授课的老师是农学系的肖维贤老师和园林系的张广田老师，他们是50年代从日本留学归来从事有关农艺专业的老师②。

当时，"文革"后毕业的教师还没有上岗，直到1975年前后才有工农兵学员毕业加入到教师队伍。洛外70级学员留下7名新教师，其中就有现任河南省高校日语教学研究会会长的王铁桥老师，郑州大学有从清华大学日语专业毕业的王先进老师。70年代，把日语作为一门课程开设的学校有：信息工程学院，郑州工学院，郑州大学、郑州粮食学院、郑州纺织工学院。到80年代，河南师范大学和河南大学开始启动开设日语专业。于是，1985年后，除了洛外之外，增加了河南师范大学和河南大学两个学校，开始是专科，后升为本科。河师大日语专业是由一位日本友人引入门，后来自学成才的刘德润老师和1974年洛外毕业后又调入河师大的刘庆会老师以及毕业于北京二外的成春有老师和常晓光老师创建。河南大学日语专业当时担纲的韦龙年先生、钱衡先生和聂连增先生都是从日本留学多年学有所成的老教师。

这个时期的专业日语教学的发展较慢，但这几所学校为我省

日语专业高速发展打下了基础。洛外为河南省日语教育培养了王铁桥、姚灯镇、肖传国、许宗华、孙成岗、李先瑞、吴宏、马兰英、何建军、张卫娣等一大批日语专家教授，他们发挥了或正在起着引领河南日语教学和研究发展的作用。河南大学和河南师大培养的学生现在已遍及省内各高等院校，在发挥着领导和骨干教师的作用。如河南理工大学外语学院副院长李红、河南大学外语学院日语系主任郑宪信、郑州大学的亚太研究中心主任葛继勇、河南农大外语学院日语系副主任李晓宇、南阳师范学院外语系主任汤春萍、郑州升达经贸学院的日语负责人张宝红、陈贺丽、洛阳理工学院日语副教授兼冈山大学华中地区校友会会长杨红军、中州大学外语学院日语系主任张亚敏等，都是这两所学校的毕业生。信息工程学院培养出来的学生李宏磊（省内企业家）、许光磊（金城国际公司高管）、朱树强（河南双汇高管）、俞晓红（洛拖集团驻日代表）、高晓（神马集团高管）、郑幸文（同前）、王锐虹（省外贸界高翻）等在河南企业界对日交流方面发挥着不容忽视的作用。

这样，70年代中期到80年代由伪满时期过来的老教师以及以"文革"后的工农兵学员为主体的新生代教师是河南省日语教育初创期的主力军，他们为普及日语，开展和日本各界的交流活动起到了奠基作用。郑州市第一批由社会上组织学日语，由市科协作为中介向日本输送了第一批研修生，后来农业厅也组织了赴日本东北和北海道研修的培训班，省外事办公室日语培训班等，为社会培养了大批人才。现任河南省副省长王艳玲据说就是通过农业厅日语培训班赴日研修，回来后在农业方面做出了成绩的。还有，现在省外办某处处长王润玲、原郑州市外事办主任葛文春、洛阳旅游局的赵虎龙、河南省林海经济技术合作公司董事长吕海芳、河南桐木出口贸易公司的董事长赵翔、郑州东阳日语学校校长陈东辉等，都曾是省内日语培训班的学生。

1.2 建立学会组织，进入稳步发展期（1986-2001）

1.2.1 研究会的建立

1986年，河南省高校日语教学研究会正式成立。其实，早在1982年信息工程学院的王铁桥老师和郑州工学院的夏竹老师就到省政府的教育厅、民政厅申请成立日语教学研究会。当时教育厅和民政厅相关人员说：省高等教育学会下面已经成立了外语教学研究会，可以在其旗下建立。如果另行组织研究会等社团组织则需要重新获得批准和注册。所以，只好决定在该研究会下成立日语教学研究会。外语教学研究会刚建立时（82年-86年）没有日语等其他语种，只有英语。后来，在各个方面的支持下，1986年，在该研究会第二届换届时我们加入了进去，在河南省高等学校外语教学研究会（会长：申力教授）下设置专业英语分会、研究生英语分会、大学英语分会、俄语分会、日语分会。日语教学研究会就是在那个时候诞生的。

日语教学研究会的宗旨是：组织省内各高校的日语专业和非日语专业的日语（现称：大学日语）课程的指导检查，促进其发展提高。学会组织建立后，迅速将分散在各个学校的日语老师组织起来，开展了各种有利于日语教育发展的活动，有力地促进了省内日语教学与研究水平的提高。

1.2.2 学会工作的展开

研究会成立后，就开始对河南省的日语教师和日语教学情况进行了全面的调查，了解各个学校日语教师人数（附名单）、学历情况及研究方向、学日语的人数、学生情况、各个学校课程设置和使用教材。这样，研究会就对全省的日语教师及教学状况有一个大致的了解。

在省教育厅的指导下，研究会成立后积极策划、在全省范围内组织了多次教学研讨活动和学生第二课堂活动。如每年一次教学研讨会（有时独立举办，有时是和高教学会外语教学研究会年会同时举行），1997年在日本友人中込奎一先生的赞助下，开始

举办第一届全省大学生日语作文比赛，1999 年举行了第二届，2001 年举行了第三届。后由于中込奎一先生去世，最后以第三届结束了这项活动。

在省教育厅和总会支持下 1993 年以后每年都组织河南省大学日语统一考试，本考试依据国家教育部指定的《全国大学日语教学大纲》预备 1、2、3 级的标准出题，凡是在 240 学时以内教学时数的学生均可参加。所谓《全国大学日语教学大纲》，是按照中学里面学过日语在大学作为一外达到大学日语 4 级的一个标准。针对在中学没有学过日语的大学生，该大纲另设了预备 1、2、3 级，也就是说在参加大学日语 4 级考试之前要参加这些级别的考试，要具备这样的预备 3 级水平。预备 1 级需通过课堂教学学习日语 70 学时以上，预备 2 级需要 120-140 学时，就是一个学期 70 学时，通过三个学期的课堂教学应达到预备 3 级的水平（210 学时）。继续按大纲标准学习，到第四学期可以参加全国的大学日语 4 级考试。

1.2.3 省内高校的日语教育发展

1985 年以前只有洛阳外院设有日语专业，到 1995 年河南省共有 3 所院校有日语专业，即：洛阳外院、河南师大、河南大学，1996 年洛阳工学院（现河南科技大学）和信息工程学院（该院只招收了 93 级一届 100 名日语大专生，后停招）开始招收大专生；有 40 余所院校（包括上述 4 所院校）开设有非日语专业的日语课程；共有 80 多位日语教师，全省高等院校学习日语的学生数量（包括一外、二外）共有 3 千到 4 千人。

另外，1990 年-2000 年的十年当中，学生的结构发生了一些变化。1990 年度一外的学生占较大分量，约 20-30%，后来逐年减少，1995 年为 17%，1997 年为 10%，最后，据不完全统计，几乎接近 3%（只有信息工程学院和华北水电学院还有个别以日语考入大学或研究生的学生开设一外课）。到 2001 年后，就几乎全是作为二外学日语的学生了。然而，这个时期学二外的学生却处于缓步上升的趋势。

究其原因是由于中学生里面学日语的人数越来越少，把日语作为一外的学生到大学里的也就越来越少，还有一些大学为了方便实际教学安排，让学日语的学生改学了英语。东北地区保持时间长一些，河南地区除个别全国招生院校（如信院和水电学院）之外，一外日语学生越来越少，后来就慢慢消失了。二外学生人数上升是因为当时教育部对各院校各专业有二外要求，并对研究生有硬性要求，加之当时各院校和日本交流较多以及日语的汉字多、易学的特点，故选学日语者增多。还有一个原因，也是日语教师比较困惑的是：一些院校强行将英语学习较差的学生改学日语，以减少英语4级、6级不通过率。

河南省的高等院校有40多所院校有日语教师，开展教学活动，但是，学校分散各地，除洛外等个别院校外，日语教师人数少（1-2名），多附属在英语教研室内，而且他们比较年轻，资历浅，学历较低（多是本科），学术研究能力和经验不足，他们在各个学校里想占有一定的地位，就需要依靠学会组织，需要借外力来发展自己。所以，对研究会的向心力比较强。当时调查日语教师的学历水平情况，大致可以说，除洛外留校的年轻教师以外，绝大多数是本科生。专业都是学日语语言文学的。年轻教师多是正规大学的毕业生。有北京二外、北京外贸、外交学院、国际关系学院毕业的，还有四川大学、四川外院、西安外院、上海外院毕业的。他们一部分是工农兵学员，一部分是恢复高考后的4年制本科毕业的学生分配到河南高校任教的。还有个别的是自学成才的，如河师大的刘德润老师。还有一些是俄语专业转行学日语的，如郑州工学院夏竹老师、韩淑贞老师、河大的李性让老师等，他们在伪满时期也学过日语。另外，就是解放前去日本留学，解放后从日本回来的老教授，如：洛外的褚元禧教授、王曰和教授、陈书玉教授，河大的韦龙年老师、钱衡先生和聂连增先生等。

研究会的建立为河南省日语教育事业带来了便利条件，特别是三任会长和五届理事会⑧都非常努力，前任会长夏竹，韩淑贞

老师都是工作认真，治学严谨，作风民主的老教授，对理事们提出的建议很容易形成决议。王铁桥老师在担任研究会的秘书长和会长以后，就是在省教育厅和研究会领导的支持下，在各院校的配合下，得以持续地组织了上述以及下述的一些学术活动。

1.2.4 高校和社会日语教育的融合

考虑到高校日语教学研究会仅仅限于教师间的交流，对河南省的日语教育发展促进力度不够，对学生学习日语也缺乏直接的帮助，经总会同意报河南省教育厅备案，1996年7月，成立了"河南省中日文化交流中心"，地址设在郑州市关虎屯54号。开始是以王铁桥夫妇为中心，还有几个学生做志愿者，如何恩玉、周亚利、田永君等作为发起人，将自己的藏书捐献出来，另接收了一部分日本友人的捐赠图书，王铁桥夫妇出资在旧家具市场购置了一些书架和书柜，然后大家一起把书架、窗帘安装起来，把学校废弃的乒乓球桌子搬过来做会议桌，又买了一些凳子和一张桌子就开始运作了。作为第一批会员，如赵翔、石淑琴、吕海芳、雷芳、范小穗、邱丽君等日语爱好者都积极参加进来，他们在中心建立初期都做了许多工作。为了将社会上的日语教育融合，通过学会下属组织"河南省中日文化交流中心"，组织高校以及社会日语培训学校的日语教师和学生开展日语读书会、日本电影欣赏会、中日友人交流会、"日语角"（即：日语爱好者自发聚在一起用日语会话的活动。当时郑州有三处日语角：紫荆山公园、郑大金水河畔和本中心）等，此外，还协助日语教学研究会在高校学生中举办了三届日语作文比赛。

中心组织活动时，是对全省高校和社会力量办学单位发通知。因而，通过这个组织把高校的老师、学生与社会上学日语的学生和老师结合在了一起，邀请在郑大、中医学院留学的日本人，开展了很多活动。当时，该中心办公室由一名社会志愿者，叫范小穗（中心日语培训班学生）代理事务，几年间，加入的会员，记录在案的有200多人，每人每年交50元的会费，后来活动减少后

就不交了。这个中心建起来后，很受师生们的欢迎，由于组织了很多活动，日本方面对此也很感兴趣。1997 年由日本友人山野种稔先生搭桥，日本山梨县企业家中达奎一先生访问了中心，之后开始由其每年赞助 10 万日元，组织其他活动另行赞助。这样，才有了全省范围的三届作文比赛的活动。然而，2001 年捐助人不幸去世，加之王铁桥教授调往洛阳外院，这个中心的活动开始逐渐减少。但是，之后仍然坚持以 AA 制的方式，每年组织活动，每年的忘年会、新年会仍在进行，还与省内大学的日本留学生和一些日方的来访者进行文化交流。

王铁桥老师调到洛阳外国语学院后，在洛阳地区的高校日本人外教的斡旋和支持下，组织了一个"洛阳市中日文化交流中心"作为河南省中日文化交流中心的下属机构。为促进洛阳地区高校的日语教学和日语的普及，加深中国人和日本人相互间的了解起到了积极作用。

这个时期，河南省的日语教学研究，其活跃程度在全国日语界引起瞩目。时任教育部大学日语教学指导委员会主任、复旦大学徐祖琼教授称赞说："河南省的日语教学活动能够和上海，北京，东北地区比肩，非常活跃。"研究会组织省内高校的老师们举办联谊会、研讨会，并且还鼓励教师参加国际交流，国家教育部组织的一些全国型、国际型的活动。这种局面的形成，无疑是与河南省高校日语教学研究会的工作分不开的。

如前所述，这一时期，河南省的日语教学活动，从无组织的状态逐步进入有组织状态，从此进入稳步发展阶段。当然，与学会无关的社会力量办学机构也在省市有关教育部门的指导下，随着省内高校日语教学水平的不断提高而得以发展。因为在这些机构任教的老师绝大多数是高校的日语老师兼任的。

1.3 日语专业教学高速发展期（2001-2013）

由于 1997 年世界金融风暴的出现，日本经济自泡沫经济破灭之后长期持续低迷，进入 21 世纪日本开始大量转移国内资本，大

批企业在中国设立分支机构和建立工厂，我国国内对日语人才的需求急剧大幅增加，全国高校开设日语专业如雨后春笋，据中国日语教学研究会 2006 年的统计，设有日语专业的院校由原来的 150 多所，增加至 358 所，最近的统计据说已达到 680 所。

我省高校也闻风而动，在 1996 年，洛阳工学院开设了日语专业（开始是大专，2000 年升本科）。随之，洛阳大学（现为洛阳理工学院）、洛阳师范学院、南阳理工学院都逐步开始设日语专业。在 2002 年以后，郑州大学、升达学院、西亚斯学院先后开设了日语专业。河南理工大学也在 2003 年开设日语专业，后来开设日语专业的还有：河南农业大学、南阳师范学院、中原工学院（原郑州纺织工学院）、河南财经学院成功学院、许昌学院、平顶山学院，加上河南省最早有日语专业的洛阳外院，80 年代设立日语专业的河南师范大学、河南大学，在短短几年内开设日语专业的高校已达到 20 所。进入 21 世纪后开始硕士研究生教学的院校由原来的一所（洛外），增加到五所（河师大、河科大、河大、郑大）。2006 年我省第一个外语专业的博士学位授权点在洛外诞生，王铁桥教授和姚灯镇教授被评选为第一批日语博士生导师。

关于非日语专业的日语教学，以前河南省本科以上的院校大约有 40 多所高等院校开设日语课程，这个时期，这类学校的增加不明显。大概是其他小语种的出现，如：德语、法语、韩语等，分走了日语的生源。之前只有俄语和日语作为可选语种时，选日语的学生就多。

研究会方面，由于 2007 年以来，省教育厅高教处主管学会工作的同志换人，自 2002 年换届以来还没有再举行换届选举，所以，日语会长王铁桥自 1998 年始任会长，现在已经连任 16 年了。2006 年以来，河科大的罗传伟老师退休，2007 年刘德润老师退休，从 2008 年开始，由原理事校推选日语负责人作为代理理事，于是有了现在的学会领导班子，班子成员是：王铁桥（同前）、何建军（洛阳外院副教授，兼秘书长）、王磊（河南师范大学副教授）、张卫

娣（河南科技大学外语学院副教授）、王先进（同前）、郑宪信（同前）、井力（南阳理工学院副教授）。

这 10 余年间，河南省外语教学研究会联合省内各个院校，组织了三次大型的国际研讨会，2004 年第一次是研究会和河师大承办"第二届全国大学日语教育国际研讨会信息化时代的日语教育"。2006 年在洛阳举办了"第一届东亚日本学国际研讨会"，2008 年在河科大举办了"第二届东亚文化交流国际研讨会"。另外，在日本霞山会、河南金城集团、卡西欧电子词典有限公司和各出版社的赞助下，组织了四届河南省范围内的大学生日语演讲比赛，2007 年"第一届河南省大学生日语演讲比赛"在郑州大学升达经贸管理学院举行，2008 年第二届在河科大举行，2011 年第三届在郑州大学外语学院举行，2013 年第四届在河南理工大学外语学院举行。此外，河南金城国际经济技术合作有限公司、卡西欧公司以及各出版社的赞助下，举办了三届全国大学生日本国情知识竞赛（2009、2011、2013 年，洛阳外院）。

从总体上看，河南省日语教育和研究水平实际上在全国，远比东北地区、北京地区和上海地区落后，相比属中等偏下。但是有一个很明显的特色，就是"向心力非常强"。这 20 年来，大家都紧密团结在研究会周围，参加研究会的会员单位，不论是本科专科、公立私立，大家都相互尊重，大家在一起平等地讨论教学和学术问题，互帮互助。以洛阳外院为龙头，以组织教学研究和学生第二课堂活动为动力，使我省各个学校的日语教学和研究水平不断提高，目前已经能以"河南日语"这样一个名称享誉全国日语界。

2. 河南省日语教育发展现状

河南省现有高校包括部队院校在内共有 94 所，其中开设日语专业的院校有 20 所，本科有洛阳外国语学院、河南师范大学、河南大学、河南科技大学、郑州大学、河南理工大学、河南农业大学、中原工学院、郑州升达经贸管理学院、郑大西亚斯经贸学院、

洛阳师范学院、南阳师范学院、南阳理工学院、河南财经政法大学成功学院、商丘师范学院等，日语专科有：洛阳理工学院、开封大学、中州大学、黄河科技学院、许昌学院等。开设大学日语课程的有信息工程大学、信阳师范学院、河南工业大学、安阳工学院、平顶山学院等十多所高校。在校学生约 5 千人以上。如果包括高中和中等学校以及各类民办学校，则会超过万人。

关于学科层次，除了大专和本科以外，2006 年 5 月，洛阳外国语学院日语语言文学专业经国家教育部批准在该院一级学科之下正式设立二级学科的日语语言文学专业博士点，从而成为河南省第一个日语语言文学专业的博士点；2011 年河南大学外国语学院获得外国语言文学一级学科博士授予权，正在筹备建立河南省第二个博士点。目前，河南省有日语专业硕士点的学校是：洛阳外国语学院、河南师范大学、河南大学、河南科技大学和郑州大学五所大学。据悉，河南理工大学正在筹备建立翻译硕士学位授予点。

河南高校的日语教学研究总体水平和其他省份相比不算高，但河南省日语就像一个教学团队，具有专业团队的优势，各校日语教师能够团结在一起，围绕在研究会周围，大家在一起做事情。目前基本上是以洛阳外院为中心来开展工作。河南省日语研究会的会员单位洛阳外国语学院，2005 年肖传国教授率先获得国家社科基金项目，实现了我省日语专业国家社科基金项目零的突破，之后又有何建军等六位老师成功申报了六项国家社科基金项目。该学院的《综合日语》课程也被评为了国家精品课程，现已改版成为国家精品资源共享课程。其他几所院校，如：2013 年河南大学日语专业孙文老师获得一项国家社科基金项目，该校和河南师范大学在前几年还取得一些教育部的科研项目，郑州大学、河南理工大学也取得了一些省地级项目。以上这些日语教学和科研活动的开展以及所取得的成果使原先日语教育在国内不大显眼的河南日语界变得生气勃勃，蒸蒸日上，成为全国日语教学和研究的

一支重要力量。

关于河南省高校使用的日语教科书，多数学校专业日语用的是《新编日语》（上海外语教育出版社），洛外使用的是自编的《现代日本语》（上海外语教育出版社），该教材内容量大，难度相对较高，本省使用的不多。除专业日语外，大学日语教材作为一门课程来使用的是《标准日本语》。作为大学日语的新教材是河南理工大学李红老师主持编写的《快乐日语》，该教材分上下两册，120学时，也用于二外的学生。河南理工大学、郑州大学、西亚斯都用此书。社会上的培训班，作为培训用教材也多是采用《标准日本语》。

关于教学方式，是根据教材的结构由教师进行创造性的设计，教师根据本人授课特点创作出来的。《标准日本语》《快乐日本语》和《新编日语》初级阶段，课文以会话形式居多，所以对初学者多是以会话的形式教学，教学方法比较个性化，采用了 PPT、BRB 教学工具等辅助手段。还以电视短剧画面以小场景演出的形式表现出来，辅助教学。高校都有"视、听、说教室""电化教室"等，目前各个高校还建立了网络教室。教育部外语教学指导委员会主办的 2011 年、2012 年的全国日语青年教师讲课比赛中洛外青年教师姚伟丽、石金花先后获得了二等奖。

由于河南省内近几年日语学生骤增，对参加日语能力考试的需求很大，目前河南省日本语的能力考试的站点只有洛外 1 个，J.TEST 考点有信息工程大学 1 个点，STBJ 标准商务日语考试有河大和河师大两个点。还不能适应学习者的需要，尤其是日语能力考试（N1-N5）需求量较大，总是不能满足学习者的需求，由于考场定额只有 800 个座位，每年都是一开始报名就会报满。2013年情况有所变化，总体报名人数有所下降。

据了解，日本企业比较看重的是 J.TEST 考试，因为它更重视口语应用能力的考试，是唯一的受中国国家劳动保障部门认可的日语考试，据说在日本就业也比较看重，日本法务省的入境管

理部门和日本的大学也认可此考试。到日本留学的话，需要有其中一项过最低的 EF 级。日本大学还比较看重的是"赴日留学生考试"，因为该考试比较全面，是为上大学"量身定制"的，比如数学、日语、历史、地理全面综合科目都包括在内，所以大学比较看重。遗憾的是，在中国未设考点。

另外，在河南省的日语教育界里还活跃着一支力量，那就是日籍日语教师。目前，每个有日语专业的学校都有 1-3 名。郑州市有日语专业的 5 所学校就有 15 名日本人教师，全省有近 40 名。他们由于有日语方面的天然优势，在我省日语教学中，特别是在会话、作文和视听说课程中发挥着不可替代的作用。

3. 河南省日语教育未来发展预测

中日邦交恢复以来，中国的日语教育取得了巨大的发展，河南省的日语教育事业也取得了前所未有的发展，同时，外语人才就业压力也在不断增大。特别是近年来中日关系紧张，中日经济贸易额也有所下降。2013 年的招生中，河南省内的三本和民办大学和市属大学、职业大专的日语专业受到了一些影响。另外，由于几年前就已显现出日语专业的就业逐渐趋向饱和，日资企业招人日趋谨慎，所以，省内高校日语专业的毕业生就业情况也受到了影响。这迫使许多毕业生选择了考研的道路，也有许多学生改行或四处漂泊。由于中日关系紧张社会上业余外语学校学日语的学生和去日本留学的学生也大幅度减少。

尽管如此，各个学校介绍去日本留学业务和中日学校之间的校际交流仍在继续，如洛阳理工学院、师范学院也有外教介绍学生出国留学以及做校际之间的交流。像一年时间的留学生交换项目，或 2＋2 的两国分担教学过程的模式，各个学校都很热衷并期待这种交流。

所以，根据对两国国情和国际形势的分析来看，尽管近来由于中日关系紧张，有人担心我国高校日语专业学生就业和我国日语教育会走 60 年代中苏关系破裂时俄语教育崩溃式下滑的道路。

的确，当时的俄语人才大批转行，教师纷纷改教英语，后来有一些改教日语、德语等，俄语教育大幅度萎缩。但是，一般认为，如今的中日两国关系即便发生局部冲突也不会导致战争，只要不发生战争，经济往来就不会停止，因为两国经济有着千丝万缕的联系和经济利益互补的牵扯。现在的中日两国和当时两个社会主义计划经济的中苏两国不一样，自由经济和社会主义市场经济，都不会像刀切一样全面崩溃。日资企业也不会听命于日本政府指令；两国经济相互依赖如此深入，你中有我，我中有你，两者几乎无法分开的趋势不可逆转。所以，我国的日语教育会有一定幅度下降（这也包括由前几年超需求招生状况的回归），但不会全面崩溃，不会重蹈俄语教育的覆辙。

河南院校不少，有 94 所公立学校。包括私立院校在内的二级院校的话就超过 100 所了[④]。但是知名院校为数不多。只有郑州大学、河南大学、河南师大、河南科大、河南理工大等几所高校比较知名，是河南省的重点院校。其中郑州大学是"211"规划建设院校，已有日语硕士授权点将开始招生；河南大学是教育部和河南省共建的大学，该校在文科方面有很强的实力，学术底蕴很厚重，河南大学日语硕士点已招生三届，将来日语博士点建立起来之后，将会使我省日语教学质量方面有所提高，但数量上将会在今后一段时间内徘徊在现有水平。因为河南省地处内陆，日资企业较少，在人才的聚集方面不占优势。所以，河南省院校毕业的学生在省内就职的很少，多数是到沿海地区，如上海、大连、青岛、深圳、广州等地区，大多数是到外贸、合资企业和日资企业工作。

根据我们省内学校的特点以及全国日语教育的发展趋势，今后我们的教学重点还是应用型人才的培养，例如翻译专业纷纷建立，如河南大学、河南科技大学已经招收翻译硕士生，并开始了课程教学。现在各个院校都在摸索应用人才的培养模式，而以前是注重学术水平，学科意识比较强的学术型人才。所以，以后可

能会加大应用性、实用性课程的力度，提升河南高校毕业学生的社会竞争力。

在师资水平方面，洛外已经实现博士化，郑大、河大、河师大、河南理工大学、河南科技大学已实现了硕士化，各高校新进的教师都拥有硕士研究生以上的学历。郑大、洛外、河南理工大学、河南科技大学招募教师要求是博士学位，至少是"211"大学的硕士毕业生。高校对招聘教师的要求将会不断提高：对现有教师要求每年都要有1.5篇以上的论文，达不到要求年度评价就不合格。晋升职称每年要有2篇论文以上才可能晋升副教授。这样对教师在教学研究方面的要求，将会有力促进其努力发展自己，使河南省日语教学与研究的总体水平得以提高。河南省高校日语教学研究会在这方面也将会应教师的需求积极组织各种学术活动，如学术研讨、论文评奖、教师讲课技能比赛等，为省内日语教师搭建发展的平台。在可预见的未来河南省日语教学前景会比较乐观。

注释：

①根据赵翔老师和魏浩展同学采访王铁桥会长及河南省内高校退休教师的记录整理。

②据原河南农业大学外语学院客座讲师李振中先生提供的信息。

③日语教学研究会到目前为止经历的三代会长和五届理事会：

第一代会长是夏竹老师（1986—1994），郑州工学院外语培训中心的副教授，第1届理事会成员有朱震华（河南农业大学副教授）、张予娜（郑州纺织工学院讲师）、吴德林（信息工程学院副教授）、罗传伟（洛阳工学院副教授）、成春有（河南师范大学讲师）。第2届理事会是朱震华（河南农业大学教授）、张云多（洛阳外国语学院教授）、张予娜（郑州纺织工学院讲师兼学会秘书长）、王铁桥（信息工程学院讲师、副教授兼学会副秘书长）、罗传伟（洛阳工学院副教授）、成春有（河南师范大学讲师）。

第二代会长是韩淑贞教授（1994—1998），也是郑州工学院外语培训

中心的教授。第 3 届理事会成员有朱震华（河南农业大学教授）、张云多（洛阳外国语学院教授）、王铁桥（信息工程学院副教授）、罗传伟（洛阳工学院教授）、成春有（河南师范大学讲师）。

　　第三代会长是王铁桥教授（1998—）。第 4 届理事会成员有：罗传伟（洛阳工学院教授）、刘德润（河南师范大学教授）、王先进（郑州大学副教授）、张大梁（河南大学讲师）。第 5 届理事会成员是：罗传伟（洛阳工学院教授）、刘德润（河南师范大学教授）、王先进（郑州大学副教授）、郑宪信（河南大学讲师、副教授）。

④根据教育厅高教处公布资料。

日本民俗文化课程的探索与思考

解放军外国语学院　李　倩　姚伟丽

摘　要: 日本民俗文化课程以三位一体的文化解析方式，使学生在掌握日本文化、增进日语语言理解的同时，又了解到更多的中国传统文化知识，因此也收到了良好的教学效果。通过对日本民俗文化课程教学反馈的思索，对此课程的授课方式与教学方法进行了探讨。

关键词: 日本民俗文化；教学方法；网络课程

在国际化日益加剧的今天，外语人才的培养也面临着前所未有的挑战。当今的外语人才应该是具备较强的语言实践能力、自文化解释能力和他文化认知能力的跨文化交际能力较强的人才。培养外语人才，让学生掌握语言技能只是手段和途径，其最终目的是让学生理解和掌握对象国的社会文化。与之相适应，现在的外语教学，也早已不是单纯的语言教学，而是集社会、历史、经济、文化等元素为一体的多元化综合性跨文化教育教学。

1. 日本民俗文化课程的内容特点

目前，日语专业院校都开设有《日本概况》《日本社会与文化》等相关课程，《日本民俗文化》课程也是其中之一。日本民俗文化课程不同于日本概况，通常日本概况课程内容包含日本社会、政治、外交、历史、地理和文化等，其中更加侧重于政治、外交等知识的讲解，涉及文化方面的知识较为笼统。而日本民俗文化课程的内容更为细致和深入，是对日本概况课程的有益补充。所谓民俗文化，是指"一个国家或民族中广大民众所创造、享用和传

承的生活文化"（钟敬文：1998），是文化的一个重要组成部分。在跨文化交际语境中，民俗文化是最具有国家和民族特点的文化，最为贴近本国人的日常生活。所以，日本民俗文化就是一个了解日本人日常生活方式的窗口。该课程的内容主要包括日本人的生活习惯、岁时节日、婚丧嫁娶、衣食住行、禁忌信仰等，从中能够认识到当今日本人的价值观、生活态度、人际交往等方面的特征。

　　日语文化教学内容可以分成三个层面（崔磊：2011）：一是深层文化。这一层面主要是指人们在日常生活以及社会交际过程中，运用词的隐含指示意义以及语篇结构、句法中蕴藏的文化，如思维模式、价值观、民族性格、道德情操、宗教信仰等，这些都提供了指令作用的准则或规范等，能够让学生对与日语相关的文化体系在脑海中形成一幅全方位映像。二是浅层文化。这一层面主要涉及典故、日常生活语、习惯用语以及非语言行为中的文化和文化背景以及相关差别。三是文化比较。汉语和日语都是绚丽多彩、涵养丰富的语言，中国文化和日本文化更是源远流长、历久弥新、博大精深的民族文化。有比较才有分析，有分析才能真正体味汉语和日语两种语言所蕴含的民族文化差异。日本民俗文化课程的授课同时涉及到了以上三个层次，例如在讲解日本人的婚嫁习俗时，日语中的相亲称作"見合い"，这个常用词来源于"妻（め）会（あ）わす"（娶媳妇，娶亲之意）一词，"見合い"产生于自由恋爱被受限制的江户时期，这个词体现了日本的婚俗经由婿入婚①、足入婚②，发展到嫁娶婚后，开始以男性为中心，为男性说和婚姻的思维的演变。这就是词语中深层文化的解读。浅层文化的阐释体现在日本婚礼中具体的赠礼和宴客礼仪与语言禁忌等。日本人的婚俗中，平民订婚称为"結納"，皇族订婚称为"納采"，显然是受到了中国传统婚俗三书六礼中"纳彩（行聘）"的影响，此时便可以引申出中日婚俗的对比，使学生既看到了两国习俗的差异，又明白了日本习俗的渊源。日本民俗文化课程三位

一体的文化解析方式既使学生了解到日本的传统文化，扩大了其知识面、丰富了知识结构、促进了语言学习，又提高了其跨文化的理解能力、阐释能力和交际能力，并且对中国的传统文化也有了进一步的了解，可谓一举多得。

2. 日本民俗文化课程的开设价值

开设日本民俗文化课程的目的在于让学生更深入了解日本人的生活方式、价值取向、认知方式、生活理念等，扩大学生的知识面，增进他们对日语语言的理解，丰富他们的对象国知识。另一方面，通过对民俗文化知识的学习，能够进一步提高学生学习语言的兴趣，解决语言学习中遇到的相关问题，提高他们的文化修养，为未来从事外语教学工作等打下扎实的文化功底，以适应社会进步、经济发展和国家建设的需要。

民俗文化本身是带有鲜明的民族性格的，然而，对于与我国有着一衣带水关系的日本来说，可以说每一种民俗文化现象的背后都或多或少地有着中国传统文化影响的印记。因此，在讲解的过程中，要阐述一个文化现象的起源、发生与发展，总是能够牵引出一部分中国传统文化。但是在授课过程中发现，学生们通常对这一部分是相当陌生的，甚至由于先入为主的原因，认为某些现象是日本本土所特有，殊不知其发源于古代中国，并由古代中国传入。以日本节日文化中与正月并重的盂兰盆节为例，这是个令全日本每年两次"民族大移动"之一的重要节日，日语专业的学生从低年级就从专业课本中熟知了，很少有人怀疑这是一个传统的正宗的日本节日，甚至笔者在询问同事日语教师时，也得到过同样的回答。然而日本民俗文化课程可以告诉大家，盂兰盆节实际由中国传入日本，由于它是一个与佛教相关的祭祀活动，因而当今，对于不信奉佛教的大部分国人来说，盂兰盆节是个非常陌生的名词，现在每年仅在寺庙里举行祭祀活动。但是日本人却把这个节日融入了日常生活，经过了一千多年的传承，成为本国文化中最具特色和最重要的一环。

另一方面，学生在接受高等教育之前，没有机会了解更多的中国传统文化，对于本国文化的认识仅是停留在日常的耳濡目染中。尤其是从小在城市里的高楼大厦间长大的学生，更没有机会接触传统习俗。授课中每当谈及中日民俗对比，或者问起学生作为日本文化发端的中国文化时，学生常常摇头以对。甚至是一些笔者认为最基本的民俗常识，例如中国传统的正月习俗中从腊月二十三到除夕夜都有哪些？中国的鬼节是什么时候？知道天干地支、二十四节气都有哪些？绝大部分学生都回答不出，而日本的民间节日里常常都带有天干地支与二十四节气。没有这些基础的中国民俗常识又怎能更好地理解日本民俗文化呢？再进一步说，作为一个学习外语的中国人，如果连本国的传统文化都了解得不够，又怎能称得上是一个合格的跨文化交际人才？怎能成为沟通中外的桥梁呢？

正是学生们对日本民俗文化起源的误解，对本国民俗知识的匮乏，更加令笔者感到《日本民俗文化》课程开设是非常必要和有价值的。日本的民俗文化就像是一块中国民俗的活化石，我们可以从中找到许多从我们生活中消失了的、却在日本完整保留下来的传统。由于中日两国自古以来特殊的文化渊源关系，使得日本民俗文化课程有了一个附带功能，让学生了解更多的中国传统文化。只有具备了一定的中国传统文化知识才能更好地理解一些日本的传统习俗，这是相辅相成的。笔者做过调查显示：96%的学生感到在学习了日本民俗文化课程后，对中国传统文化也有了更多的了解。《高等学校英语专业英语教学大纲》（2000）中把《中国文化概论（英语）》规定为选修课程，然日语专业没有开设类似中国文化概论的课程，但是通过日本民俗文化课程的附带功能，完全可以为学生补充到一定的中国传统文化常识。这同时也是符合我国文化强国战略的。

3. 日本民俗文化课程的教学反馈

笔者于 2012 年 7 月，就本课程做过一次调查。调查对象为我

院日语专业 2008 级、2009 级、2010 级的学生，共收回调查问卷 78 份。

调查显示 97%的学生认为本课程对今后的学习生活有所帮助。正是因为民俗文化是来源于最真实和最基本的生活文化，所以学习了本课程的学生能够更加深入更加直观地理解对象国的文化。日本民俗文化课程的授课内容中，学生们最感兴趣的是衣食住行与节日习俗，分别占 47%与 26%。这个课程也为他们的毕业论文提供了思路，近几年的毕业论文中出现过研究日本和服、家徽、茶道等的题目，"兴趣是最好的老师"，可以看出部分学生是受到了本课程的启发。

日本民俗文化课程的附加价值让学生们了解到部分中国传统文化，从某种程度上还提高了学生的民族感情，乃至于民族自豪感与民族自觉意识。在调查问卷的反馈中可以看到，在谈及学习了本课程的感想时，有 44%的学生深切地感受到日本对传统文化保存的重视，更意识到中国的差距，并有多位学生感叹到文化软实力的重要性。此外，在学期末的课程论文中也常常会看到学生对中国传统文化传承与保护的反思。另有 24%的学生对本课程的感想是感受到了中日两国文化渊源的深远。其实，"中日两国有着悠久的文化渊源"这句话人们都知道，对于日语专业的学生更不会陌生。听到这句话时，人们很容易联想到是由于汉字的缘故，然而，中日文化的渊源又何止是汉字这么简单，从婚丧嫁娶到衣食住行、岁时节日，中国传统文化的烙印布满日本人生活的各个角落。学生们在感想中再一次写下了这个众人皆知的常识，说明学生们在学习本课程之后更加深入地体会到了两国文化的联系，并且令他们印象至深至切。学生们学习了这门课程后，在他们的脑海里都会有过或多或少关于中日文化的思索。让学生们不拘泥于课本的知识，真正的动脑思索，拥有自己的思想，能够独立地全面地思考问题，也是我们教学的责任与意义所在。

4. 日本民俗文化课程的授课方式与教学方法

4.1 开设时间

笔者的调查对象中有一级的学生由于某些原因大四第一学期才开设这门课程，因此在回答对该课程有何感想时，有两位学生回答无感想，一位学生明确回答这门课程在大四开设不合理。赖晶玲（2011）对该校日语专业学生关于日本文化课程展开的调查中也显示，大部分学生都希望在低年级时开设日本文化课程，大一大二的学生明显比大三大四的学生兴趣高。尤其是高年级学生在学过日本文化课程之后都建议应该在低年级的时候就学习这一课程。这一结果也为笔者的调查结果提供了支持。我院的日语专业课程在低年级时强调语言基础学习，以训练听说读写为主，将部分文化知识穿插于教学内容。然而，高年级学生由于过级考试、考研等压力，或是对语言学习的疲乏期的到来，并没有像刚进大学不久的低年级学生那样对外来文化感到那么新鲜、好奇。因此，建议日本民俗文化课程可早一些开设，以二年级第二学期开设日本民俗文化课程为宜。此时，学生正处于求知欲旺盛的阶段，思想活跃，喜欢思考，也具备了一定的语言功底和阅读能力。虽然课程中有较多疑难词句和一些未曾学过的语法现象，但是借助工具书、语法书和教师的帮助，学生们是能够完成课程要求的。早一些开设该课程，学生会更有激情和精力学习日本文化。

4.2 传统课堂教学授课方式

4.2.1 丰富多样的多媒体辅助教学

日本民俗文化课程是一门选修课程，目标是让学生了解日本的风俗习惯。多媒体的充分运用令本课程生动形象。大量直观的图片与音视频素材让学生印象深刻。尤其是视频素材的选择过程中，笔者找到了能够体现日本民俗文化并与授课内容紧密相关的多种体裁的视频，包括动漫、电视剧、电影、纪录片、科教节目、甚至娱乐节目，从中截取适当的片段。实际上，各种体裁的视频也从一个侧面让学生意识到，日本对本国传统文化的保护、传承

与宣传是多角度全方位的，在这一点上媒体的作用无疑是巨大的。

4.2.2　由浅入深的课堂讲授与讨论相结合

风俗习惯的形成和演变与该国的历史、国情、民族性有很深的关系，涉及面广，学习起来有一定的难度，在一定程度上会影响学生的学习兴趣，但同时它又是一门趣味性强的课程，学习过程中可以和自己的所见所闻、日常生活联系起来，所以该课程的教材和授课也是以简化难度、提高趣味性为主旨，尤其是授课时应用通俗易懂、深入浅出方式导入，充分调动学生学习的积极性和主动性。

在授课过程中发现，学生的兴趣更集中在与中国民俗文化的对比或日本民俗文化的源头探究上。这还是与日本特殊的文化构成有关。日语教师完全可以利用好这一中日文化的特殊性使这门课程的教学目的最大化实现。讨论是课堂上学生最乐于参与和最活跃气氛的环节。讨论的主题一般都是中日民俗文化的对比，让学生们联想自己家乡的习俗，与日本民俗对比。来自南方省份的学生，尤其是来自江、浙、闽、粤地区的学生会发现自己家乡的风俗与日本风俗的相近，这也是有根据的。讨论的方式既调动起了学生的参与意识，又提高了教学效果。

4.2.3　网络课程授课方法

针对有些日语院校授课教师紧缺，课时数量有限的问题，可将日本民俗文化课程改为自修课程，使用网络授课方式，不再到堂授课。虽然教师不到堂授课，缺少了教师课外补充的部分和现场的互动环节，但是可以充分利用校园网的网络教学应用系统中的日本民俗文化网络课程平台、教学资源共享平台、论坛、电子邮件系统等想方设法增加与学生间的互动。

（1）日本民俗文化网络课程平台可上传视频资源有限，教师可以将搜集到的视频资源上传至教学资源共享平台上供学生学习。

（2）对于难以理解的课文，可以再搜集一些相关汉语资料，

甚至是相关的奇闻轶事作为补充，上传至或教学资源共享平台，供学生参考，培养学生的兴趣。

（3）在课后多设置一些问题，让学生思考日本与中国民俗文化的联系和差别，有兴趣的学生会从多方面查阅资料，从而习得更多的知识，形成一个良性循环的过程。

（4）使用任务教学方式，要求学生分成小组，按照指定作业查阅和搜索报刊，提高学生阅读能力、信息搜集获取能力和分析综合能力，并培养学生团队合作精神。

（5）利用论坛引导学生一起讨论，互相交流自己所了解的相关知识和学习心得，从而对民俗文化中反映出的日本国民性加深认识。

（6）利用丰富多彩的开放方式促进学习，例如举办日本文化节、参加"日语角"、开展专业联欢会等。

以上，笔者结合自己的教学实践探讨了教授日本民俗文化课的体会。笔者认为日本民俗文化课程，对于学生了解对象国知识，促进语言学习，养成独立思考能力等都会起着非常重要的作用。这门课还需要在今后的教学实践中不断总结经验和教训，做一些新的尝试，以期它在语言教学中发挥更好的作用。

注释：
①日本古代的一种婚姻形式。也成为"招婿婚"，类似中国的入赘。结婚仪式一般在女方家举行，婚后两人生活在女方家，或男方来往于自己家和女方家之间。
②日本古代的一种婚姻形式。结婚仪式在男方家举行，之后女方回到娘家，男方每天到女方家住宿。经过一段时间后，女方搬到男方家生活。

参考文献：
[1]崔磊. 高职高专院校日语文化教学体系的构建[J]. 长春教育学院学报，2011，（11）：137-138.

[2]贾放.对外民俗文化教学散论[J].北京师范大学学报(社会科学版),2003,
　　(6):98-103.

[3]赖晶玲.专业日语教育中的日本文化课程以地方高校为例.长春教育学
　　院学报[J],2011,(12):93-94.

[4]詹桂香.跨文化教育中的《日本概况》教学研究[J].日语学习与研究,
　　2007,(3):76-81.

[5]钟敬文.民俗学概论[M].上海:上海文艺出版社,1998:88.

[6]周洁.日本概况课教学的几点思考[J].北京第二外语学院学报,2004,
　　(6):92-95.

对开设日本书道鉴赏与实践课程的设想

西安交通大学城市学院　樊　华

摘　要: 现有的课程设置及教学大纲对日本文化概况的讲授，一般偏重于理论讲解，使得"实践体验"这一环节缺失，而其他课程也未对此提供补足。为了使日语专业学习者更直观、深刻的感受日本书道，使对日本文化感兴趣的非日语专业学习者有了解日本文化的途径。笔者试图通过开设日本书道文化相关公共选修课，使这一问题得以缓解乃至最终解决。并期盼通过本课程提高日语专业的影响力。

关键词: 日本文化；书道；鉴赏与实践；公共选修课

0. 引言

日本文化内容十分丰富，现阶段日语专业开设的日本文化课程，由于受课时等诸多因素影响，一般仅侧重于介绍性的讲解，比较宽泛、抽象，略显单调。例如与中国传统文化息息相关的书道，亦无法展开讲解，更不要说给学生提供理论指导下的实践机会。中日两国都非常重视对书法（书道）的传承和应用，不约而同的将"把字写好"作为一个人的重要"脸面"，其重要性可见一斑。然而，目前有关日本书道的教材、资料，均无法满足中国非书法专业学生自学之需要。如若能成功开设日本书道的鉴赏与实践课程，则能在一定程度上缓解乃至最终解决这一问题。

再者，从日语专业建设的角度来看，日语专业学生应该在加强对日本文化本身认知的基础上，不断培养自己对日本书道（当然也包含中国书法）的兴趣，进而提高自己的审美观念及鉴赏能

力。能书写一手美观的日语文字和中国文字，无疑会给学生今后的就业和前程有效加分。从某种意义上讲，这也恰好符合培养应用型人才的要求。而对于非日语专业学生来说，接触日语和日本文化，使之自发的宣传日语专业也成为可能。

本文将从四个方面进行叙述：一、从课程开设的可行性与必要性两方面进行分析与论述；二、在可行性得到充分论证之后，进一步明确制定教学大纲时的一些问题，并针对这些问题进行逐一说明；三、从鉴赏与实践相关方面勾勒对课程内容的设想，通过构建课程基本框架，使讲授内容与讲授方法更加明朗、清晰；四、从教师、学生、学校三个角度对授课过程中可能出现的问题进行预想并提出解决方案。

以上叙述，旨在明确开设"日本文化之书道鉴赏与实践"课程的意义，细化具体实施方式方法，预见实施过程中可能出现的困难，探讨圆满解决的途径。希望通过课程的开设能够达到启发学习者对日本文化的兴趣与认知，展示日本文化的魅力，提升日语专业影响力的效果。

1. 课程开设的可行性与必要性

1.1 研究现状分析

在我国，书法鉴赏、书法实践、日本书法、日本文化四个方面，均有各自对应的书籍、论文。而能融四者于一体者，少之又少，而以课程设置为目的之书籍、论文并未找到。

具体而言，书法鉴赏与书法实践相关资料为数不少，但均趋向于从中国书法角度来诠释，从中很难摄取到日本书道文化鉴赏或是实践的相关知识；日本书法相关内容的资料内容则为纯理论讲解或纯欣赏的罗列，况且数量少得可怜。因其均将书法专业人士作为受众群体，故对于未曾或不太接触书法的大学生而言，此类资料并不适合。而日本文化相关书籍和日本书道文化方面的专著，即使内容涉及到书道，讲解也比较宽泛、简单。同样，日本的书道文化相关书籍亦存在雷同、相似的问题。

1.2 开课意义与作用

（1）本课程主要是通过鉴赏和实践两个环节，以鉴赏认知基础上的实践为重点，引导学习者切身体验日本书道文化，感受日本文化的魅力所在。进而培养更高层次的审美情趣，提高其鉴赏能力、加深个人的艺术修养。

（2）学生需求的回应。

对于日语专业的学生而言，如果对日本书道文化产生兴趣（哪怕只是好奇），便可以通过本课程来进行切身体验。具体说来，可以实感平假名是从草书来的；在体验竖版书写之美的同时，或多或少地对古典文学原始资料诵读有一定认识，对日文中汉字名句也可有一些了解。与其被动的接受日本文化，不如引导学生去感受日本文化，从少到多、由点及面，进而启发对日本文化诸多方面的兴趣。

对于非日语专业学生而言，即使对日本文化有一定兴趣，但苦于除纯语言类选修课外无日本文化鉴赏与实践相关课程可选，只能放弃探求，可谓望洋兴叹。本课程虽为冰山一角，倒也能为学生了解、认知日本文化，铺就一个很好的平台，提供一个难得的机会。

对日本书道的了解、体验，可以作为提高书写水平的一环，我们相信"写好字"也是学生们十分期待的。

（3）展示教师一专多能的平台。

在培养应用型人才的大环境中，一些学校对教师也有开设"应用型"课程的要求（一）能跨专业开设一门甚至几门应用类课程。对与长期从事日语专业教学的一线教师来说，专业课程的拓展与延伸显得十分重要。此类课程不但能展示我们自己的专业水平，更能提高自身的文化修养与审美能力。在电脑普及的今天，提笔忘字情况也可能因此得到缓解。而教学环节中的教学相长，可能促成教师的思考，也可能成为我们开辟新的研究课题提供新的契机。（天津某校老师以板书形式签到很有借鉴意义，无论数理化语

老师全部板书签到，促成老师们的书写水平普遍较高）。

（4）日语专业影响力提升的手段。

在某种意义上讲，日语专业开设纯语言类的选修课，似乎比较缺乏吸引力。笔者所在高校，购置日语自学软件，鼓励学生通过学校网络平台自学日语。日语教师的纯语言类选修课市场严重缩水。如果将日语专业课照搬作为选修课显然并不合时宜。而开设此课程则与时共进，优点在于与茶道、花道等日本文化相比，材料搜集相对容易，且与中国书法有相通性更易于接受。以公共选修课形式出现，可以让更多的学生了解日语专业所开选修课，了解日语专业，进而自发的宣传日语专业。在大范围内提升日语专业的影响力。

2. 制定教学大纲的问题点

2.1 定位为公共选修课的原因

（1）本课程仅供对本课程有兴趣且学有余力的学生选择。有兴趣，才可能营造较好的课堂氛围、才可能将实践欲望积极表达出来；有余力，才能不本末倒置，影响专业学习。至少满足了这两点，教学才更容易开展，教学效果也可能更加突出。让对日本书道有兴趣的学生有机会全面了解、体验日本书法。通过对日本书道学习，更加深刻的理解日本文化。

（2）日语专业招生情况普遍不是很好。提升日语专业的影响力迫在眉睫，而提高影响力不能只局限在小圈子里，可以把对日本书道的了解、学习作为在全校范围内扩大日语专业影响力的有效途径。要提升日语专业的影响力，与其只宣传日语专业学生的学习生活，不如让非日语专业的学生从"事不关己"变为"融入其中"，切身感受到日本文化与日语专业的魅力。

（3）不同专业学生共同学习，必然会相互影响。非日语专业学生在学习过程中，或多或少的也会影响到日语专业学生，可能是其他专业的知识，也可能是另一种思维方式。这为日语专业学生开阔视野提供了可能，也为日语专业培养应用型人才提供了一

个平台。

2.2 对教学相关内容的考虑

（1）就每次课时与周学时设定问题而言，书法专业的实践类课程通常会4节连上。这为本课程有现实的借鉴作用，作为选修课程，4节连上显然不太现实也难于实现。故在综合考虑鉴赏与实践1：2的比例的基础上，笔者认为3节连上较为理想的，即45分钟*3课时，因为它有一定的可行性（可安排占用下午或晚上进行）。学期总学时可视学校具体情况而定。为了保证选修内容的连贯性，笔者认为每周1次较为理想，且能够给予学生课前准备与课后消化较充裕的时间。

（2）书写工具的选择也需要全面考虑。硬笔是我们经常接触的书写工具，而软笔因不经常使用，绝大部分学生都会感到陌生。教学工具使用软笔，虽能增强新鲜感、增加挑战性，但因对个人书写能力要求较高，单纯使用软笔可能会打击部分学生的学习积极性，影响整体教学效果和进度；如若使用硬笔，不但体现不出文字的线条变化，范本中软笔转化成硬笔的诠释也会成为新的问题。故此，笔者以为软笔硬笔兼用最为合理。具体比例可根据学生具体情况灵活掌握。需要特别说明一下，假名是日本特有的文字，最能体现日本独特的审美情感，但假名软笔书写最好要求磨墨而不是使用现成品墨汁。

（3）教学内容中书体的先后顺序不能打乱。按书体可将课程内容分为假名、日语汉字、调和体三部分，授课也必须遵照此顺序。受教学用具影响，必须以假名书写开篇。因为假名软笔书写毛笔只能泡开至笔毫三分之一处，而之后的日语汉字以及调和体则需泡开全部笔毫；调和体是代表日语的全貌，假名和日语汉字都会出现，考虑到非日语专业的学生，必须放在最后讲解。

（4）比重问题也需要注意。第一，是三种书体在教学过程中各自所占的比重的多少。假名是日本特有语言符号，从某种意义上讲也最能体现日本书道文化的美，对学习者来说也最陌生，故

占整体50%的比重较为妥当,日语汉字与我国古代汉字大同小异,但因也有日本独自的特点,且从内容上讲其中很多汉字名言也十分有了解的必要,故占20%的比重即可。调和体融合上述两种书体,在前两者鉴赏与实践过后,引入顺理成章,但毕竟也是日本独有的书体,故占30%的比重为好。第二,是鉴赏与实践部分的比重问题。把握好鉴赏与实践关系,鉴赏为了实践,实践为了鉴赏。根据课程需要与学生学习状态鉴赏与实践相结合,学期前半部分以鉴赏为重,实践环节以模仿为主创作为辅;而在具备一定的鉴赏分析能力与实践能力之后,后半部分以实践环节为主,且以鉴赏基础上的创作为主,模仿为辅。

2.3 考查方式与标准的设定

评价环节应充分考虑各方面因素,设定合理的考查方式与标准,力求做到公平、公正,才能充分调动学生的学习积极性。

本课程的特色就在于将鉴赏与实践有机的结合,让鉴赏与实践相得益彰。实践是验证学习效果的最直观的方式,也是本课程的亮点,应占较大比例。而对理论的考查(包括鉴赏理论和实践理论)不可减省,其原因在于只有领会鉴赏理论与方法,才能更好的享受鉴赏过程,才能更好的用鉴赏习得指导实践活动。而实践理论能帮助学生理性掌握书写知识,提高书写自觉性。

实践部分考查容易受到一些不可抗拒因素影响,如天赋、五乖五合、书写工具等,所以就平时表现与期末成绩的比例来看,应以平时成绩为重,也可以考虑在期末只考查理论知识,实践部分成绩用平时总体表现来衡量。

而对非日语专业学生,在整个考查过程中应适当放宽要求,充分考虑其在日语语言等方面的努力。比如,假名如能正确书写则可加分,不正确也不减分。

3. 对课程内容设置的设想

3.1 鉴赏环节

(1)教师需明确鉴赏必备基本知识,重点突出,有的放矢的

讲解相关内容，进而引导学生运用科学的方法进行鉴赏。这就要求教师在了解鉴赏内涵的基础上，根据鉴赏对象讲解具体实施鉴赏方法以及鉴赏的作用与意义。使学生把对鉴赏对象感性视觉感受与理性鉴赏方法结合起来，切实的感受到文字所传达的冲击力，体验日本文化魅力。为实践活动起到良好的铺垫作用。

（2）对鉴赏范本的选择要做到"客观"和"全面"。"客观"，要求在选择过程中避免一味依据教师个人喜好选择范本，如所选范本学生不感兴趣，那么教学很难顺利开展。"全面"，可从时间与书体两个方面考虑。从时间上讲，应从古到今，展示日本各个时代具有代表性的书作；从书体上讲，应涉及到日本假名书法、汉字书法以及调和体书法，缺一不可。

（3）鉴赏部分的讲解要客观，要求讲解以启发为主，不做优劣判定，重要的是使听课者学会鉴赏的方法，并以书道的鉴赏能力的提高为契机，触类旁通，促成整体鉴赏素养与审美能力的提高。

3.2 鉴赏与实践

（1）考虑分别运用不同的教学法，有侧重的完成鉴赏部分与实践部分的教学。鉴赏部分可考虑主要运用讲授法、展示法、比较法、启发式、任务式、讨论式教学法；实践部分可考虑主要运用演示法、实践法、比较法、讨论法。多种教学法有机结合，交替进行，能够使课堂形式更加丰富多样，营造良好的学习氛围。

（2）鉴赏范本与实际练习的关系。在"3.1（3）鉴赏环节"提到选择鉴赏范本时要全面，如何在众多范本中选择最适合的临习对象又成为新的课题。总的来说，教师可根据风格、年代、作者等因素，从已鉴赏材料中指定数种，再由学生根据在鉴赏过程中的理解各自选择最感兴趣、最想要实践的内容进行实际练习。短时间内能从临习顺利进入创作环节，"兴趣"显得尤为重要。如果实际练习效果很好，也可以安排学生搜集鉴赏材料，在调动学生主观能动性的同时，也能够给鉴赏本以有益的补充，实现鉴

赏与实践的良好过度。

3.3　实践

（1）笔者对作品创作内容与形式有以下设想。创作是对鉴赏和临习的总结与升华。应考虑创作的实用性，只有学以致用，才能真正调动听课者的主观能动性、兴趣以及成就感。

就创作内容而言，除考虑内容本身涵义之外，更应从完成度的难易角度来做选择。而有道是"三分写七分裱"，形式是提升内容的重要方面，内容与形式的统一可以让创作更放异彩。首先，可借助载体的多样性来达成统一，例如根据内容制作 T 恤，门帘，书皮，签名等等；其次，充分考虑开课学期季节性更是锦上添花。例如春季学期，可以尝试在团扇上书写，而秋季学期，则可尝试在空白贺年卡上作书，以及书写"书初"，帮助学生思考新年打算，加深学生对日本文化以及风俗习惯的理解。有实用性目的创作，更能调动学生书写的积极性。当然，亦可以鼓励学生创新，不断探索新的材料在创作的应用也十分重要。

（2）学习不能闭门造车，既然有创作成品就要敢于拿出去接受大家的检验。"创作成果展示"这一环节是本课程的又一亮点。如条件允许，在尽可能大的范围内进行展示最为理想。在进入创作前预先告知学生此有环节，可以增强学生在创作中的紧张感与使命感，提高创作质量。通过此环节能够更切实有效地提高日语专业影响力。

4.　授课过程中可能出现的问题与解决方案

本课程在开设前，对在具体实施过程中可能遇到的困难，应有充分的认识和准备。即对可能出现的问题，应有比较前瞻或到位的预估，同时要有可行的解决方案。

4.1　问题点的预估

从讲授者角度分析，有以下几点问题需要着重思考。

（1）对教师日文书写水平和日语文学修养有一定要求。日本书道有三种形式的文字载体，即汉字、假名、调和体。授课教师

可能对日语书写有一定了解，不一定能上升到"道"这一层次。硬笔书写较常接触，毛笔书写可能会比较欠缺。而进行实践临习以及创作的内容是需要从文学角度进行筛选的又要求一定的日语文学修养，尤其是对古典文学的修养。

（2）"搜集范本"有一定难度。搜集范本这一环节是备课中十分关键的一环，在中国国内此类的书籍不太充分，在不太充分中谈筛选更是奢想。

（3）在实践过程中如何最大限度的体现"应用"二字。鉴赏是为了提高审美、为实践做铺垫。而实践本身培养的应用能力可能是展现本门课魅力的关键。

从听课者角度看，可能出现的问题也需要注意。

（1）日语零基础学生在课程学习中可能会遇到语言方面的困难。如不识假名，不懂文意。极有可能会影响学生的学习积极性。

（2）在实际书写过程中，学生的学习工具的准备也是十分棘手的问题。如果要求每个学生都准备齐全，就可能让一些本来感兴趣的学生放弃选择此课程。

从学校卫生管理角度来说，也不得不注意公共设施的清洁维护问题。教室里的桌面、凳子、地面、墙面都有可能被弄上墨迹，而在清洗书写用品的时候，水池以及水池周围都有可能染上墨渍。给校方的工作带来不必要的麻烦，最终影响课程的存续。

4.2 解决方案的预想

针对上述问题点，可尝试通过以下方法解决。首先，从教师角度来说。如果教师日文书写水平有限，则可根据个人情况调整鉴赏与实践的比例。必要时，可邀请学校日本外教或书法专业老师协助，1门课有几个老师出现，可能更容易使学生保持新鲜感，培养学生的适应性；对日本古典文学的修养不足，当然主要需要通过教师个人的努力来补足，但有重点的去自学，对鉴赏多数内容稍作讲解，认识即可；对于范本，在课程准备过程中能够搜集到日文原版范本或中国引进的相关译本当然最好，但如无法得到

范本，在网上寻找相关图片也不失为好方法；在实践过程突出"应用性"可通过注意实践练习与创作的比例，学以致用，通过创作练习和成果展示使学生有一定成就感，亦有助于培养创新意识。

其次，从学生角度来讲。为了解决完全不懂日语的学生在学习日语语言方面的问题，可尝试根据日语专业与非专业学生比例混合分组，让学生取长补短，攻克基础的语言障碍，同时也能在一定程度上融洽同学间的关系，创造更好的学习氛围；书写用具可根据选课学生的具体情况以及实践内容灵活考虑，分组准备，以最大限度减轻学生经济负担。

最后，从学校卫生管理角度看。解决墨渍乱留的，最好的办法是借用书法专用教室，如无此条件，可考虑适当用硬笔代替软笔进行练习，或适当用水写布进行软笔部分练习。当然，在卫生保持方面严格要求，学生能按要求做好，也是不错的办法。

5. 结语

本文通过论述对开设"日本书道鉴赏与实践"课程的设想，在可行性与必要性得到充分论证的基础上，试图通过对日本书道的讲授，使学生，初步了解中国书法和日本书道的共性与特点、提高鉴赏水平，增强审美能力，培养学生的"学好日语练好字"兴趣和能力，进而提高和扩大日语专业的影响力。

参考文献：

[1] 陈振濂. 日本书法史[M]. 沈阳：辽宁教育出版社，1996.

[2] 韩盼山. 书法艺术教育[M]. 北京：人民出版社，2004.

[3] 春名好重. 仮名の研究（文字として）[M]. 東京：中教出版，1993.

[4] 杉岡華邨. 書教育の理想[M]. 東京：二玄社，1996.

[5] 綾村坦園. 日本の書道＜日本の美と教養＞[M]. 京都：河原書店，1965.

[6] 豊田宗児. 彩りの書－美術工芸に親しむ[M]. 東京：教育図書株式会社，2013.

日语能力测试听力的考察特点

——以 2010 年 7 月 N1 听力测试为例

河南理工大学外国语学院　王志军

摘　要：经对 2010 年 7 月日语能力测试 1 级听力分析发现，词汇考察的特点是：高频词集中在语法功能词上；词类相对比较集中；词汇考察的难点在于低频词。语法、句型考察的特点是：高频语法比较集中；句型考察数量较少；敬语语法项目较多；口语语法占一定比重。针对这些情况提出了相应的学习策略。

关键词：能力考试；听力；特点；策略

著名语言学家 Krashen（克拉申）曾指出："语言学习中头等重要的是听力理解，听力训练应放在首位。"（薛燕，2007:94）在新的日语能力考试中，听力部分在题型上和所占全部考题的比例上都有较大的变化，新日语能力考试还对每个单项考试设立了最低基准分，这也就使得像过去那样即使听力较差也可以靠其他单项的高分来通过考试的现象不可能出现了，所以在某种程度上听力题答得好坏往往决定能否通过考试。

为了使广大应试者从容应对新日语能力考试的挑战，笔者对新日语能力考试一级听力部分的词汇和语法进行了计量分析，对新题型下如何提高听力水平提出了一些切实可行的学习策略。本研究在建立日语能力考试听力文本数据库的基础上，对新日语能力考试听力命题的词汇、语法等特点初步做出了计量性研究尝试。

1. 关于一级听力中的词汇分布特点

在日本外教的协助下，笔者首先对 2010 年 7 月的一级听力

音频进行了文字转写，然后使用日语语素解析软件 WinCha2000
对听力文本进行了解析，并进行了大量的人工后期处理，得到总
计 4776 频次的 1004 条相异词（包括部分语素和词组），如表 1
所示。表中的"词汇"是指日本国语词典通常使用的「表记形」
即词目。另外，当某一频次有两个及以上词条时，在后面加括号
说明词条数量。限于篇幅，词例作了相应省略处理。

表 1　2010-07 一级听力词汇频次顺序表

频次	词汇
102 及以上	の、ます、て、は、に、が、です、を、だ。（9 条）
97 至 11	た、か、する、いる、と、人（ひと）、ん、ね、ない、で、なる、お、こと、も、よ、ある、この、そう……（49 条）
10	あっ、会社、方（かた）、大変、テレビ、どう、見る、物（もの）、られる。（9 条）
9	ええ、くださる、子供、最近、その、使う、どの、ので、ほう、、万（まん）よい、リネン、私（わたし）。（13 条）
8	ああ、今（いま）、えっ、円（えん）、会議、開発、車（くるま）、ござる、これ、できる、でも。（10 条）
7	明日（あした）、後（あと）、う～ん、買う、三（さん）、小説、ちょっと、作る、電話、ほしい、やる。（11 条）
6	あのう、一（いち）、おる、今日（きょう）、曲（きょく）、桜（さくら）、十（じゅう）、せる、大学、出す、……（21 条）
5	味（あじ）、新しい、いや、うち、多い、音楽、軽い、考え、キャンセル、件（けん）、さん、時（じ）、時代……（27 条）
4	会う、アドバイス、あの、いろいろ、うん、置く、会（かい）、かかる、家族、環境、期待、くれる、講演、……（41 条）
3	いたす、一番、歌（うた）、大阪、犯す、変える、価格、係り、機能、希望、原因、超える、困る、今後、今度、……（69 条）
2	愛す、間（あいだ）、合う、あげる、あそこ、扱い、姉（あね）、アピール、ありがたい、ありがとう、案（あん）……（177 条）
1	あ、青（あお）、上がる、空く（あく）、開ける、朝晩、鮮やか、頭（あたま）、あっという間に、集める、あまり……（567 条）

1.1　词汇分布特点

1.1.1　高频词集中在「機能語」上

表 1 中，频次超过 100 的区别词有 9 个，依次是「の、ます、て、は、に、が、です、を、だ」，全部为只起语法作用的助词、助动词。它们只占区别词数的 0.9%,；频次却占到 28.6%，将近三成。

频次超过 50 的区别词有 19 个，其中纯粹的「機能語」有 15 个，只占区别词数的 1.5%，频次却占到 37.7%。只有「する、いる、人（ひと）、ない」这 4 个词存在动词或名词、形容词等「内容語」用法，即便如此，「する、いる、ない」这 3 个词的主要作用仍是作助动词，如果加上这 3 个词的「機能語」用法，频次占到 39.9%，几乎四成。

1.1.2　词类相对比较集中

同一单词有 N 个词类属性时暂时看作 N 个区别词处理的话，根据笔者的统计，区别词数达到 1078 个。其中，频次在 40 以上的 5 个词类依次是「名詞、動詞、副詞、接尾辞、形容詞」，涉及单词 807 条，占区别词数的 74.9%。其它 18 个词类只涉及单词 271 条，占区别词数的 25.1%。

1.1.3　词汇考察的难点在于低频词

这次听力考察中，含个别语素和词组在内只有 1004 词，与一级整体要求掌握约 1 万词汇相比，大约只有其十分之一，量不大，但是难度不低。以出现频次只有 1 次的词为例，如果按照 10 年改版前的日语能力测试词汇表（国际交流基金，2002）来衡量，除去 104 个表中没有出现的词，其它 463 词的级别、数量、比例如表 2。

表2　频次为1的考查词汇的级别、数量和比例

级别	数量	比例
1	81	17.1%
2	197	41.6%
3	93	19.7%
4	102	21.6%

从表中可以看出，在频次为1的考查词汇中，级别1、2相加的比例达到58.7%，将近六成。考虑到这些词只出现1次，还有考试时的紧张心理，在这些词上犯错导致对该题理解偏差从而失分是容易想象的（小田晋，2001：25）。

2. 关于一级听力中的语法分布特点

笔者对2010年7月一级听力的重要语法句型进行了逐一筛选，统计了其表达形式、意义用法和出现频次，得到共计113频次的51项重要语法句型，如表3所示。

表3　2010年7月一级听力重要语法句型考察情况

考察点	实　例	频次
「動詞ています」表示结果的存续。	言っています	11
「お＋动词连用形＋する」表示自谦地陈述自己的行为。	お待たせしました	9
「し」表示举例表达原因。	違いますし	9
「動詞未然形＋なければならない」表示道理或义务。	しなければなりません	8
「動詞てほしい」表示说话者对他人的期望。	作って欲しい	6
「ご＋サ变動詞語幹＋いただく」表示自谦地接受他人的行为。	ご参加いただけます	5
「お＋動詞連用形＋いただく」表示自谦地请求。	お待ちいただけます	4
「動詞ていただく」表示接受尊长做某事。	いっていただければ	4
「動詞ております」是「動詞ています」的郑重表达。	なっております	4

考察点	实　例	频次
「動詞てくれる」表示授受关系，平辈或晚辈下级为说话者做事。	来てくれないかな	3
「お＋動詞连用形＋ください」表示非常礼貌地请求他人做某事。	お待ちください	3
「動詞てくる」表示从过去到现在的趋势。	異なってきている	3
「動詞たり」表示举例。	習ったりしていました	3
「でございます」是助动词，表示郑重的判断。	フロントでございます	2
「動詞てしまう」口语中约音为「ちゃう」。	潰れちゃう	2
「動詞基本形＋ことになる」表示结果。	行くことになった	2
「ご＋サ変動詞語幹＋ください」表示礼貌地请求别人做某事。	ご利用ください	1
「動詞ている」口语中常缩略为「動詞てる」。	来てる	1
「動詞ては」常缩略为「動詞ちゃ」。	越えちゃいけない	1
「動詞てある」表示存续体。	書いてある	1
「動詞基本形＋こと」表示要求或命令。	知らせておくこと	1
「動詞ておく」为准备体。	やっておきます	1
「伺う」为自谦用法，此处表示"前往"。	伺わせます	1
「承知する」是「分かる」的自谦动词。	承知いたしました	1
「かな」是「でしょうか」的简体用法，用于尊长对晚辈或下属。	頼めないかな	1
「だと」的敬体，表示假设。	ですと	1
「を＋ご＋サ変動詞語幹＋です」为尊他敬语用法，是「ご＋サ変動詞語幹＋になる」的变形。	部屋をご予約です	1
「動詞＋ことになります」表示事物发展的结果。	いただくことになります	1
「過去形＋っけ」为口语形式，表示确认过去的事项。	でしたっけ	1
「（さ）せていただく」表示自谦地得到他人的允许做某事。	させていただいておりました	1

考察点	实　例	频次
「の」作形式名词。	覚えるのに	1
「名詞＋に繋がる」表示会导致某事的发生。	増加に繋がります	1
「動詞基本形＋ことにより」表示手段、方式、方法。	付け加えることにより	1
「とのことだ」表示解释、说明。	とのことです	1
「を＋お＋動詞連用形＋です」为尊他敬语，是「をお持ちになっています」的变形。	ご感想をお持ちですか	1
「に限らず」表示范围，"不仅仅"。	に限らず	1
「名詞＋に応える」表示顺应某种要求。	希望に応えられる	1
「というものではない」表示解释、说明。	というものではありません	1
「動詞てくださる」表示尊敬，表达尊长为说话者做事。	声をかけてくださった	1
「ようにする」表示努力坚持做某事。	ようにしています	1
「ようになる」表示变化的结果。	ようになっています	1
「んじゃないかと思っています」是「のではないかと思っています」的口语形式，表示委婉判断。	減らないんじゃないかと思っています	1
「のではないでしょうか」为委婉判断。	のではないでしょうか	1
「お動詞連用形できる」为自谦可能表达。	お伺いできなくて	1
「何とかなる」为习惯表达，"总有办法的"。	何とかなりませんか	1
「なんじゃない」为「なのではないか」的口语形式。	…なんじゃない	1
「動詞てあげる」表示给平辈做事。	教えてあげる	1
「動詞てしまう」表示感叹。	3万2千円になってしまう	1
「かしら」是「でしょうか」的女性口语形式。	必要かしら	1
「を」在口语中可以省略。	注目集めています	1
「かな」表示自言自语。	読んでみようかな	1

对表 3 进行分析归纳后发现，一级听力中的语法句型考察呈现以下特点：

2.1 高频语法比较集中

频次在 4 次以上的重要语法有 9 项，占总项目数的 17.7%，合计频次为 60 次，占总频次的 53.1%。虽然没有高频词汇那样集中，但是仍然具有相当高的集中度。

2.2 句型考察数量较少

语法项目有 34 项，占总项目数的 66.7%，合计频次为 94 次，占总频次的 83.2%。与此相对，句型项目有 17 项，占总项目数的 33.3%，合计频次为 19 次，仅占总频次的 16.8%。

2.3 敬语语法项目较多

尊他和自谦的敬语就有 15 项，占总项目数的 29.4%，合计频次为 39 次，占总频次的 34.5%，均在三分之一以上。如再加上 3 项和敬语有关的授受关系表达，则有 18 项，占总项目数的 35.3%，合计频次为 49，占总频次的 43.4%。

2.4 口语语法占一定比重

口语语法有 8 项，占项目数的 15.69%，合计频次为 8 次，占总频次 7.08%。虽然总频次只有不到一成，但是如果忽视这部分的学习就会对口语语法的题目理解产生障碍。

3. 结语

本文基于计量语言学的观点和方法，对日语能力考试一级听力进行了初步的解析，明确了词汇、语法的考察特点。在听力辅导和教学中，要摆脱教学经验中主观因素的束缚，对日语能力考试一级听力进行更科学的分析，包括词汇、句型、语法的全面梳理和分析，使听力教学和训练更具针对性和可操作性。

鸣　谢：本文听力文本的中期整理得到河南理工大学日语 10-1 班徐佳惠、李紫云、李子惠、李艳等同学的协助，谨此致谢！

参考文献：

[1] 薛燕. 英文原版电影用于听说教学初探[J]. 山西农业大学学报，2007，
（S1）：94-95.

[2] 小田晋. 记忆力的科学提高记忆力的科学法则[M]. 北京：华夏出版社，
2001：25

[3] 国際交流基金、日本国際教育協会. 日本語能力試験出題基準[M]. 東
京：凡人社，2002.

基于"JF日语教育标准"的
听力教学自我评价

西安交通大学外国语学院　沈丽芳　赵蔚青

摘　要：为了解决目前听力教学中存在的问题，提高教学效果，不仅要改善教学环节，更要改善教学评价形式。基于"JF日语教育标准"设计的自我评价具有科学的评价标准和准确的"Can-do"描述，能够充分发挥自我评价对学习的促进作用。实践证明，听力教学中的自我评价在明确学习目标、把握学习效果、提高听力能力等方面具有积极的促进作用。

关键词：自我评价；JF日语教育标准；评价标准；Can-do

0. 引言

听解能力是语言能力的重要组成部分，国内外语学习者中普遍存在听解能力偏低的现状。听力教学是培养听解能力的重要途径。目前针对听力教学的研究中，针对教材、课堂教学改革的研究取得了很多成果，但是在听力教学评价方面的研究相对较少。

评价是教学的重要环节，不仅是对教学效果的检验，同时有指导、促进教学的作用。本文通过听力教学中自我评价的设计、实施，考察自我评价对听力教学效果改善、听解能力提高的作用。

1　先行研究

1.1　自我评价

自我评价是以学习者为中心的评价形式，可以使学习者客观地把握学习过程、学习效果。徐（2010）指出自我评价对提高阅

读能力有着良好的促进作用。这些研究肯定了自我评价的有效性，但是为了更充分地发挥自我评价的作用，必须对自我评价进行更科学的设计，目前这方面的研究还比较少。

1.2 日本国际交流基金日语教育标准

日本国际交流基金 2010 年推出了针对日语教育的《JF 日语教育 Standard 2010》（以下简称"JF 标准"），为日语的学习、评估提供了新的参考标准。李（2013）、陈（2013）提出了"JF Can-do"对基础日语教学的促进作用。古川（2011）提出基于"JF标准"设计、实施的自我评价对口头表达能力的提高有很好的促进作用。但是，如何将"JF 标准"用在听力教学中，如何对听解这种内在型语言活动进行评价，这方面的研究仍有不足。

2. 听力教学中存在的问题

目前的听力教学中存在一些问题。

首先，对听解的评价不够全面。听解是内在性、接受型语言活动，具有"短时性""内在性"等特点，单纯靠教师对听解结果等外在表现的评价是不全面的。

其次，对听的过程关注不足。听力教学的目的是教会学习者如何听，而目前的听力教学评价大多针对听的结果，对听的过程关注不足，忽略了听力教学的真正目的。

再次，学习者对学习效果存在不安。根据新的教学理念，即使是初级阶段也要求学习者听自然、地道的日语，完成相应的任务。语音资料中包含大量学习者不能理解的内容，使学习者对学习效果产生不安。

最后，学习者的主体性没有得到充分发挥。听力教学中学习者是"听"的主体，只靠对教材中任务完成情况的评价不能充分调动学习者的积极性，不认真听的情况也时有发生。

基于先行研究的成果与不足，针对目前教学中存在的问题，本文主要从基于"JF 标准"的自我评价设计、实施、效果等方面，考察听力教学中自我评价方式的有效性与科学性。

3. 自我评价的设计

3.1 评价项目的设定

评价项目的设定是自我评价设计的重要环节，评价项目的设定实际上是对"学习目标"的细化以及整理。根据"JF标准"及相关听力教学研究成果，自我评价的项目主要设定以下四个方面。

3.1.1 听解活动

"听解活动"是听力教学活动中的重要环节，对"听解活动"的评价使学习者能从整体上把握该课听解活动的完成情况，以及该课的主题及大致内容。

3.1.2 教材上设置的任务

教材上设置的任务大多是针对听解活动的重点、难点设定的，任务的完成情况在一定程度上客观反映了学习者的听解状况，对听解的评价不能抛开教材上提出的任务。

3.1.3 听解策略

听解策略对在听解过程中发挥着重要作用，对听解能力具有弥补作用。学习者在听外语时，大多关注词汇、句型等语言因素上，忽略了听解策略的应用，为此，新教材中专门设置了策略学习的环节。因此，在听解评价中设置"听解策略"项目，以提高听解策略的学习效果，发挥策略对听解的辅助作用。

3.1.4 词汇与表达

词汇与表达是所有语言活动的基础，没有一定量词汇与表达的支持，策略的使用将流于空谈。而且，通过问卷调查发现，影响初学者听解能力的因素依次为：词汇与表达、句型、听解策略、背景知识、语速。因此，在自我评价中设置这时"词汇与表达"的"整体评价"和"分类评价"项目。这种设定不仅有助于学习者准确把握词汇与表达听解情况，也有助于学习者按照话题对词汇与表达进行分类记忆，促进其他语言能力的培养。

3.2 评价标准的制定

3.2.1 级别的设定

日语大学一年级学习者听力课程开始时为零起点，根据"JF 标准"中对日语熟练度的分级，以及学习者的具体情况，将第一学期课程结束时听力能力期待目标设定为 A2.1，第二学期课程结束时听力能力期待目标设定为 A2.2。

3.2.2 语言表述

依据教材的内容及级别设定，参照"JF 标准"中相关"Can-do"表述，根据"Can-do"的四要素"条件""话题""对象""活动"以及不同级别的特征找出与话题、水平的特征相关的表述，结合不同的评价项目使用通俗易懂的表达，制定评价标准（图1）。

はっきりとゆっくりとした発音ならば、	簡単な自己紹介を	聞いて、
条件（A2.1）	話題（A2.1）	活動（A2.1）

名前・所属・学年など、基本的な個人情報に関する句や表現が	だいたい理解できた。
対象（A2.1）	活動（A2.1）

图 1 评价标准

3.3 评价表的制作

3.3.1 四段式评价标准

为了使评价更加准确，设定了 4 段式的评价标准。其中，将 3.2.2 中制定的评价标准设定为应该达到的目标标准为"完成了"，同时设定完成度稍高于目标标准的为"太棒了！"、完成度稍低于目标标准的为"就差一点！"、完成度远未达到目标标准的为"加油吧！"。

4 段式评价使学习者能够更准确地把握学习目标的达成度及个人的优势与差距，从达到或超过学习目标的部分得到鼓励，同时意识到未达到部分的差距。

3.3.2 "总结回顾"栏

除了对 3.1 中设定的评价项目外，评价表中还设置了"总结回顾"栏，由学习者记录听的过程中的感受，特别是"听的好的部分""没太听懂或比较难的部分""为什么没听懂或觉得难"，

使学习者对听的过程有更深入的认识，促进其后的改进和提高。

4. 自我评价的实施

在授课过程中按照以下步骤进行自我评价：听前发放评价表
→完成课堂授课→听后进行评价→评价表回收、数据采集→
评价结果返还与反馈

授课前发放自我评价表并要求学习者仔细阅读了解评价内
容、评价标准，不仅方便听后完成自我评价，还可使听的过程目
标明确，同时有利于听解过程中预测、推测等听解策略的使用。

按照教学要求完成课堂活动的过程中，引导学习者关注听的
过程，如"为什么没听懂""怎样才能听懂"。

课后要求学习者完成自我评价表，特别是"总结回顾"部分，
对整个听解过程进行回顾和评价。

评价结束后对整体评价结果及学习者个体评价结果的整理、
分析，可以帮助教师客观把握整体学习效果及学习者个体差异，
以便对教学中存在的共性及个性问题进行有针对性地指导、反馈。

数据采集后返还自我评价，可以帮助学习者课后自查、自省，
了解自己的优势与不足，提高课后复习、练习的针对性。

5. 自我评价的效果

在一学年的自我评价实施结束后，针对自我评价的实施效果，
对学习者以问卷的形式进行了调查。通过调查发现，自我评价的
实施对解决目前听力教学中存在的问题、提高学习者听解能力具
有一定的促进作用。

5.1 有助于明确学习目标

对于"自我评价是否有助明确学习目标"，12%的学习者认为
非常有帮助，28%的学习者认为比较有帮助，44%的学习者认为
有一些帮助。学习目标的明确使教学的目的性、针对性更强，有
助于调动学习者的积极性与主动性，同时也可以一定程度消除学
习者对超出学习水平内容的不安。

5.2 有助于全面把握听解活动的完成情况

对于"自我评价是否有助于全面把握听解活动的完成情况"，40%的学习者认为比较有帮助，44%的学习者认为有一些帮助。这对于消除学习者对学习效果的不安、了解个人问题与缺陷、提高复习效率都有了良好的促进作用。

5.3 有助于听解策略的学习和使用

对于"自我评价是否有助于自我评价是否有助于听前热身、听前预测等听解策略的学习与使用"，16%的学习者认为非常有帮助，24%的学习者认为比较有帮助，48%的学习者认为有一些帮助。听解策略的掌握和应用对于促进听解能力得提高具有积极作用。

5.4 有助于培养词汇、表达分类习惯

对于"自我评价是否有助于培养按照话题对词汇、表达进行分类的习惯"，28%的学习者认为非常有帮助，24%的学习者认为比较有帮助，32%的学习者认为有一些帮助。按照话题对词汇、表达进行分类不仅可以提高学习者预测、推测策略的效果，对于会话、写作等能力的提高也具有一定的促进意义。

5.5 有助于关注听解过程

对于"'总结回顾'栏是否有助于总结听解过程"，16%的学习者认为非常有帮助，52%的学习者认为比较有帮助，24%的学习者认为有一些帮助。引导学习者关注听解过程，帮助学习者了解怎样听懂，是提高学习者听解能力的重要手段。

5. 自我评价的科学性

为了考察基于"JF标准"的自我评价的科学性，对学习者的自我评价结果与期末成绩的相关性进行了分析。

如图2所示，整体上来讲，自我评价的结果与期末考试成绩具有一定程度的相关性。由此可见，虽然自我评价存在一定主观性，但是通过科学的设计与实施，其科学性与客观性是不容置疑的。针对影响自我评价客观性的因素，如学习者性格、自我评价实施方法、教材内容影响等，将会在今后进行深入的分析，并将

其成果运用在自我评价的改善与实施中。

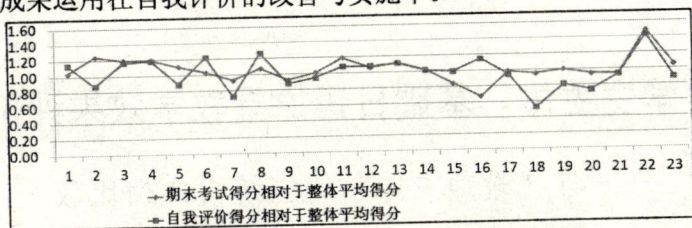

图2 自我评价结果与期末考试成绩的相关性

6. 结语

本文对从自我评价的设计、实施、效果等方面对自我评价进行了考察，自我评价对教学效果的改善、学习者听解能力的提高具有一定的促进作用。同时，因为实施规模限制，自我评价的科学性、有效性还需要对更多数据的研究，同时，如何进一步完善自我评价、提高学习者听解能力需要进行实证研究本文仅为听力教学的评价研究提供了研究方法和课题，期待更多听力评价研究研究为听解能力培养及听力教学改革提供依据。

（该研究受到西安交通大学教师发展中心的"西安交通大学本科教改（青年）项目"的支持）

参考文献：

[1]徐锦芬，李红，李斑斑．大学习者英语阅读能力自我评价的实证研究[J]．解放军外国语学院学报．2010，(33/5)：46-50.

[2]李乐．基于"JF Can-do"标准的基础日语教学改革[J]．语文学刊(外语教育教学)，2013，(8)：110-111.

[3]陈姗姗．JF标准下的"Can-do模式"在基础日语课堂中的应用[J]．佳木斯教育学院学报，2013，(7)：338-339.

[4]関崎友愛、古川嘉子、三原龍志．評価基準と評価シートによる口頭評価—JF日本語教育スタンダードを利用して—．(2012-01-6)[2014-01-07]．www.jpf.go.jp/j/japanese/survey/bulletin/07/...121206_08.pdf

[5]国際交流基金．JF日本語教育スタンダード2010[M]．日本：国際交流基金．2010.

[6]国際交流基金．国際交流基金 日本語教授法シリーズ12 学習を評価する[M]．日本:ひつじ書房，2011.

"学生主体"基础日语课堂教学效果评价

——与"教师主体"的传统模式相比较

西安交通大学外国语学院　孙　莉

摘　要：在"学生主体"与"教师主体"两种教学模式下，通过课堂观察及测试结果的比较，探讨学生学习效果的不同。结论如下："学生主体"在学生课堂参与度、自主学习及学习意欲等方面具有优势。两种教学模式体现在测试结果上并无明显差异。"教师主体"对于语法的掌握更有利。另外，从测试角度分析，现有评价体系不能体现"学生主体"教学效果的优势。"学生主体"下相应进行评价体系改革，改变单一终结性评价，添加形成性评价势在必行。

关键词：教学模式；效果评价；实证研究；比较研究

0. 引言

基础日语课是大学日语专业学生一、二年级最重要的课程，课时最多、学生投入最大，它承载着听说读写译综合能力的培养任务，其重要性不容置疑。而现有基础日语课的教学大多是教师主体，采用传统"3P"[①]教学法，强调建立在以行为主义为理论基础的操练和强化以及传统认知主义的语言知识的传授上，忽视了学习者的主观能动性和创造性，不利于学生自主学习能力和综合运用能力的培养。近年来，以建构主义为理论基础、强调"学生主体"的教学模式越来越受到关注，教学以学生为中心，以交际能力的培养为中心。近年来关于"学生主体"课堂教学模式的

构建、课堂设计、教学方法等的研究也大量出现。

1. 相关研究及存在的问题

相关研究主要涉及以下几个方面：关于教学方法和教材的创新研究。如：曹大峰（2006）、朱桂荣（2013）等；关于学习者语言学习观念的研究。如：冷丽敏（2005）、赵玉婷（2011）等；关于"学生主体"教学实践的实证研究。如：管秀兰（2013）、周黎等（2013）等；关于评价体系改革的研究。如：董杰（2011）、黄莺（2012）等。

以往研究虽已取得相当的成果，但在以下方面仍存在有待深入探讨的余地：首先，教学实践的实证研究较少。其次，研究多集中于有关"学生主体"的研究，与"教师主体"的比较研究相对匮乏。最后，评价体系的改革受到关注。终结性评价是否能对语言交际能力进行有效可信的评价受到了质疑。但缺乏实践认证。

2. 研究对象及研究方法

研究对象为西安交通大学外国语学院日语系 2010 级（25 人）和 2011 级（21 人）。两级使用教材不同。2010 级为北京大学出版社《综合日语》，2011 级为高等教育出版社《基础日语综合教程》。实际课堂设计也不同。2010 级课堂以教师为主体，以单词、句型及课文讲解为主。2011 级课堂以学生为主体，课堂上以完成任务（task）为主，强调发现式学习、学生的产出及学生间合作学习。

研究方法为：观察法和测试分析法。观察法主要是通过授课教师的课堂观察、课堂记录及对学生的口头调查进行比较。测试分析法是通过两次具体测试，将统计结果进行数理分析进行比较。

3. 两种教学模式下学生学习效果的比较分析

通过对 2010 级及 2011 级一、二年级共计四学期的观察及两次测试统计，发现两种模式下学生学习效果有以下特点：

3.1 基于观察法的比较分析

观察比较 2010 级及 2011 级学生在同一时期的情况发现，"学生主体"较"教帅主体"有以下特点：

3.1.1 学生课堂参与度变高。

在课堂教学安排上，"学生主体"改变了教师的主体地位，课堂上学生思维活跃，参与时间长。

3.1.2 课外自主学习时间变长。

课堂"task"的完成和知识点的掌握，需要课下更多时间的准备和消化，学生课外学习投入时间更多了。

3.1.3 学生向教师的提问和求助发生变化。

以往，学生向教师的提问多集中于"怎样表达正确"，在"学生主体"下逐渐出现提问"如何表达意图"。即从集中关注语言的正确性逐渐开始关注语言交际本身。

3.1.4 从个人学习到实现合作学习。

"教师主体"下，学生主要独自听课上自习、跟教师讨论。"学生主体"下，为完成"task"或开展小组讨论、学生开始注重与学习伙伴之间的互动和协助。

3.1.5 学习成就感变大。

学生反映共同完成一项"task"的成就感大于填词造句。

3.1.6 出现了"两极"现象。

一方面，有些学生在课堂上非常活跃、敢说敢写，另一方面，有"free-rider"搭顺风车的现象存在。部分学生在小组讨论中缺乏主动性，置身事外。

3.2 基于测试分析法的对比分析

为了从量的角度对两种模式的教学效果进行比较，对 2010 级和 2011 级共进行了两次测试结果的统计分析。在此，试从文字及词汇、语法、阅读理解三个方面比较学生学习效果的异同。

3.2.1 第三学期期末考试结果比较

2010 级和 2011 级的第三学期期末考试同为日籍教师命题，且难度相似，在题型上均仿照改革前能力考试考题形式。如表 1 所示，从考试结果来看，两级学生在文字词汇及阅读理解方面，不存在差异。而在语法部分的正确率上存在明显差异。"教师主体"

的学生在语法部分的学习效果较好。

表1　2010级及2011级第三学期基础日语期末考试结果比较

	文字词汇	语法	阅读理解
2010级（教师主体）正确率	0.88	0.94	0.85
2011级（学生主体）正确率	0.82	0.72	0.88
T检验结果	n.s	**	n.s

**:p<0.01 有明显有意差；*：0.01<p<0.05 有有意差；n.s:p>0.05 无有意差。

3.2.2 第四学期日语能力考试二级模拟测试结果比较

为了证实以上结论，在2010级及2011级第四学期同一时点对两级学生实施了同样题目的新日语能力考试二级模拟测试。

表2　2010级及2011级第四学期N2模拟考试结果比较

	文字词汇	语法	阅读理解
2010级（教师主体）正确率	0.73	0.63	0.71
2011级（学生主体）正确率	0.65	0.35	0.68
T检验结果	n.s	**	n.s

**:p<0.01 有明显有意差；*：0.01<p<0.05 有有意差；n.s:p>0.05 无有意差。

如表2所示，虽然平均正确率有所不同，但这次测试的结果显示，"教师主体"和"学生主体"下，学生在文字词汇及阅读理解方面，不存在明显差异。所以，可以看出两种模式均可实现培养学生文字词汇和综合能力的目的，且无明显差异。另一方面，学生在语法部分的正确率存在明显差异。"学生主体"语法部分的正确率偏低，相对来说，"教师主体"对于语法的掌握较为有利。

4. 对"学生主体"教学模式优化的启示

4.1 教师对学生的自主学习应有适当监控和干预。

提倡"学生主体"的课堂、发现式学习和合作学习，关注了学习过程，关注了交际能力的培养，注重了学生间的互动行为，这些都是外语教学中所期待的。但同时，在保持课程标准课时不变的情况下，课堂上压缩了或者根本没有操练（practice）的环节，

词汇和语法的学习主要依靠学生自主学习。通过对学生的口头调查及定期提交的学习报告可以看出，由于长期受应试教育的影响，学生在自主的条件下，学习存在一定的盲目性，不能对重点和难点进行准确的定位。所以，教师的适当引导和帮助是非常有必要的。对学生的自主学习进行适当监控并适时干预，可以更好的提高学生自主学习的效率。

4.2 教学活动的展开应具有一定的层次性。

由于学生个体的差异，对于"学生主体"课堂的适应能力也很不同。周黎等（2013）提出，在完全自主学习的情况下，英语基础较差的学生自主学习较被动，适应性差。而在指导性自主学习模式下，不同英语基础的学生，在自主学习能力、积极性和学习效果等方面都得到了明显的提高。所以，为了尽量减少在课堂活动中的"free-rider"搭顺风车的现象，教学活动应根据实际课堂情况及具体学生情况，进行适时的调整和因材施教。循序渐进的让学生创造由小到大，教师控制由大到小。

4.3 其他日语课程应对基础日语课进行相关的补充和配合。

在一二年级的日语教育中，除基础日语外，一般都设有会话和听力训练等课程。这些课程之间不应该是割裂的，而应该是相辅相成的。会话和听力训练可以结合基础日语上未充分完成的任务和进行相关操练，与基础日语课相联系，成为基础日语课的辅助，更好的提高学生的学习效果。

5. 对评价体系改革的启示

5.1 传统的评价方法不能体现出"学生主体"的优势。

通过观察法给教师的主观感受是，"学生主体"在培养学生的语言交际能力上有很大的优势。可上述两次测试结果并没有体现出这种优势。说明现有的评价体系，对于注重交际能力培养的"学生主体"教学活动缺乏评价的效度和信度。如何对"学生主体"下教师的教学与学生的学习效果进行有效可信的量化评估是今后的重要课题。

5.2 对学习成果评价的多样性要求，充分发挥其反拨作用。

准确的评价不仅仅是教师获取反馈信息、管理、保证教学质量的重要依据，也是学生调整学习策略、改进学习方法、提高学习效率的有效手段。由于测试结果对教学活动的反拨作用，教学模式的改变让评价体系的相应改革迫在眉睫。因为"学生主体"的教学方法和传统的考察语言基础知识的测试有脱节之处，测试结果就可能对学生造成一种误导。影响学习外语的观念，让学生在思想上回归重视词汇语法重视语言的正确性多于重视交际的学习策略的老路，对现有的自主学习状态失去信心。所以，改变传统意义上考察基础知识的评价体系势在必行。评价在关注结果的同时，更应该重视过程。如在终结性评价基础上，添加形成性评价。如增加学生自评、学生间互评环节。建立学生档案（ポートフォリオ）、根据每课的任务结合教学目标设计每课的 can-do 标准等。以鼓励学生的自主学习，增强学生学习的成就感。

6. 结语

以上阐述了西安交通大学基础日语课堂"学生主体"尝试中出现的问题并试提出了解决策略。由于课堂实践受教师个人因素影响，调查对象限于西安交大，人数较少，测试内容也对测试结果有影响，故结论有一定的局限性。其妥当性有赖于今后进一步的实践检验。另外，解决策略的设想是否有效，有待于在新一届的教学活动中，通过实践进行验证和改进。这些都是今后的课题。

但是，通过这些尝试，我们可以发现：首先，"学生主体"模式更符合外语教学培养交际能力的目标需要。学习外语的过程不等同于语法词汇的学习与研究。在"学生主体"模式下，学生学习积极性高，主观能动性得到了更好的发挥。测试结果也表明，并非教师"满堂灌"的方式才能实现学习外语知识的目的，在综合能力的考察结果上"学生主体"与"教师主体"并无差异。另一方面，正如没有最好的教学法一样，"学生主体"也不是完美的，也存在着自身的问题。转变教学理念应该避免走极端。改善是永

无止境的。作为教师，对课堂的不断探索和反思具有重要意义。

（本论文为西安交通大学教师发展中心青年项目成果）

注释：

① "3P" 指的是语言教学分为以下三个阶段：演示（presentation）→ 操练（practice）→成果（production）。在教学过程中教师通过对语言知识的呈现和操练让学生掌握，然后再让学生在控制或半控制之下进行假设交际，从而达到语言的输出，形成学习成果。

参考文献：

[1] 曹大峰. 日语教学与教材创新研究日语专业基础课程综合研究[M]. 北京：高等教育出版社，2006.

[2] 董杰. 大学日语专业四级考试语法试题的内容效度分析[J]. 日语学习与研究，2011，（1）：121-126.

[3] 管秀兰. 建构主义理论在日语口语教学中的应用实践研究基于与 opi 日语口语教学模式的结合[J]. 日语学习与研究，2013，（3）：62-69.

[4] 黄莺. 中国近十年日语测试研究述评[J]. 日语学习与研究，2012，（4）：114-121.

[5] 赵玉婷. 工科院校日语专业学生语言学习观念调查[J]. 日语学习与研究，2011，（1）：63-71.

[6] 周黎，徐岚，吴美玉. 两种模式下大学英语自主听说学习的实证研究[J]. 西华大学学报，2013，32（4）：55-69.

[7] 朱桂荣. 基础日语教学设计与实施以北京日本学研究中心日语教育实习为例[J]. 日语学习与研究，2013，（4）：63-70.

[8] 冷丽敏. 中国の大学における「総合日本語（精読）」に関する意識調査学習者と教師の回答を比較して[J]. 日本言語文化研究会論集創刊号，2005，（1）：59-73.

理工科大学研究生公共日语
教学模式创新研究
——以北京工业大学为例

北京工业大学外国语学院　姜毅然

摘　要： 目前理工科大学研究生公共日语课程教学内容以高级日语为主，尚无固定教材。研究生的学习特点是自主学习，外语成为其寻找学习资源的必备工具。以学生为主体的教学方式受到重视，具备探索新教学模式的条件。今后应改进传统教学方法，优化课程内容，将学术日语纳入教学范畴，建立网络考试系统，运用语言学理论，培养研究生日语综合运用能力。改革现有教学模式需要先进的语言学和教育学理论作支撑，教学管理政策手段的支持。

关键词： 研究生公共日语；理工科大学；网络考试；自主学习

我国理工科大学的研究生公共日语教学，主要有日语二外、硕士研究生日语、博士研究生日语等课程。其中研究生日语二外为零起点选修课程，选课人数众多，一般现行本科生日语二外的教学模式和教材基本适用。而硕士研究生日语、博士研究生日语等课程则投入薄弱，尚未形成比较完善的教学体系。本文拟以北京工业大学硕士研究生为例，尝试探讨理工科大学研究生公共日语课程教学模式的创新与改革。

1. 北京工业大学研究生公共日语教学现状分析

北京工业大学硕士研究生公共日语课程,由于招生人数不确定,未能每年开课,有的学年采取到日语专业插班学习取得相应学分的方式,有的学年还会出现硕博合班一体化教学的情况。

1.1 课程性质

硕士研究生公共日语课程属于公共学位必修课、基础知识模块,64 学时,教学对象是在中学、大学期间以日语为第一外语的研究生。该课程自 2003 年外国语学院建院以来开设至今,分别为全校硕士研究生、工程硕士每年开课一学期。学生人数因每年招生情况而不同。近 5 年来,每年 3—10 人。

1.2 教学要求及考核形式

该课程的教学目的是培养研究生具有较熟练的阅读能力和基本听、写、说的能力。使研究生能够用日语获取专业信息,熟练地查阅本专业的日文资料,进行学术交流和研究工作,写作日语短文,符合日文的写作要求,无重大语法错误,语言通顺。同时增加对日本社会和文化等诸方面的了解,拓宽视野。

教学内容以高级日语为主,辅以日语论文阅读、口语及视听训练。目前仍沿用日语专业精读课程考试的书面试卷答题形式。

1.3 存在问题

该课程尚无固定教材,学生口语、造句和翻译能力较弱,尤其中译日方面。有时因人数较少实行插班教学,教学针对性不强。也未将研究生学术日语纳入教学范畴。

2. 研究生公共日语教学改革创新模式探讨

北京工业大学现代化教学硬件设施的完善和"建设研究型大学"的新发展战略的提出为研究生公共日语课程教学模式的改革提供了支持。日语教师应了解 90 后研究生群体特点,因势利导。

2.1 研究生的学习特点

首先,研究生学习独立性强、学习目标相对明确,其最大的特点就是要自主学习。自主学习是高级、复杂的学习,不可能仅

通过课堂学习而获得，必须在实践中反复锻炼才能养成。研究生学习的心理过程主要是分析、综合、概括、质疑、发现问题与创新。这些心理活动以解决问题为旨归、是基于解决问题的学习，具有创新性。这里涉及的"学习力"最早由美国学者佛睿斯特提出，其在1965年发表的《企业的新设计》一文中指出，学习力是一个人学习态度、学习能力和终身学习的总和。我国学者认为，学习力由学习的动力、毅力和能力三个要素组成，还包括创新能力。

其次，研究生的学习属于高级学习，自我监控和深入的思考与积极参与实践是关键，外部的指导在知识内化与创新中仅起到辅助作用。现今的研究生具备自己寻找学习资源的能力，尤其是利用网络搜集、筛选、分析及整合信息的能力，外语成为必备的工具。

第三，研究生学习的动力主要来源于对专业学习与研究浓厚的内在兴趣，研究生的学习不以考试为主要目标，衡量学习效果最重要的方式是其学习结果，即论文，特别是学位论文。另外，研究生的学习与研究紧密结合，近似于真实的学术实践活动，必须面对和解决实际问题，外语有助于实现这些目标。

2.2 研究生的认知模式分析

所谓认知模式就是人与外部世界经过双向互动所形成的认知方式。人类认知的发展有其客观规律，了解研究生认知的规律将帮助教师找出发展研究生认知能力的有效途径，有效提高研究生的认知能力和学习效果。理工科研究生的认知具有逻辑性强的特点，应使其在日语学习方面发挥优势。

2.3 日语教学中的以学生为主体

如表1所示，战后的日语教育经历了以下变化：60-70年代以教育内容为重点，80年代重视教育方法，90年代起侧重教育关系。此变化意味着从以教师为中心向学生为中心，进而以学生为中心向以学生为主体转变。

表1 "日语教育"与"日本概况"：类型变迁（20世纪60年代至21世纪初）

类型 项目	类型A 20世纪60至70年代 "做什么？"	类型B 20世纪80年代 "如何做？"	类型C 20世纪90年代 "为什么做？"
目的与内容	日语学/日本学 （有关日本的专门知识）	日语教育/日本社会/文化（交流能力和日本相关知识）	日语文化教育学 （通过运用日语的发现问题和解决问题能力的开发）
目标	教育内容（授予性/价值性/确定性）	教育方法（效率性/顺畅性/探究性）	教育相关（相互性/协作性/一致性）

（宮崎里司編著．川上郁雄，細川英雄著．新時代の日本語教育[M]．明治書院．2006．P：125）

战后日本的日语教育在20世纪60年代只停留在介绍日本研究的内容，基本未提及与语言学习的关系，普遍采用专业的日本各领域研究者对留学生进行单方面授课的形式，认为教授日语就是向学生传授与日语有关的知识，内容集中在"做什么？"方面。

80年代、90年代的"如何做"和"为什么做"可以认为是以学生为中心。近年国内大学以学生为主体的教学方式受到重视。以学生为主体意味着以基于学生的主观性知识和学生的主体性、创造性参加为前提的教学模式。其课堂教学需要学生之间进行协作，硕士研究生公共日语教学也是如此。

2.5 教学模式改革的必要性和可行性

北京工业大学的部分研究生在校期间已经具有随其专业指导教师参加国际学术研讨会、利用日语收集和检索资料的机会和任务。以往是教师应研究生本人要求在课下单独进行相关辅导，今后有必要将学术日语纳入课程建设，培养研究生的实践能力，注重课程的内涵建设。

北京工业大学硕士研究生公共日语课程已经开设多轮，学生

从初中开始学习日语，到研究生阶段也具有了高级日语的水平。国际学术交流的不断扩大，国家创新人才培养和北京工业大学建设研究型大学目标的提出和学校教学设备条件的改善，为本课程探索新教学模式提供了理论支持和硬件保障。

3. 教学模式改革创新的设想

教学模式改革方案的实施需要教学管理部门给予相应政策，使教师可以采用灵活授课的方式，并根据研究生的日语实力即时进行调整。

3.1 增加实践训练学时

针对北京工业大学的研究生日语教学现状，拟以增加实践训练学时、学术日语作为重点。充分利用地缘优势，组织研究生带着问题意识聆听学术讲座、旁听日语学术会议、参加日语比赛等，通过亲身感受进行学习，加强理工科研究生与日语专业学生的交流。每次实践活动后写总结报告并在课上进行交流。

3.2 更新充实教学内容

近年来，我国研究生招生规模急剧扩大，研究生也面临着骤然加大的就业压力，为了提高研究生的综合竞争力，发掘和提高研究生的学习能力是不可替代的一条途径。

在教学过程中，需要教师将理论教学与实践教学相结合。课堂上选用知识覆盖面广的文章，日本报刊、网络的实时新闻、具有代表性的历史事件等作为视听内容和口语交流讨论的话题。采用部分学生提供的其所在专业、具有一定学科覆盖面和特色的前沿学术论文共同研读，增加日语学术论文写作与日语论文发表方式的指导。同时应加强教材建设，力图使教材的使用系统化。改革以往纯理论的课堂教学模式，优化课程内容和知识传授途径，体现研究生教育特点。

3.3 评价体系及考核方式的探讨

比较有效的评价方法是改变以往卷面笔试的单一考核方式为实践参与效果、日语论文写作和卷面考试相结合的形式。目前北

京工业大学外语网络考试作为新型重点推广的考试方式，已经在大学英语教学中实施。2011年外国语学院在公共英语教学部首次实施网络考试时，大学英语2010级及2011级各班学生参考率最高约86%，最低约23%（2011-2012学年第二学期开学初院长工作报告）。排除病假、事假等不可抗因素，学生参加网络考试的比率显然偏低。究其原因，学生的学习动机是主要的影响因素。目前高校部分学生的学习自觉性、控制力均有待进一步提高。另外，教师的指导也起着不可忽视的作用，这不仅表现在知识的传授方面，还应该发挥作为师长的教书育人以及监督功能。

本论认为，硕士研究生日语的网络考试从教育经济学的角度来看，并不适合在单个院校孤立进行，最好联合全国开设该课程的理工科院校建立统一的网络考试系统，使其效益最大化。

3.4 培养研究生日语综合运用能力

研究生日语综合运用能力的培养包括跨文化交际能力、利用日语获取信息、处理信息的能力、人际交往能力的培养等。

3.4.1 注重培养研究生跨文化交际能力

目前北京工业大学已有研究生参与导师与日本的合作研究课题和学术会议。这就需要研究生了解跨文化交际的相关知识，与日本人相处应该注意的礼仪、日语的正确使用等。

张红玲(2007)提出的跨文化交际能力培养模式主要包括情感、认知、行为三个层面，与之相对应的分别是跨文化的态度、知识和技能。这种跨文化交际能力模式表明，以基于任务型的教学法在日语课堂中进行文化教学易于实施。今后应在研究生公共日语教学中采用任务型教学法，在情感、认知、行为三个层面进行跨文化教学尝试，有效培养和提高研究生的跨文化交际能力。

3.4.2 提高研究生利用日语获取、处理信息的能力

在研究生学习阶段，对资料的查阅、收集、使用以及对信息的处理特别重要，获取、占有足够的资料是后续学习的基础。另外，收集资料要充分利用网络以提高效率，能够熟练利用外语，

特别是作为非通用语种的日语可以扩充资料的来源。由于研究生的学习是自主性的、探究性的学习，因而对资料、信息的占有、处理和使用能力不可或缺。

3.4.3 注重培养研究生的人际交往能力

第二语言知识中包含根据语言学分析可以说明的明示知识和暗示知识，它们相互关联。社会战略分为提出问题，与他人合作，和对他人进行感情移入（提高对文化的理解力，知晓他人的想法和感情）三方面。重视通过交往进行学习，既要有意识地加强理工科大学研究生与本专业师生的合作，也不能忽视与其他专业师生的交往。利用一切时间与场合的交往活动来学习，能够强化研究生的专业意识，启发学习思路，从而发展合作与交流的策略与技能。许多理工科大学研究生习惯于单独学习，人际交往能力较弱，在日语学习过程中，老师可以有意识地采取多种方式，促进研究生与日语专业学生间的交流与合作。

4. 语言学前沿理论的运用

中日语言有诸多差异，除语法因素之外，很大程度与两者认知模式的差异有关。将语言与文化融为一体，不仅为我们在语言上实现人文合一提供了理论依据，而且可以使我们的日语表达更准确，更严谨。日语的文化在很大程度上反映了日本人的思维方式与行为方式。需要我们按照认知语言学的文化先导意识去分析，按照日本人的认知方式予以认知和归纳。

认知语言学作为当代最具影响力的语言理论，从认知的角度观察语言，分析语言，将人们的认知过程与意义概念联系起来，通过范畴化、心理意象、认知模式揭示了人与语言的内在联系与客观规律。阅读理解也是一种认知过程，认知语言学理论为提高研究生日语阅读理解能力提供了很多思路。

将日语语言学前沿理论运用于理工科大学的研究生公共日语教学，能够起到帮助研究生理解中日两种语言的差异，学会使用更加地道的日语。日语教师在做好课堂教学的同时也要经常和学

生进行交流，关心学生在学习过程中的心理变化，及时发现并解决学生学习中的困惑，以保证学生以积极健康的心态进行学习。

5. 结语

研究生教育是高等教育的重要组成部分，研究生是特殊的、接受专业化、高级培训的群体，理工科大学的研究生公共日语教学已具备了进一步发展的基础和条件。在信息时代的今天，研究生与日本学者进行合作研究、赴日进行研究和生活的机会增加，需要探索与之相应的新型日语教学模式。研究生日语教学模式的改革与创新需要先进的语言学和教育学理论作支撑，有效的教学管理政策手段的支持。

参考文献：

[1]董燕萍. 心理语言学与外语教学[M]. 北京：外语教学与研究出版社，2005.

[2]郭永刚. 日语动词认知学[M]. 哈尔滨：东北林业大学出版社，2006.

[3]赵蒙成，朱苏. 研究生学习力的特点与养成策略[J]. 学位与研究生教育，2010，（8）.

[4]陶艳红，胡维治. 研究生学习动机与动力的剖析[J]. 高等农业研究，2004，（6）.

[5]张娟，贾绪云. 研究生学习中存在问题的探讨[J]. 黑龙江教育，2006，（10）.

[6]東海大学留学生教育センター編. 日本語教育法概論[M]. 秦野市：東海大学出版会，2005.

[7]宮崎里司編著. 川上郁雄，細川英雄著. 新時代の日本語教育[M]. 東京：明治書院，2006.

[8]森山新. 認知言語学的観点を生かした日本語教授法・教材開発研究. [M]. 平成17-19年度科学研究費補助金研究基盤研究，2006.

[9]Oxford，R. L. 言語学習ストラテジ：外国語教師が知っておかなければならないこと[M]. 宍戸通庸，伴紀子，訳. 東京：凡人社，1990.

关于大学第二外语（日语）课程的思考

——兼谈《（新版）标准日本语初级》或需商榷之处

武汉理工大学外国语学院　王雪松

摘　要：第二外语是学校课程的重要组成部分。随着中国经济的发展和经贸往来的日益增多，复合型人才将被大量需求，第二外语教学面临着机遇和挑战。如果没有一套系统、新颖、可行的教学方法，将会影响第二外语课程的教学质量。第二外语的课程设计、教材选定、教学方法是第二外语课程建设的重要内容，系统、新颖、可行的教学方法是提高教学质量、取得理想教学效果的保证，是解决第二外语课程的现存问题、推动课程教学向前发展的必备条件。

关键词：第二外语；课程设置；活化教材；大纲

0. 序言

第二外语指的是大学语言专业学生和非语言专业学生除了学习本专业指定的第一外语语种之外，还必须选（必）修的第二外语语种（以下称"二外"）。本义将根据笔者供职的某大学的实际情况，从二外的课程设计、教材选定、教学方法入手，分析二外课程的现状以及存在的问题，并对大学第二外语（日语）课程提出建设性意见，以期探索出一套系统、新颖、可行的教学方法，提高教学质量，取得理想的教学效果。

1. 二外课程的现状和存在的问题

1.1 课程设置及时间安排

笔者供职的某大学为理工类大学，学校各专业（除外语专业）的第一外语均为英语，第二外语有日语、法语、德语、俄语。语言专业本科生的二外课程在大二年级开设，授课时间为 3 个学期，每学期 16 周，每周 4 学时，共 196 学时；非语言专业本科生的二外课程（选修）在大学三年级开设，授课时间为 2 个学期，每学期 6 周，每周 4 学时，共 48 学时；非语言专业研究生（含硕士、博士）的二外课程都在研究生一年级开设，其中硕士研究生的二外课程为选修课程，授课时间为 14 周，每周 6 学时，共 80 学时；博士研究生的二外课程为必修课程，授课时间为 10 周，每周 8 学时，共 80 学时。

在此以笔者的一次教学活动为例，就硕士研究生班和博士研究生班的二外课程因课程时间安排的不同而导致教学效果的不同做一个比较研究。下表是笔者 2011-2012（二）学期的二外课程表。

表1　第二外语（日语）课程表（示意表）

星期 / 节	星期一	星期二	星期三	星期四	星期五
上午（1—4 节）					
下午（5—8 节）			博士班		博士班
晚上（9—11 节）	硕士班		硕士班		

硕士班（以下称"S 班"）有 56 人，来自于多个学院；博士班（以下称"B 班"）有 51 人，也来自于多个学院，学生人数和"成分"相差不大。两个班都是从第 1 周开始上二外课，学时总数相同，都是 80 学时。由于两个班的周学时数不同，所以课程结束的时间也不同，S 班第 14 周结课，B 班第 10 周结课。

两个班经过 80 学时的学习，出现了以下不同的结果：

（1）上课出勤情况不同

298

从上课人数来看，S 班是高出勤率，除了有个别同学因身体原因缺过 1、2 次课外，其他同学自始至终都是满勤。而 B 班的出勤率则远低于 S 班，除了第一次课和最后的结课考试是全勤外，其余每次课都有缺勤的同学，有的同学甚至只来上过几次课，缺课情况比较严重。

B 班出勤率低的原因归纳起来有以下几种：

①二外课程的上课时间都排在下午，容易跟专业课的时间相冲突，学生调课有难度。

②学生跟导师参加学术会议或参加与专业有关的活动。

③有些学生是在职读博，原单位有些事情需要处理。

④一些学生由于缺课较多，加上日语课程有一定的难度，所以对学习产生了畏难情绪。

（2）授课量的不同

笔者每课的内容需要用两整块（两次课）的教学时间来完成，S 班一次课是 3 学时，而 B 班一次课是 4 学时。

表 2　第二外语（日语）授课内容表（示意表）

班级＼内容＼星期	星期一	星期二	星期三	星期四	星期五
上午（1—4 节）					
博士班（下午 5—8 节）			单词 语法		课文 课后练习
硕士班（晚 9—11 节）	单词 语法		课文 课后练习		

从"授课内容表"可以看出，S 班 3 学时的授课内容与 B 班 4 学时的授课内容完全相同。如果增加 B 班的授课内容，将星期三的"单词、语法"增加为"单词、语法、课文"，将星期五的"课文、课后练习"增加为"课后练习、（新课）单词、（新课）语法"的话，则会出现以下结果：

①教学内容衔接唐突。

②一次课的教学内容过多，学生难以消化，容易厌学。

③教学效果难以凸显。

1.2　教材选定及其或需商榷之处

笔者担任的二外课程使用的教材是《（新版）标准日本语初级（上册）》，本教材有初级（上、下册）、中级（上、下册）。由于二外课程只有 80 学时，所以一般只使用初级上册。本教材是由人民教育出版社与日本光村图书出版株式会社合作出版的，是对 1988 年问世的《中日交流标准日本语》经过更新整合后完成的。新版从中国人学习日语的角度出发，特别注重实际沟通和交流的需要，致力于日语的实际运用，编入了丰富的文化背景知识，既可以扩大学习者的视野，也可以增加学习者的兴趣，在选材方面充分反映了时代的发展，充分并完善了学习项目的系统性，增加了入门单元，对日语的发音、声调、语调等做了详尽的讲解（标准日本语初级 2007：新版序言）。

笔者在多年的二外教学活动中一直使用《（新版）标准日本语初级（上册）》教材，在此想就该教材的或可商榷之处发表拙见，以期教材更加完善，更加有利于日语教学活动的展开。

（1）入门单元　P4—第 4 行

"在日语的普通话中"改为"在日语的标准语中"

理由："普通话"的汉语释义是："现代汉语的标准语。以北京语音为标准音，以北方话为基础方言，以典范的现代白话文著作为语法规范。"汉语的"普通话"就相当于日语的"標準語"。日语的"標準語"的释义是："その国で標準とされる言語。規範的に認めた共通語。"（林巨树　1985：1053）"汉语的普通话"这种表达中国人听起来很习惯，但是"日语的普通话"听起来就有些别扭。

（2）入门单元　P5—第 7 行

"……所以又叫半辅音"改为"……所以又叫半元音"

理由：发音语音学把音分为元音、辅音、半元音，而没有"半辅音"。半元音的汉语释义是："语音学上指擦音中气流较弱、摩擦较小、介于元音跟辅音之间的音，如普通话 yīn wèi（因为）中的'y'和'w'"。日语的"半母音"的释义是："有声の続音で閉鎖を伴わない点では母音に近いが、単独では音節を作らず、多くは母音に先行して子音的性質を有する音。ヤ行の頭音"J"、ワ行の頭音"W"の類。"（林巨樹 1985：1022）

（3）第 2 课　P36—倒数第 2 行

"注意：直接称呼自己的亲属时，如'お父さん（爸爸）''パパ（爸爸）'等，有多种多样的称谓。但称呼弟弟和妹妹时，一般直呼其名。"可做如下修改：

"注意：直接称呼自己的祖父（外祖父）、祖母（外祖母）、伯伯（叔叔、舅舅、姑父）、伯母（婶婶、舅妈、姑姑）父亲、母亲、哥哥、姐姐时，可以按照亲属称谓表中的'别人的亲属'进行称谓，其中'父亲'、'母亲'有多种多样的称谓，例如：'お父さん（爸爸）、パパ（爸爸）'、'お母さん（妈妈）、ママ（妈妈）'等。称呼弟弟和妹妹时，一般直呼其名。"

理由：这段文字的表述不够明确，如做以上修改，意思表明更加清晰。

（4）第 9 课　P115—第 2 行

"……一类形容词是以'い'结尾的形容词。做谓语时要在后面加'です'。"

日语形容词的释义是"形容詞には名詞の前に来るときにイで終わる「大きい」などのイ形容詞とナで終わる「静か（な）」などのナ形容詞とがあいます。（庵功雄等 2000：343"。"事物の性質や状態などを表す語で、動詞・形容動詞とともに用言に属する。活用のある自立語で、文中において単独で述語になることができる。（池上秋彦、金田弘等 1995）"从"释义"中可以看出，日语形容词具有可以单独做谓语的性质，那么教材 P115—第

2 行的解释可以改为：

日语的形容词可分为两类。其中，一类形容词是以"い"结尾的形容词。形容词可以直接做谓语，在其原形后加上"です"，是形容词的礼貌的表达形式。

（5）本教材生词表中的动词均以"ます"形标注，这不利于动词的讲解。中国教师在讲解日语动词时通常按以下顺序进行：

①介绍日语动词的分类，均以动词原形为例。

②辨识动词的词尾、词干。

③辨识五段动词、上（下）一段动词、サ变动词、カ变动词。

④讲解"ます"形的语法意义。

⑤讲解各类动词由原形变"ます"形的方法。

《（新版）标准日本语》生词表中的动词均是以"ます"形标注，中国教师在讲授动词时需要先"绕"出去讲解什么是"ます"形，然后再讲解动词。可是如果不先讲解动词，学生就无从理解"ます"形，致使教师在讲解动词时多少有些"不顺手"的感觉。《（新版）标准日本语》是以中国的日语学习者为对象而编撰的，如果生词表中的动词能以原形标注，教师讲解就会很"顺手"，学生学起来也容易理解。

1.3 教学方法

高等学校大学外语教学指导委员会日语组撰写的《大学日语教学大纲》（以下称"大纲"）中关于"教学目的"是这样描述的："……培养学生具有较强的阅读能力、一定的译和听的能力、初步的写和说的能力，使学生能以日语为工具，获取专业所需要的信息，并为全面提高日语运用能力打下较好的基础。（《大学日语教学大纲》修订组 2002：1）"

虽然"大纲"为非日语专业学生的日语学习划分了"基础阶段"和"专业阅读阶段"，又在"基础阶段"提出了"基本要求"和"较高要求"，并在这两个"要求"中分别就语音、词汇、语法、阅读能力、听的能力、写的能力、说的能力及翻译能力提出了相

应具体的要求。在"专业阅读阶段"提出了"能顺利阅读并能正确理解有关专业的书籍和文章。阅读速度达到每分钟 100 字，阅读理解的准确率不低于 70%，阅读总量不少于 5500 字。……（大学日语教学大纲修订组 2002：2-3）"但由于二外课程教学存在着教材单一、课型单一、课时偏少等问题，因此很难达到"大纲"的要求。

教材单一使得二外教学的课型和教学手段也很单一，没有设置有针对性的语言技能训练的课型，如听力课、会话课、翻译课等，学生的学习基本停留在"听讲"的层面上，是由教师满堂灌、学生被动听，没有更多的机会实践所学的语言，课堂气氛沉闷。

1.4 教学现状和存在的问题

二外课程不仅涉及到外语知识的传播，而且还关系到教学理念、教学形象、教学情感、教学方法等多个方面。如何进行有效教学以期达到"大纲"的要求，一直是广大外语教师努力思索的课题。

由于课时数有限和日语课程的难度，使得目前二外课程的教学现状不尽人意。相当一部分学生认为学习二外就是为了拿学分，最终毕业获得学位，从而出现了学习态度不端正、无故缺课、学习不认真、考试舞弊等现象。由于第二外语多为日语、法语、德语、俄语等小语种，受其实用性和功用性的限制，一些学生觉得二外就像一块"食之无味弃之可惜"的鸡肋，不肯下力气学习二外。但是二外毕竟是有难度的课程，不下功夫肯定是学不会的。于是有些学生平时不来上课，考前突击复习，考试一完就把日语从大脑中"清零"。如果考试成绩不合格，或搞"公关"，或找关系疏通，或向任课教师"求情"……，林林总总，不一一赘述。

二外教学存在的主要问题如下：

(1)课时数偏少。

(2)教材单一，没有配套的听、说、读、写、译教材。

(3)课型单一，没有设置语言技能训练课型，如听力课、会

话课、翻译课等。

(4)教学方法单一，基本上是教师满堂灌，学生被动听。

(5)教学理念不能与时俱进。有少数教师的教学理念还停留在"一支粉笔一本书"的时代，不想花气力学习先进的教学方法，教学活动的随意性强。

(6)教学设备有时难以满足教学需求。

2. 对二外课程的几点想法

二外课程是学校课程不可忽略的一部分，目前二外课程的教学现状问题种种，不尽人意。随着中国经济的发展和经贸往来的日益增多，复合型人才将被大量需求，二外课程教学面临着机遇和挑战。在经济发展的大环境下，二外课程改革的必要性和可行性已逐渐凸现。关于二外课程的几点想法：

(1)转变观念，重新设置二外课程的相关环节。

①增加学时数，由现在的 1 学期 80 学时增加至 2 学期 160 学时。

②将博士班的二外课程时间由现在的每周白天的 2 次课（每次 4 节）改为每周晚上的 2 次课（每次 3 节），由此可以增加上课的周数，有利于学生在单位时间内学到更多的知识。

(2)开辟二外学习的新天地

一直以来，不少的二外学习者都认为学习二外就是为了拿学分，以便最后获得学位证。于是，二外的学分拿到后马上将二外从大脑中"清零"，工作后如果没有提升学业或评职称之需要，二外更是被束之高阁，不再被问津。经济大环境为二外教学的发展提供了良机，二外教学要抓住机遇，让二外学习者明白学习二外的重要性和必要性，从而端正学习二外的态度，树立二外学习的信心。

(3)丰富教学内容，改革教学方法

教材的单一使二外课程的教学活动基本处于老师满堂灌，学生被动听的层面。任课教师在选定教材前要从实际出发，多做调

查研究，多跑几家书店，多做图书信息检索，博采众长，尽量选择系列型的配套教材，再根据授课班级的专业特点，酌情增减。或是根据专业特点编写教材，如计算机日语教材、材料学日语教材、汽车专业日语教材、资源环境专业日语教材等等。

教材丰富了，为了突破满堂灌的教学方式，可以根据实际情况合理地安排教学内容，也可以适当增加课型，如会话课、听力课、影视课等。如果有一套系统、新颖、有效的教学方法，就会激发学生对二外（日语）课程的学习兴趣，学生就会由"被动听"变为主动参与，从而提高教学质量，取得理想的教学效果。

黛安·蒙哥马利认为：教学低效问题大多不是学生引起的，而恰恰是教师的低效组织方式和不明智的干涉引起的。为此，他提出了有效教学三原则，即保持学生良好状态原则（教师应以积极的态度肯定学生，提高学生的自信心和自尊心）、积极认知干预原则（教师应理解和关注学生的学习过程和学习结果）、管理·控制·维持的原则（教学手段、教学要求和维持学生高涨的学习情绪）。二外课程教师需要做到以下几点：

（1）树立新的教学理念。为了适应知识经济时代的需求，培养具有创新精神和创新能力的人才，教师需要不断提高个人综合素质和情感素养，不要将个人的负面情绪带到课堂，从而影响学生的学习情绪。

（2）建立新的教学质量观念。课堂教学不仅是传授知识的过程，同时也是一个培养学生创新精神和实践能力的过程，教师要改变单向灌输知识、以考试分数作为衡量教学成果的唯一标准。

（3）活化教材内容。教师需要对教材采用活化手段，根据所担任班级的专业特点，进行探究性教学活动，锻炼学生学习新知识的能力。活化了教学内容也能激活学生的思维，促使学生发挥想象力和创造力。

（4）活化教学手段。课堂教学是师生通过协调沟通、达成共识、联合力量为达到教学目的而进行的互动。教师在教学活动中

要设计各种互动情境，使静态文字变成动态活动，使学生在语言活动中学习语言。

3. 结语

二外课程是学校课程的重要组成部分，学习语言需要创造性思维，教学活动需要研究和反思。在反思中摈弃陈旧的教学理念和教学方法，在研究中吸纳传统教学中的宝贵经验。在新的教学理念的引领下，探索和构建在新形势下提高教学质量、培养复合型人才的新的教学模式。只有这样，才能完成时代赋予教师的使命，才能无愧于"园丁"这一光荣称号。

参考文献：

[1]《大学日语教学大纲》修订组. 大学日语教学大纲[S]. 北京：高等教育出版社，2002.

[2]人民教育出版社，（日本）光村图书出版株式会社. 新版序言. 标准日本语初级（上册）[M]. 北京：人民教育出版社，2007.

[3]孟春国. 高校外语教师反思教学观念与行为研究[J]. 外语界，2011，（04）：44-54.

[4]刘芳. 高校外语教师培训与职业发展的热点问题——夏纪梅教授访谈录[J]. 外语教学理论与实践，2012，（2）：9-13.

[5]束定芳. 现代外语教学——理论与方法[M]. 上海：上海外语教育出版社，2001.

[6]文秋芳. 大学英语面临的挑战与对策：课程论视角[J]. 北京：外语教学与研究，2012，（2）：283-292.

[7]王初明. 论外语学习的语境[J]. 外语教学与研究，2007，（5）：190-197.

[8]王克非. 外语教育政策与社会经济发展[J]. 外语界，2011，（1）：2-7.

[9]庵功雄，高梨信乃，中西久实子，山田敏弘. 日本語文法ハンドブック[M]. 东京：スリーエーネットワーク，2000.

[10]池上秋彦，金田弘等. 大辞泉[Z]. 東京：小学館，1995.

[11]林巨树. 現代国語例解辞典[Z]. 東京：小学館，1985.

日语语音和文字的困难层次模式分析

上海外国语大学贤达经济人文学院　张彩虹

摘　要：困难层次模式是第二语言习得理论。本文采用这一理论对初级日语学习中的语音、文字进行了困难层次分析。根据这一理论，日语语音和文字均属于困难层次的三级—再解释。本文还对语音中的「ふ」行、「ら」行辅音、清浊音、促音、鼻浊音以及音调进行了具体分析，相应地提出解决这些难点的方法。另外，根据中日两国汉字字形的不同，把日语汉字分为三类。这三类分属于困难层次的零级、三级和四级。

关键词：困难层次；初级日语；语音；文字

0. 前言

初级日语学习中，语音、文字、词汇、语法方面都各有难点。各个难点难度也不尽相同。我们日语教学工作者在教学当中，能否根据一定理论把这些难点进行梳理、归纳呢。布拉图（Clifford prator 1967）的困难层次模式就是这样一种理论。它是第二语言习得的应用对比分析理论。它根据两种语言——母语和目的语的差异程度，对第二语言习得过程中的困难进行了分类。这一理论将第二语言学习的困难分为 6 个层次。6 个层次依次向上排列，困难指数也随之增大。本文拟采用这一理论对日语语音和文字的学习进行困难层次模式分析。

1. 关于困难层次模式分析理论

1.1 困难层次模式分析

语言对比分析包括理论对比分析和应用对比分析两种理论。

应用对比分析主要目的是为语言教学服务，它的目标是找出学生在学习目的语中的难点和重点，预计学生可能产生的困难和问题。为了使这一对比分析的预测能够形式化，排除主观因素的干扰，有些应用语言学家建立了各种困难层次模式。比较著名的有布里埃尔（Briere）的"语音系统困难层次模式"，哈默利（Hammerly）的"语音、词汇、语法困难层次模式分析"，斯道克威（Stockwell）的"句法系统困难层次模式"。这些困难层次分析模式过于繁杂，布拉图（Clifford prator 1967）将其简化，把困难分为 6 个层次，6 个层次依次向上排列，困难指数也随之增大。以下简单对这一困难层次模式进行介①绍。

1.2　布拉图困难层次模式分析理论

布拉图的困难层次一共有以下六种。

A．零级迁移。两种语言相同的成分，包括语音、词汇、语法，产生正迁移。没有区别，学习无困难。比如日语和汉语中有的词汇（例如"学生""学校"）字形和意义都相同。

B．一级合并。母语中的两项，到目的语中合并为一项，学生可以忽略原来的差别，习惯新的项目。例如：汉语中的"坚强""强大"在日语中可以用一个「強い」来表达。

C．二级差异不足。母语中有而目的语中没有的语言项目，学生必须避免使用。例如：汉语拼音中的[r]、[1]，日语语音中没有。中国学生在学习日语时，要避免使用。

D．三级再解释。母语中某个语言项目以新的形式和分布出现在目的语中。学生必须对这些项目进行重新解释，然后作为母语项目而被感知。例如：被动句的使用在日语和汉语中有很大的不同。

E．四级超差异。目的语中某个语言项目在母语中没有对应的形式，学生对此必须学习。例如，日语语音中的「ら」行，汉语语音系统里没有。

F．五级分裂。母语中的一个语言项目，在目的语中分裂为

两个以上的项目，这一级正好和一级（合并）相反，需要学生一一加以区别。比如汉语中的"给"在日语中分化为「やる」、「あげる」、「さしあげる」、「くれる」、「くださる」。

下文笔者将采用这一理论对日语语音和文字进行困难层次分析。

2. 日语语音的困难层次模式分析

日语语音在整体上属于困难层次的三级—再解释[②]。也就是说日语语音和汉语语音有相似的地方，也有不同的地方。日语元音和辅音大部分都是和汉语拼音的声母和韵母相对应。但也有一部分在汉语中没有对应。这些语音在困难层次上属于四级—超差异。下面主要就这些在汉语中没有对应的日语发音进行介绍。并提出母语是汉语的学习者解决这些难点的方法。

2.1 「は」行音中的「ふ」

这个音按"字面"直接发成普通话中的 fu 其实是错误的，日语中并不存在/f/这个辅音。这个音发音的感觉类似于介于 fu 和 hu 之间，国际音标把日语的这个音描述为/φ/，它是清双唇擦音。/h/是不摩擦的，而/f/是清唇齿擦音。/φ/就唇形而言更接近/h/，唇齿不咬合，但由于送出的气流带有强烈的摩擦性质，再加上双唇和唇齿这两种发音部位事实上还是比较接近的，因而就使得它听上去有了/f/的感觉。

那么我们如何发出正确的「ふ」呢。可以想象一下给气球吹气时的感觉：上下唇聚拢，双唇间留有缝隙，气流送出并摩擦双唇双唇擦音差不多就是这个发音方法，不过它没有这么夸张。

2.2 日语里「ら」行的辅音

这一音节常常被中国学习者发成声母[l]或者[r]。实际上它是一个闪音，普通话里不存在。我们在教学上可以依据发音规则来教授。比如说要求学生，舌尖抵住上齿龈，轻弹之后即离开就可以发山这个音。如果实在有学生发不出米，也可以告诉他尝试发不卷舌的[r]也可以。

309

2.3　日语的清浊音

日语中的「か」行在汉语普通话里可以发成汉语拼音的声母[k][g]。汉语学习者经常困惑的是后者发音如何与其相对的浊音「が」的发音区别。其实，清音包括送气音与非送气音。日语中的「か」行是清音。其位于词头时，发送气音[k]，位于词中时，发非送气音[g]，类似于浊音「が」的发音。而日语中的「が」行浊音实际上是普通话里所不存在的音位。

要解决这一问题，可以把词头的清辅音发成送气清辅音，把词中的清辅音发成不送气清辅音。例如「か」在词头发成普通话的[ka]，在词中发成普通话的[ga]。而要发出浊音，只能去模仿去训练。比如，普通话里当一个字读轻声时，声母常常会浊化，如"爸爸""弟弟"等词中的第二个字通常是浊的。因为普通话清浊不分，在我们的意识里第二个字和第一个字的声母并无不同，不过在学日语时，我们就可以尝试去体会它们的这种不同，从中寻找到清浊的"感受"，以帮助掌握日语的清浊区别。另外还有一个办法，就是清浊音前面有元音的时候，浊音前面的元音比清音稍微发的长一些。如果采用这种方法练习听说，也能比较有效地区分请浊音。

2.4　促音

在日语中，促音以「っ」表示（平假名）。这种音基本上是中古汉语的入声韵在日语中的残留，它的发音实际感觉像是一个强行停顿。那么如何正确发出这种音节呢。我们举例说明一下。比如在发「さっか」的音时，我们可以先发出「さ」的音，然后做出发后面的音「か」的口型，但是不发出来，截住气流，停顿稍许，然后放出气流，就可以发出促音来。

2.5　鼻浊音

「が」行中的音节出现在词中时有一种特殊的读法，称为鼻浊音，它表示的是把浊辅音/g/读为同部位的鼻音/ŋ/这一现象。/ŋ/即普通话中的后鼻音[ng]，但普通话里[ng]只能跟在元音后而

不能跟在元音前，虽然会讲普通话就一定会发这个辅音，但一些人在把这个辅音放置到元音前时可能会出现困难。对于这一点我们只能是让学生反复练习。但是对于南方某些方言区来说，[ng]是可以做辅音在前面发音的，比如上海话发"外"的时候，实际上辅音的发音就是鼻浊音。所以在讲授这个发音的时候，可以列举出这点供同学参考。但实际上在日本年轻人里，鼻浊音这种读法虽然在某些人看来是优雅的，已经越来越少见，被很多年轻人认为是"老土"的。所以如果实在有同学不会发出这个音，也不必勉强。

除此之外，日语里还有不少需要注意的细节，例如元音分长短、拨音的发音方法、半浊音这个称呼的含义、另一些音的颚化情况、擦音和塞擦音重新区分的趋势等等。

2.6 日语的声调

日语不像汉语有四声。它的声调是在各个音节之间存在高低，轻重的配置关系。日语的声调具有区别语言意义的作用。如果声调读错了，单词的意义就完全不对了。比如同样是「あめ」。①型就是"雨"的意思，读成⓪型就是糖果的意思。关于这一点，在教授这一语音的时候就要及时跟大家讲出来，让他们在背单词的时候就要特别注意各个单词的音调。否则错误读音固定化之后很难纠正。

3. 日语文字的困难层次模式分析

日语文字分为汉字和假名以及罗马字。其中的汉字部分，因为和中国汉字具有可比性，所以本篇论文主要考察日语汉字。汉字的困难层次模式也属于三级—再解释。也就是汉语汉字在日语当中有了不同的分布和新的形式。以下，主要对日语汉字的不同汉字进行困难层次模式分析。

日语汉字和汉语汉字（简体字）在字形上相比较主要分为以下几种：

A 和汉语汉字完全相同。

这类汉字有很多。比如：国土、日本、中国等等。它们在困难层次上属于零级—迁移。中国学习者学习起来完全没有困难。

B 和汉语汉字有部分相同。

这类汉字又可以按照相似程度分为以下三种：

a 差异较大：遠、機（日语汉字）远、机（汉语汉字）

b 差异不大：図、塩（日语汉字）图，盐（汉语汉字

c 大同小异：步、海（日语汉字）步、海（汉语汉字）

这种汉字在困难层次上属于三级—再解释。中日差异较大或者差异不大的汉字很多都是汉语汉字中的繁体字，由于差异醒目，比较容易引起重视并掌握。而大同小异的汉字，稍不留意，就会疏忽写错。我们在教学的时候，要把最后一种作为重点和难点教学。反复提醒学生这一点。

C 和汉语汉字完全不同。

日语当中有一种汉字，在汉语简体字和繁体字当中都没有对应形式，是日本人自己创造的，用来表达一些特定的意思。这些汉字在日本被称为"国字"或者"和制汉字"。这些汉字常用的有以下这些：峠（とうげ）：山口。辻（つじ）：十字路口。

这类汉字在困难层次上属于四级—超差异。也就是中日两种语言完全不对应。这类词虽然比较少，在学习的时候，也要重点教授，引起学生重视，才能掌握。

4. 小结

本篇论文根据困难层次模式分析理论对日语语音和日语汉字进行了困难层次分析，并对这些教学难点根据困难程度提出了解决方法。首先，对日语语音进行了分析，认为它属于困难层次中的三级—再解释。并且对「ふ」、「ら」辅音、清浊音、促音、鼻浊音以及音调进行了具体分析，并相应地提出解决这些难点的方法。其次，对日语汉字也进行了分析，认为它也属于困难层次的三级—再解释。并根据中日两国汉字字形的不同，把日语汉字分为三类。分别是完全相同、部分相同、完全不同。这三类分属于

困难层次的零级—迁移、三级—再解释、四级—超差异。笔者认为以上对日语语音和汉字的困难层次模式分析，将有助于日语教学工作者在教学当中进行有的放矢的教学，提高教学效果。

注释：

①例如斯道克威（Stockwell）的"句法系统困难层次模式"将困难层次分为16种之多。

②严格来说，日语和汉语没有完全相同的语音，本文对其进行困难层次分析时对细小差异予以忽略。

参考文献：

[1]杨珠铃. 关于日语清浊塞音教学法的研究[J]. 日语学习与研究，2013，(4)：78-87.

[2]皮细庚. 日语概说[M]. 上海：上海外语教育出版社，1997.

[3]盛炎. 语言教学原理[M]. 重庆：重庆出版社，2006.

以 N2 考试为目标的日语人才培养模式探索

——以广州地区高职院校为中心

广东工贸职业技术学院应用外语系　王　艳

摘　要： 高职教育的核心是学历教育、职业教育、素质教育。其中，职业教育的核心基础在于提高学生职业尤其是专业核心竞争力。对高职日语学生而言，NJLPT 证书是求职时的重要资格证书，也是衡量其是否具备职业核心竞争力的重要标志之一。以 N2 考试为目标，促进考试过级率，有利于促进高职日语学生就业、专业招生。

关键词： NJLPT 考试；竞争力；人才培养模式

为区域经济发展、社会发展服务即为所依托的区域行业企业服务，是高职院校的一项重要职能。广东地区高职院校于 2006 年前后纷纷开设、扩大日语专业，得益于当年中国实现了约 10% 的经济增长、日本结束了长达 10 年之久的经济负增长开始实现正增长、世界经济实际增长率为 5.4% 的经济利好背景。日语目前是广东高职院校最大的外语小语种专业[①]，这也是高职院校服务于广东地区经济、社会发展这一重要职能的具体表现之一。作为中国经济强省之一的广东，省内产业集聚、基地完善和日语水平、受教育水平较高的优秀人才济济，一向被视为日企投资的热土。其中，广州，区域综合经济实力虽于 2011 年落后于深圳、天津，但作为国际级的大都市之一，一直处于广东经济发展中心地、发挥着带动周边城市发展的龙头作用。因此，本文以广州地区高职

314

院校为研究对象所展开的日语人才培养模式的探索，在广东地区高职院校有一定的应用、推广价值。

2008 年，广州地区一所高职院校商务日语专业停办，同年一所高职院校商务日语专业开始招生；2009-2010 年新增 3 所。目前，广州地区有日语专业的公立中职学校有 3 所、高职院校 10 所、大学 8 所；私立学校一般都有日语专业。这些学校，日语专业名称不一，有日语、商务日语、应用日语、旅游日语等。2010-2013 年间，广州地区半数高校的日语专业学生人数已普遍呈现 20-50% 的下降幅度，平均每年专业招生规模约 30－120 人左右；尤其高职日语学生大多'专业对口率低、就业情形不理想'②。2011 年，广州地区一私立学院的日语在校学生由曾经的 800 人跌至不足 380 人；同年，省内一所国家级高职院校商务日语专业的招生规模由曾经的 5 个班回落至 2 个班。广州地区高职院校日语专业的主要生源是广东考生。2008-2013 年，广东高考人数总体一直呈上升趋势（仅 2010 年较前年减少 3.05 万人）；2013 年，广东高考报名人数为 72.7 万人，成为全国高考人数第一大省。虽然未来至 2016 年广东高考人数还将继续增加，广州地区高职院校的日语学生人数，不但没有随之相应增加却一直呈下降趋势？原因何在？

2008 年世界金融危机后，中国在世界经济中的地位，逐渐从"世界工厂"向"世界市场"角色发展转换；同年，国家主席胡锦涛访问日本实现"破冰之旅"；2009 年中国经济增长 8.7%；同年，成为日本最大贸易国对象；2010 年，中国 GDP 首超日本成为全球第二经济体；虽然进入 2010 年后，中国各地政府开始提高最低工资标准，员工工资上涨成为在华日企在经营方面面临的最大问题，但 2011 年，中日贸易额增长 3.9% 达 3400 亿美元。《中国经济与日本企业 2012 年白皮书》指出，2011 年，日企对华投资同比增长约 50%，其中，制造业投资同比增长约 78%，非制造业投资则增加了约 30%，增长近 3 成，批发零售业增长了 63%。

多年来，中日两国贸易关系、民间关系基本保持畅通。2012年，中国11所知名大学外派学生前往日本大学修学分；同年下半年，中日政治关系虽重回"冰点"，但当年中日贸易额仍达3336亿美元，其中，日本对华出口同比下降约10%，日本从中国的进口额为1889亿美元、同比增长3%，连续3年创历史新高。虽然中国仍是日企最重要的业务发展地区，大多日企仍将中国定位为研究开发和生产基地；虽然中国经济自2012年下半年开始呈现触底反弹迹象，中国市场需求有所恢复；虽然JETRO于2013年3月预测2013年中日贸易额将再创历史新高，但中日实际贸易额连续2年同比下滑，降幅由2012年的3.9%下降到5.1%，其中，中国对日本出口下降了0.9%，自日本的进口降幅达8.7%；日本也由之前的中国第四大贸易伙伴，被中国香港赶超，成为中国第五大贸易伙伴。目前中日双边贸易尚无恢复的征兆。

我校商务日语专业的设立、建设、发展过程，与广东、中国、中日等社会、经济发展的大背景基本一致。2008年，专业设立[③]；2008-2010年，招生人数为53人、59人、53人；2011-2012年扩招，实际招生178人、122人；2013年，实际录取67人[④]；2014年的招生计划为120人。商务日语专业的招生情况，2008-2011年保持每年50人左右的平稳状态。2011-2012年的扩招增幅为130%、47%，2013年缩招减幅为63%。我校90%以上的日语学生来自广东；2008-2012年间的招生人数，与广东高考人数基本一致；2010-2013年间的学生就业情形，与中日政治、经贸关系关联不大：具体表现为2011、2013年整体良好、优秀就业率约30%；2012年整体不理想。尤其在国内约699万高校学生毕业的'史上最难就业年'之2013年，国内严峻的就业环境、中日上下波动的政经关系似乎对我校日语专业学生的就业情况没有什么特别的影响。原因何在？

2010年10月，日本企业信用调查机构"帝国数据库"的调查显示：在华日企为10778家。其中，制造业最多，达42%，第

2 位是批发业，占 35%，第 3 位是服务业，约 12%。从企业人数规模来看，约 33% 的企业职员在 10-49 人间，约 24% 的企业职员人数不到 10 人。资本金方面，1 亿日元以上的企业约 25%；超过 1 千万日元、未满 5 千万日元的企业为 51% 左右。至 2011 年 9 月止，在广东省登记在册的日资企业达 1763 家（约 15 万日本人在广东工作、生活），其中，在广州登记注册的日资企业为 542 家（注 1：2014 年，苏州登记注册的日企约 5000 家）。2012 年，在华日企约 22300 家；同年 10-11 月，日本贸易振兴机构 (JETRO) 进行的"在亚洲及大洋洲日企活动实态调查"显示，在参予调查的约 850 家进军中国市场的日企中，未来 2 年，42% 的企业会"维持现状"，拟"缩小规模"及"向第三国转移或撤出中国"的日企为 4% 和 2%。

马斯洛认为，一个国家多数人的需要层次结构，与该国经济发展水平、科技发展水平、文化和人民受教育的程度直接相关。2010 年，日本被中国赶超从世界第二大经济实体变成第三大经济实体；日本世界第三大经济实体的地位预计于 2028 年时可能被印度赶超。中国的国家 GDP 虽已超过日本，但据不完全统计，中国人均 GDP 目前仅为日本人的十分之一左右。广东人均 GDP 不及蒙古，'最富的地方在广东、最穷的地方也在广东'，区域经济发展差距仍较大。2013 年初，广东经济总量虽连续 24 年居全国首位、经济综合实力最强约占全国八分之一，但省内生理、安全需要占主导的人数比例较大。如前所述，高职日语学生多在中小企业如公司、工厂等从事外贸销售、跟单、涉外商务代理等商务一线基础岗位工作，就业环境并没有因中日关系发生太大的变化。国内、省内尤其是相关的中小日企的表现十分活跃，对商职日语人才的需求基本保持畅旺。

学习日语，意味着更广阔的就业空间。至 2012 年 9 月，学习日语的中国人由 2009 年时的 83 万人左右上升至 105 万人，人数跃居世界第一，其中约 60% 的日语学习者为高校日语专业学生。

这其中，以 2012 年广州地区为例，公立高职院校日语专业的招生总人数约 500 人，虽比大学日语专业招生人数略多，但高职日语专业学生普遍'就业情况不理想、专业对口率低'，我校 2012 年的日语专业学生就业情况也不例外，与优质就业率高、就业整体情况理想的 2011 年、2013 年形成鲜明对比。通过对 2011-2013 年我校日语毕业生的具体数据进行连续跟踪、分析比对后，我们发现：设立日语专业的高职院校数量有所增加、中日关系的转变（政冷经热—政冷经凉—极为冷淡）等这些外在因素，固然对高职日语专业招生、学生就业有一定的影响，但最根本的内因还在于'新日本语能力考试'（简称 NJLPT，是'New Japanese Language Proficiency Test'的缩写）过级率不高。

以我校为例，2011-2013 年，日语专业学生'新日本语能力二级（简称 N2）'考试过级率是 64%、33%、68%，就业情况分别是良好、不好、良好；2013 年招生录取 67 人，学生报到率 95%，比学校平均报到率高 2 个百分点，第一志愿学生上线率为 76%，在广州地区公立高职院校中属招生情况良好院校。2013 年虽有学生及家长的报考信心指数受中日政经关系影响的不利外在因素存在，但 2012 年 N2 过级率只有 33%、当年就业情况极不理想，学校对翌年的日语专业招生持谨慎保守态度，才是导致我校 2013 年专业招生人数较前两年大减的根本内在原因。因为有 68% 的良好 N2 过级率，虽遇到堪称国内'史上最难就业年'的 2013 年，在中日关系自建交以来'最冷淡的'2013 年，在中日双边贸易额连续 2 年下降的 2013 年，我校日语 53 名学生依然就业情况良好、优质就业率达到 30% 左右。

通过 2011-2013 年对我校日语学生的 N2 过级率、就业情形、专业招生实际数据的持续跟踪调查研究发现：虽然 J. TEST（A-D）考试与 NJLPT 考试难度相当，虽然前者一年考 6 次，N2 证书在学生就职时的指挥棒作用，依旧无可替代。作为最受认可的国际性日语考试，由于具有企业招聘职员时提供语言能力水平参考的

社会性功效，N2 证书是大多中小企业的重要招聘条件之一，是衡量高职学生是否具备专业核心竞争力的重要标志，与其求职、升职等息息相关。N2 过级率高，确能促进学生就业、专业招生；N2 过级率低，对学生就业、专业招生的负面、消极影响，不容忽视。这种情况，不仅我校，广州地区其他高职院校也较为普遍。据不完全统计，广州地区高职学生的 N2 过级率一般为 30% 左右。2011 年 7 月，"海外"（日本以外的其他地区）N2 过级率是 37. 9%、我校过级率为 64%（含 3 人 N1）；2012 年 7 月，我校 N2 过级率为 33%（含 3 人 N1），"海外" N2 过级率是 40. 1%；2013 年 7 月，我校 N2 过级率为 68%（含 6 人 N1），海外过级率数据尚未公布。

广东，作为中国人口最多的省份，省内经济发展极不平衡；作为东亚地区唯一的发达国家、面积相当于 2 个广东省大的日本，其经济实力排在美国、中国之后位居世界第三，其作为世界第三大经济体的地位预计将一直保持至 2028 年；日本虽人口过亿、且日本老龄少子化严重，但人均 GDP 是广东人的 10 倍以上。作为中国经济强省的广东，有必要重视、借鉴日本追赶美欧、实现工业化的经验与做法；高职有必要继续加强日语专业的建设，更好地为区域经济服务。

加强学生的专业竞争力，是提高学生职业竞争力的基础；加强学生的职业竞争力，是人才培养模式的核心。对高职学生而言，学习日语并努力达到 N2 水平甚至 N1，才意味着更广阔的就业空间。N2 或 N1 证书，标志着高职学生融于社会化、客观化、公平化、国际化评价标准之中，是更好就业的通行证，为其日后的评聘职务、薪酬晋升奠定了基础。2011 年至今，我校以 N2 考试为目标的高职日语人才培养模式探索，对广州甚至广东地区的高职院校，有一定的借鉴参考价值。

注释：

①省内约 30 家高职有日语专业；同时，日语也是广东地区高校、中职院校最大的外语小语种专业。广州地区，现有 8 所大学（广东外语外贸大学、中山大学、华南师范大学、暨南大学、广东商学院、广东工业大学、华南理工大学、广州大学）有日语专业，每年的招生规模约为 25－120 人，招生人数较高职院校略低。

②广州地区有日语专业的职业院校：番禺职业技术学院、广东女子职业技术学院、广东轻工职业技术学院、南华工商职业技术学院、我校、广州铁路职业技术学院、广东外语艺术职业技术学院、广东机电职业技术学院（仲恺、科技学院招收本科生；此外，还有广州旅游商贸职业技术学校、广东省旅游职业技术学校、广东省对外贸易职业技术学校等学校。

③同年，广州一公立高职日语专业停办。

④67 名学生中，第一志愿录取 51 人；2 名非第一志愿录取生第二学期时选择转专业。

参考文献：

［1］王玉平. 日本语能力测试改革与日语教学［J］. 考试周刊，2010，（4）：76-77.

［2］王艳. 选准突破点，提高日语考试通过率［J］. 源流，2011，（3）：10-10.

［3］王艳. 新日本语能力测试对高职高专日语听力教学的影响［J］. 克拉玛依学刊，2011，（4）：57-59.

［4］王艳. NJLPT 对高职日语教学的影响［J］. 都市家教，2011，（8）：84-84.

［5］田中望. 2 级问题集日本语能力考试对策［K］. 东京：凡人社，1995出版

［6］日本国际教育协会. 日本语能力考试出题基准（改订版）［K］. 东京：凡人社，2002.

映画を用いた日本語学習の有効性

——初級日本語学習者を対象に

ハルビン工業大学　加藤靖代　畢春玲

京都大学　秦　怡　壇辻正剛

要旨：視聴覚メディアを用いた日本語学習の有効性を実証するために、映画を見て学習するグループと映画を見ずにスクリプトのみを読んで学習するグループに分かれて内容、文法、語彙について学習し、学習後のテスト結果を比較する調査を行った。その結果、視聴覚メディアを用いて学習することは、語彙の習得に効果的であることが明らかになった。語彙の学習には、積極的に視聴覚メディアを用いて学習することが有効である。

キーワード：視聴覚メディア；映画；語彙；文法；学習効果

1. はじめに

近年、映画、テレビドラマなど世界中の様々な映像コンテンツをインターネット経由で入手できるようになった。そのため、日本にいなくても、日本語学習者は、以前より非常に簡単に日本語の映像コンテンツを入手でき、視聴できる。実際、日本語の視聴覚メディアは、自主学習、教室での授業と多くの場で利用されている。学習者、教師共に、視聴覚メディアに対する関心は非常に高い。では、学習者、教師は、何のために視聴覚メディアを用いるのであろうか。視聴覚メディアの有効性についての研究では、日本社会への理解が深まる、学習動機が高まる、

現実に近い日本語会話を知ることができる、語彙が増える、聴解力が高まるなどの報告がされている（高月 2007，藤井 2008，原沢 2008，小室 2009）。しかし、どれも学習者のアンケート調査を分析したもので、あくまで学習者の感覚から引き出された結果である。そこで、実証的な調査により、視聴覚メディアを用いた日本語学習の有効性を明らかにする必要があると考える。もし、実証的に視聴覚メディアの有効性を明確にできれば、より焦点化して効率的に日本語を学ぶことが可能となるであろう。

　本研究では、映画を見て学習するグループと映画を見ずにスクリプトのみを読んで学習するグループに分かれて内容、文法、語彙について学習し、学習後のテスト結果を比較する調査を行う。その結果を分析することにより、映画を用いた日本語学習が、内容理解、文法、語彙習得に有効かどうかを明らかにする。

2．背景

2．1　人間の記憶システム

　人間の記憶は、感覚記憶、短期記憶、長期記憶の三つの記憶システムに区分することができる。Atkinson＆Shiffrin（1971）では、この記憶の情報処理モデルを図1のように示している。

図1　記憶の情報処理モデル（井上 1999）

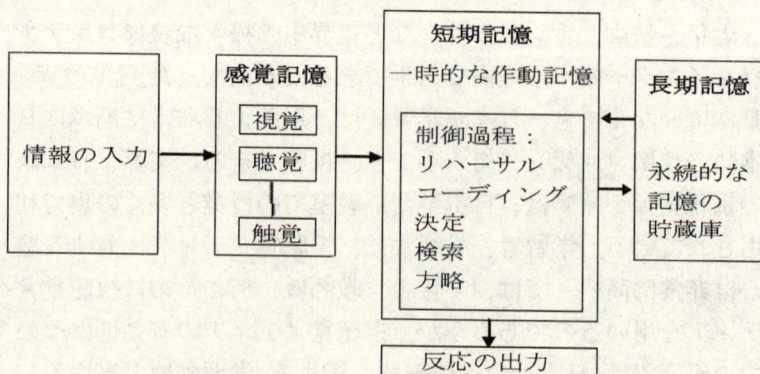

感覚記憶は、外界から感覚器官を通して入力された情報が、そのままの形でごく短い時間（視覚情報は 1 秒以内、聴覚情報は数秒以内）保持されるところである。感覚記憶からは、必要な情報がパターン認知を受けたあとに、短期記憶に転送される。短期記憶では、情報は数秒から数分程度保持される。さらに長期の保持が必要とされる情報は、長期記憶に転送される。長期記憶に保存された情報は、半永久的に保持され、必要なときに、検索されて、再び短期記憶に送られて、使用される。

人間は、視覚、聴覚、触覚、味覚、嗅覚という 5 種類の感覚を持っている。わたしたちの周囲にある様々な情報は、目や耳などの感覚器官を通じて生体内に取り込まれる。認知心理学では、複数の感覚を通して得られた記憶の方が、一つの感覚のみを通した場合に比べて、定着率が格段に高いということが明らかにされている。

清水（1993）によると、視覚と聴覚の両方に訴えた方が聴覚だけあるいは視覚だけより、記憶の定着に効果があると報告されている。表 1 は、視覚だけ、聴覚だけ、視覚と聴覚の両方による記憶効果を示したものである。視聴覚的な方法は、学習において有用な刺激を作り出すことができ、効果的学習法であることは明らかである。

表1　感覚情報とメディア（清水 1993）

	聴覚	視覚	視覚＋聴覚
認識の割合	11%	83%	94%
入力情報量	$10^4 \sim 10^5$bps	$10^6 \sim 10^8$bps	—
記憶量 （3 日後）	10%	20%	65%

2.2　視聴覚メディアを使用した日本語教育

日本語教育において、映画、テレビドラマなどの視聴覚メディアが用いられており、様々な研究が報告されている。

高月（2007）では、学習者のアンケート分析より、一定の語彙や表現に慣れるためには、ビデオ内容のスクリプトを使用し

て映像を見ることが効果的であると報告されている。小室（2009）では、学習者に授業後アンケート調査を行い、視聴覚メディアの利点は、表現、語彙が理解しやすく記憶に残りやすい、自然な会話のやり取りが学習できる、学習意欲が高まることであると述べている。藤井（2008）によると、学習者のアンケート調査の結果より、視聴覚メディアを用いた学習には、学習者の学習意欲を喚起、既習事項の整理・復習、学習者の思考活動の促進、教室外の言語学習リソースの活用及び自立学習支援の可能性が見られたと報告されている。原沢（2008）では、テレビドラマを使用して単語、文法、聴解を学ぶ授業方法は、学習者の満足度が高いことが明らかになった。

　上記の先行研究は、すべて学習者のアンケート調査を元に分析したものであるため、分析結果は、学習者の感覚から引き出されたものである。視聴覚メディアを使用した学習が、日本語学習のどの部分に効果があるかについては、実証的に示されていない。そこで、本研究では、視聴覚メディアを使用した学習が、日本語学習のどの部分に有効かを実証的に明らかにする。

3. 方法
3.1 被験者

　ハルビン工業大学外国語学部日本語学科の大学1年生17名。日本語能力は日本語能力試験N3程度。日本語学習暦は約9ヶ月。17名を「基礎日本語」と「視聴話」の中間試験、期末試験の成績に基づいて等質の2グループに分ける。9名を「映像グループ」、8名を「スクリプトグループ」とする。

3.2 授業担当者

　本論文の第一著者と第二著者であるハルビン工業大学外国語学部日本語学科の教師。

3.3 実験期間

2013年6月5日から6月20日の間の6日間。

3.4 使用教材：『耳をすませば』

本研究では、スタジオジブリのアニメーション映画『耳をす

ませば』(1995) を教材として使用する。田中・本間 (2009) では、映画『耳をすませば』のスクリプトの分析を通して、ストーリーが現実的な場面で展開されていること、初級語彙の4割程度、初級文法の8割弱をカバーしていることを明らかにした。このことより、初級学習者に適した教材であると判断し、この映画を選択した。

3.5 教材配分

全体の映画作品から、ストーリーの区切りのいい10分前後のセグメントを5つ抽出し、5回分の単元を作成した。

3.6 授業の流れ

一回目の授業の前に、映画『耳をすませば』のストーリーと登場人物を簡単に紹介した。授業の流れは以下の通りである。1回の授業の所要時間は、60〜70分である。

3.6.1 映像グループの授業の流れ

映像グループの授業の流れは、表2の通りである。

表2　映像グループの授業の流れ

	映像グループ	時間
第1回目 6/3	事前テスト(今回学習する文法・語彙)	10分
	映画を見る（解説なし）	10分
	映画を見みながら語彙・文法解説	25分
	映画を見る（復習）	10分
	事後テスト（今回学習した内容理解）	5分
第2-5回目 6/6 6/10 6/13 6/17	事後テスト（前回学習した文型・語彙）	10分
	事前テスト(今回の学習する文法・語彙)	10分
	映画を見る（解説なし）	10分
	映画を見みながら語彙・文法解説	25分
	映画を見る（復習）	10分
	事後テスト（今回学習した内容理解）	5分
第6回目 6/20	事後テスト（前回学習した文型・語彙）	10分

（1）前回学習した部分の文法と語彙の事後テストを行う。ただし、第1回目の授業の際は事後テストはない。

（2）今回学習する部分の文法と語彙の事前テストを行う。

（3）映画『耳をすませば』の学習する場面を字幕付きで視聴する。

（4）映画を字幕付きで視聴しながら、映画の理解に必要な語彙や文法を教師が解説する。その際、語彙・文法説明のレジュメを配布する。

（5）映画を字幕付きで視聴しながら、学習者自身で文法、語彙を復習する。

（6）今回学習した部分の内容理解テストを実施する。

3.6.2　スクリプトグループの授業の流れ

スクリプトグループの授業の流れは、映像グループとほぼ同じである。異なる点は、映像グループが映画を見るのに対して、スクリプトグループは、映画を見ずにスクリプトのプリントを読むことである。

（1）前回学習した部分の文法と語彙の事後テストを行う。ただし、第1回目の授業の際は事後テストはない。

（2）今回学習する部分の文法と語彙の事前テストを行う。

（3）映画『耳をすませば』の学習場面のスクリプトと状況補足説明が書かれたプリントを読む。

（4）スクリプトを読みながら、内容理解に必要な語彙や文法を教師が解説する。その際、語彙・文法説明のレジュメを配布する。

（5）スクリプトを読みながら、文法、語彙を学習者自身で復習する。

（6）今回学習した部分の内容理解テストを行う。

3.7 テスト問題

テスト問題は、内容理解、文法、語彙の 3 つの部分からなる。

3.7.1 内容理解テスト

映画の内容理解に関する 10 問。1 問 1 点計 10 点。1 問につき 3 つの選択肢があり、正しいものを 1 つ選択する。問題の例は、下記の通りである。

> 1. お母さんはどうして雫に不満を言いましたか。（　　　）
>   A. 雫がお茶を入れてくれなかったから。
>   B. 雫が買い物に時間がかかったから。
>   C. 雫がビニール袋をもらってきたから。

3.7.2 文法テスト

文法に関する 10 問。1 問 1 点計 10 点。文法問題の一番下に選択肢があり、その中から正しいものを 1 つ選択する。問題の例は、下記の通りである。

> 1. A：「また遅刻？」
>   B：「だって、電車がこなかったんだ（　　）。」
> 2. 母：早く学校に行き（　　　　）。
>   子：は～い…

もの	ものを	のに	ばいい	中
かしら	にする	まで	いいかげんに	
くせに	なきゃ	なさい		

3.7.3 語彙テスト

語彙に関する 20 問。1 問 1 点計 20 点。1 問につき 4 つの選択肢があり、正しいものを 1 つ選択する。問題の例は、下記の通りである。

1. りんごを店で買って、（　　　　　）袋に入れる。
　　A. ビーニール　B. ビニール　C. ビニルー　D. ビーニル
2. 私は麦茶（　　　　）が好きです。
　　A. まっちゃ　　B. まいちゃ　C. まちゃ　　D. むぎちゃ

3.8　分析方法

(1)各グループの平均値と標準偏差を求める。

(2)事前テストのグループ間および事後テストのグループ間の平均値に差が見られるかについて t 検定を行う。

4.　結果

4.1　内容理解における結果

内容確認テストの結果は、表3の通りである。

表3　内容確認テストの結果（*$p < .05$)

授業回数		映像	スクリプト	
1	平均	8.3	8.6	
	(SD)	(1.2)	(0.5)	
2	平均	8.4	8.4	
	(SD)	(1.2)	(0.9)	
3	平均	7.4	9.0	*
	(SD)	(1.5)	(0.5)	
4	平均	8.4	7.3	*
	(SD)	(1.1)	(1.2)	
5	平均	9.4	8.4	
	(SD)	(0.7)	(1.3)	

　t 検定の結果、1，2，5回目の両グループの平均値には、有意差はなかった。また、3回目、4回目では有意差が生じたが、3回目はスクリプトグループのほうが 1.6 点高く、4回目は映像グループのほうが 1.1 点高かった。この結果からは、映像グルー

プ、スクリプトグループ間の明確な傾向は見出すことはできない。

4.2 文法習得における結果

文法テストの結果は、表4の通りである。

表4 文法テストの結果（*p<．05）

授業回数		事前テスト		事後テスト	
		映像	スクリプト	映像	スクリプト
1	平均	6.4	4.4 　*	6.6	5.3
	(SD)	(1.2)	(1.9)	(1.8)	(2.4)
2	平均	5.0	4.3	7.0	5.5
	(SD)	(1.2)	(2.1)	(1.4)	(1.6)
3	平均	4.8	3.4	5.2	3.8
	(SD)	(1.9)	(2.0)	(2.3)	(1.7)
4	平均	4.1	3.5	5.2	4.4
	(SD)	(2.8)	(2.4)	(2.4)	(2.4)
5	平均	4.1	3.1	5.6	4.1
	(SD)	(1.9)	(1.3)	(3.7)	(2.5)

　事前テストでは、1回目のみ、有意差が見られた。それ以外は、有意差が見られず、学習前には、1回目を除き両グループ間に能力の差が無いことが明らかになった。事後テストでは、すべての回において有意差が見られなかった。このことより、文法については、映像で学習してもスクリプトで学習しても、差は無いことが明らかになった。また、事前テストと事後テストの平均点の差を比べると、ほとんど変化が無かった。本研究の学習方法では、文法についてほとんど向上が見られない。文法学習においては、本研究の学習方法は適していないと言える。

4.3 語彙習得における結果

語彙テストの結果は表5の通りである。

表5　語彙テストの結果（*p<.05）

授業回数		事前テスト		事後テスト		
		映像	スクリプト	映像	スクリプト	
1	平均	10.0	9.6	16.9	14.3	*
	(SD)	(1.2)	(2.3)	(1.5)	(2.5)	
2	平均	10.8	10.0	15.8	13.4	*
	(SD)	(1.2)	(2.4)	(1.8)	(2.1)	
3	平均	10.1	10.4	15.0	12.5	*
	(SD)	(1.6)	(2.1)	(1.9)	(2.3)	
4	平均	8.6	9.0	15.9	13.9	*
	(SD)	(2.6)	(2.3)	(1.5)	(2.0)	
5	平均	10.8	9.0	15.9	16.0	
	(SD)	(2.0)	(1.4)	(2.5)	(3.8)	

　事前テストでは、両グループ間に有意差が見られなかった。このことより、学習前の両グループ間の能力には、差が無かったことが明らかである。それに対して、事後テストでは、第5回目を除いて両グループ間に有意差が見られ、映像グループのほうが平均点が高かった。このことから、映像グループのほうが、スクリプトグループよりも語彙学習について効果が高いことが示唆された。

5.　考察

　本研究で調査した、語彙、文法、内容理解の3つの点から考察を行う。

　まず、語彙については、5回中4回のテスト結果に有意差が現れたことから、映画を見ながら語彙を学ぶことは、有効であることが示唆された。その原因として、記憶のメカニズムが関連していると考えられる。長期記憶に定着させるには、聴覚だけ、視覚だけよりも聴覚と視覚両方を用いたほうが、効果が高いことが分かっている（清水 1993）。視聴覚メディアを用いた

学習は、まさに、聴覚と視覚両方を用いて学習する方法である
ので、語彙の記憶定着に大きな効果が見られたと思われる。

　次に、文法についての本調査の結果からは、映像グループと
スクリプトグループ間で有意差が現れなかった。また、両グルー
プ共、事前テストと比べて、事後テストでは成績が伸びなかっ
た。視聴覚メディアを用いた文法学習は、効果がない可能性も
あるが、今回の結果だけから、視聴覚メディアを使った文法学
習が効果がないと結論付けることはできない。本調査では、45
分の授業時間で、内容、語彙、文法のすべてを解説した。文法
については、1つか2つの例文を提示したのみで、練習問題や
学習者に文法を使った例文作成などはさせなかった。また、解
説も内容を理解できる程度の解説にとどまり、それを実際に使
用できるのに十分な解説ではなかった。内容を理解するという
程度には文法の意味は理解したが、それを使用するレベルには
いたらなかったと思われる。文法学習には本研究の学習方法が
適していなかったと推測できる。視聴覚メディアを用いながら、
文法をしっかりと身につけられるかについては、授業方法を改
善して調査を行う必要がある。

　最後に、内容理解については、グループ間の差は少なく、明
確な傾向を見出すことができなかった。今回の被験者は、中国
在住で日本語を学習して9ヶ月の学習者である。そのため、映
像グループは、映画を見ることで、内容の理解を促進できる利
点もあるが、スピードが早く、十分に聞き取れないために理
解できないという欠点も考えられる。スクリプトチームは、
映像が無いので、状況が分かりにくいという欠点があるが、
スクリプトを見ながら、自分のペースで学習できるという利
点もある。本調査の結果は、それぞれの利点、欠点が作用し、
様々な要素が混在したため、明確な傾向を見出せなかった可
能性がある。

6. まとめと今後の課題

本研究では、初級日本語学習者が、映画を見て学ぶグループと、映画を見ないでスクリプトを読んで学ぶグループに分かれて内容、文法、語彙を学習し、学習前と学習後にテストを行った。そして、学習後の内容理解、文法、語彙のテスト結果を比較し、分析することで、視聴覚メディアを用いた日本語学習の有効性を明らかにした。その結果、視聴覚メディアを見ながら学習することは、語彙の習得には有効であることが明らかになった。語彙の学習には、自主学習、授業を問わず、積極的に視聴覚メディアを用いて学習することが有効であると言える。

今後の課題は、2点ある。1つ目は、テスト形式をインタビュー形式で調査することである。本調査では、テスト形式を、選択式の記述式とした。しかし、テスト形式をインタビュー形式した場合、さらに詳細に調べられる可能性がある。2つ目は、文法説明については、授業方法を改善することである。以上2点を今後の課題とする。

参考文献:

[1] 井上智義. 視聴覚メディアと教育方法：認知心理学とコンピュータ科学の応用実践のために[M]. 東京: 北大路書房, 1999: 3-13.

[2] 小室リー郁子. 海外の日本語教育における映像素材活用の意義とその実践報告[J]. Journal CAJLE, 2009(10): 89-105.

[3] 清水康敬. 教育情報メディアの活用[M]. 東京: 第一法規, 1993.

[4] 高月喜美. マスメディアの日本語と視聴覚の授業における試み：「そうじなんか毎日やらなくたって死にゃあしない」という日本語[J]. 大阪外国語大学留学生日本語教育センター授業研究, 2007(5): 29-52.

[5] 田中里実・本間淳子. 初級語彙・文型による『耳をすませば』スクリプトの分析日本語学習資源としてのアニメーション映画の可能性[J]. 北海道大学留学生センター紀要, 2009(13): 98−117.

［6］原沢伊都夫. ドラマを使った上級教材への取組み：聴解力と語彙力の
　　向上をめざして[J]. 静岡大学国際センター紀要，2008(2): 9-61.

［7］藤井みゆき. 視聴覚メディアを用いた教室活動の有効性[J]. 同志社大
　　学日本語・日本文化研究，2008(4): 46-58.

［8］Atkinson, R. C. &Shiffrin, R, M. The control of short-term memory[J].
　　Scientific American, 1971(225): 82-90.

中級日本語学習者の

モチベーションに関する考察

——内モンゴル大学を中心に

内モンゴル大学　張小晶

要旨：本論は内モンゴル大学の三年生を調査対象とし、アンケート調査を通して、中級日本語学者モチベーションの低下に関する考察を行った。そのアンケート調査の結果に基づき、本論文にはモチベーション低下の原因を探し、前人が書いた本と資料を読み、モチベーション低下の原因がどこにあるのか、自分なりの意見を出してみた。その上で中国での日本語教育はこれからどう行なっていくべきかについても自分なりの提案と展望を述べる。

キーワード：中級日本語学習者；モチベーション；考察

1. 中国の日本語教育現状

　　近年来、中国の経済は世界で顕著に発展するとともに、中国は周辺の国との友好関係が昔より重要だと思われる。この中で中日関係が前より深まってきた。日系企業が中国で著しく発展し、日本語ができる人材を大量に求めるようになった。そこで、総合大学では次々と日本語を専門科目として設置し、日本語教育が全国に広がった。近年、日本へ留学するのが盛んになり、それは、中国での日本語教育が盛んになるもうひとつの原因と

して見られる。

2009年の国際交流基金による世界の日本語教育の現状調査によると、学習者が10万人以上の国が6カ国（韓国、中国、オーストラリア、インドネシア、台湾、米国）であることが分かったが、国際交流基金が発表した2012年の「海外日本語教育機関調査（速報値）」によると、2012年日本語を学習する中国人は2009年の調査より26.5%も増加、同年に首位だった韓国を抜き、世界一の座に輝いている。2012年日本語を設ける学校は中国で506ヵ所に上がり、全国の開設専攻上位の11位になった。日本語科目も外国語専門に当たる英語以外の第二位になった。

2. フフホト市の日本語教育の現状

フフホト市は内モンゴル自治区の首府として、ここ数十年、経済の発展する同時に、教育も大きな発展を遂げた。この影響で、日本語教育も前より盛んになっている。現在、フフホト市は内モンゴル大学を中心に、内モンゴル師範大学でも、内モンゴル工業大学・農業大学でも次々と、日本語の授業をやり始めた。次は内モンゴル大学日本語教育の現状について簡単に紹介する。

内モンゴル大学外国語学院は1990年に設置され、前身は1978年に設置された内モンゴル大学外国語言語文学学科であった。そのうち、日本語学科は1979年に設置され、内モンゴル大学外国語学院とともに発展し、今まで、32年の歴史を持っている。2003年、国家教育部の専門家評議組織の審議を通じて、本学科は日本語言語文学修士が学位の授与権をもらった。そして、2004年から、正式に日本語修士、大学院生を募集し始めた。目前在校大学院生、本科生の人数は360人にいたす。日本語学科には教師が20人おり、20人の中で、教授先生は3人、助教授先生は4人、博士は7人である。中国人の先生の他に日本人の先生は4人である。

日本語に関する授業の種類も豊富になっていて、日本文学・

日本文化社会及び経済貿易などを含んだ。それと同時に、教育手段もデジタル化に移り、電化教育センター、学生自主学習センター、言語教育室、同時通訳室を築いた。

3. 内モンゴル大学中級日本語学習者モチベーションに関する考察

内モンゴル大学は内モンゴル自治区で唯一な"211 工程"①大学であり、内モンゴル自治区の高等教育方針を導く重要な役割を果たしている。本章では内モンゴル大学日本語学科三年生を対象とし、日本語学習モチベーションに関するアンケートをし、得たデータを分析し、現在、学習モチベーションにおける問題を取り上げ、解決方法をまとめてみた。

3.1　学習モチベーションに関するアンケートの結果

ここではアンケートの結果をまとめてみた。

今回のアンケート調査は内モンゴル大学日本語学科三年生64 人を対象とし行われた。「日本語学習でやる気がなくなっていますか」という質問に「はい」「いいえ」「分からない」三つの答えが設置され、その中で、「はい」と答えた学生は 49 人、「いいえ」と答えた学生は 13 人、「分からない」と答えた学生は 2 人である。

表1　中級学習者の答え

日本語学習でやる気がなくなっていますか	はい	いいえ	分からない
	49/64	13/64	2/64

「日本語学習でやる気がなくなっている」の原因を探すため、次のアンケートを行った。「日本語学習でやる気がなくなっている」の質問には「地域」、「日本語が好きではなかった」、「授業の内容」、「自分の性格」、「教師」、「クラスの雰囲気」の 6 個が設置され、各答えにはそれぞれの表現があり、中級日本語学習者には答えを選んで、その答えに対する具体的な対処法を書い

てもらった。ここで、アンケートの結果をまとめた。

表 2　モチベーション低下に関する調査

地域 20/49	不便なところ	①日本企業が少ない、就職が難しい。②日本人が少ない、日本語を使うチャンスが少ない。
	対処法	①区外で就職する。②日本人の留学生を紹介してほしい。
日本語が好きではなかった 10/49	内容	①日本語自体が難しい。②　勉強の方法が分からない。
	対処法	①日本語を詳しく教えて欲しい。②授業を進めながら、勉強の方法を教えてほしい。
授業の内容 39/49	回答	①単調、退屈（15）。②教材が面白くない（19）。③フィードバックがない（2）。④レベルが合わない（3）。
	具体的な対処法	教材を変える
自分の性格 37/49	回答	①根暗（2）。②恥ずかしがり屋（31）。③友達作りが下手だ（4）。
	具体的な対処法	自分で頑張る
教師 21/49	回答	①学生に対する接し方（8）。②教え方（12）。③教師の語学レベル（1）④人柄。
	具体的な対処法	①学生との交流が多くなる。②詰め込み教育を避ける。
クラスの雰囲気 14/49	回答	①活気がない（11）。②積極的に学習しない（1）。③周りとレベルが違う（1）騒がしい（1）。
	具体的な対処法	学院で日本と関係があるクラブや部活動を増やす。

注：() 内の数字は回答者の人数を表す。

337

表2の示したように、日本語学習でやる気がなくなっている原因の中では、授業の内容、自分の性格、教師、地域の4つは大きな原因になっている。その次はクラスの雰囲気、日本語が好きではなかったということになった。表2の具体的な対処法の欄は中級学習者に聞いてもらった対処法によりまとめたものである。

3.2 問題点

今、内モンゴル大学日本語学科の学生の中で、大学に入ってから日本語の勉強を始めるケースが多い。在校の学習者たちが特に今の中級学習者において、いろんな問題が起きている。それに、アンケートで得たデータを分析し、今、内モンゴル大学の中級日本語学習者の学習モチベーション低下の原因およびそれに対する自分なりの解決方法をまとめてみた。ここで、モチベーション低下の原因を教師、地域、学生の3つの角度から考察していく。

3.2.1 教師に関して

言語を勉強するには学習者側の努力ももちろん、教師側は重要な役割を果たしている。内モンゴル大学の日本語教師は高学歴で、日本で生活した経験があり、このような面で、日本語の学習には有利である。ただし、日本語の授業では教師側はパワーポイントを使い、テキスト通りに授業の流れを進めるが、学生との交流の方面にはあまり力を入れていないようだ。こういったような教え方は学生の学習欲望を失わせる可能性があり、そして、授業の中では新しい言葉や日本人の生活習慣の変わりなどがあまり触れられていない。この詰め込み教育は現在の日本語教育にはもう無理だと思う。

3.2.2 学生に関して

①学習方法が分からない。日本語を自分の母語でない第二言語として習うには習い方が非常に重要だと思われる。日本語は

発音においても文法においても中国語と違ったところがたくさんある。例えば、目的語と述語の位置が中国語と全く違う。何人かの中級日本語学習者に聞いたが、日本語をどのようにして勉強すればいいのかと聞いたが、分からないと答えた学生が非常に多かった。

②性格が明るくない。ここで触れた性格の明るさとは日本語で積極的に日本人と話せるかどうかのことである。新しい言語を話すには、日常生活での普通の練習が重要だと言われている。日本人に日本語で話しかけるのは日本語の上達に一番効果的である。本論文の準備階段で、何人かの中級学習者を訪ねたが、自分の先生以外に日本人と話したことがない学生が多かった。それは、日本人と話すとき、日本語を間違えたりするのを恐れるため、自ら日本人に声を掛けるのを止めたと言ってくれた。

3.2.3 地域に関して

フフホト市は内モンゴルの西にある町で、この十年以来内モンゴルの経済が急速に発展しつつある。しかし、経済が発展している割には、中国の北京、上海、広州のような大都市ほど外国人が集まっていないから、日系企業が少ない。卒業後、日本語の学習者にとっては、日本語に関わる仕事を見つけにくい。もう一つは内モンゴル大学の学生が毎年増えているため、新しいキャンパスが建てられた。日本語学科の学生と日本から来た留学生は別のキャンパスで生活していることになり、日本人の先生も授業が終わったあとすぐスクールバスに乗らなければならないので、客観的に日本語学習者に不利な条件がある。

3.3 解決方法

ここでは、以上の提出した問題点に基づく解決方法が挙げられたが、日本語学習方法や授業のやり方だけについて述べていく。

3.3.1　授業のやり方

　授業のやり方に関しては教師それぞれ違うが、どんなやり方が良いかどんなやり方が悪いかを判断する基準がない。ここで触れたやり方は自分の立場で見ただけである。授業とは先生と学生の組み合わせであり、先生が一方的に授業を行うことではない。どんなやりかたでも、次の二つの基準に従えばいいやり方だと言えるだろう。まずは授業中に日本人の生活習慣や現在日本で流行っている言葉やいろんな現象などを紹介する。内容の面白さと実用性を重視し、学生のテンションを上がるのに努力する。次は、学生との交流を主に移すことである。授業の時、学生に日本語を話させるチャンスを作り、例えば、学生に自分の意見や文章についての感想、まとめなどを話させたりすること。

3.3.2　日本語学習方法

　言語を学ぶには四つの能力を備えなければならない、つまりヒヤリング、スピーキング、リーディング、ライティングである。ここでは、ヒヤリングとスピーキングを中心に学習方法を述べていく。

　①ヒヤリング：内モンゴル大学日本語学科にはヒヤリングの授業が設置されているが、週に四時間ぐらいしかないため、専門の日本語学習者にとっては全く足りないのである。だから、できれば、一年生の時から日本語のアニメやドラマやバラエティーなどを見る習慣を培うのが重要である。最初は簡単な字幕がついているのから始まり、日本語勉強の深まりとともにだんだん前より難しくなり、字幕がついていないのを見せるのがコツである。特に、中級学習者にとっては、これはもっと重要である。このようにすれば、ヒヤリングだけの練習だけでなく、日本語の語感を培うこともできる。日本語で喋る時に文法や単語などはもちろんであるが、語感も大事である。この方法で日

本語を使う流れを進める番組を見ると、授業では触れられていないものについての理解も深くでき、授業で習った言葉の使い方もマスターできる。

②スピーキング：日本語の四つの能力の中には一番つけたいのはどれかと何人かの中級学習者を訪ねたが、スピーキングだと答えた人が多かった。どういうふうにスピーキングを高めるのは中級学習者が直面しなければならない。もちろん、授業を利用し、日本人の先生と話すのが重要であるが、授業の時、先生が一方的に話すのが普通である。そこは、授業以外のスピーキングの練習が大事である。ここでは、三つの方法を挙げた。一番目は日本語のアニメやドラマなどのセリフをリピートする。日本語のアニメやドラマを観賞するときに、途中でパソコンを止め、その中に出てきた言葉や喋り方を真似し、リピートする。二番目は日本語で独り言を言う。普段の生活の中で、日本語を使う場合はあまりないため、日本語を練習するには、授業やテレビなどで習った日本語を独り言で言うのが効果的である。三番目は日本人に出会うチャンスを作り、会話する。確かに、フフホト市にいる日本人が少ないが、内モンゴル大学には十人ぐらいの日本人がいるため、自分の恥ずかしさを捨て、積極的に日本人を探し会話する。

この文章では内モンゴル大学の日本語教育における問題や解決方法などを述べたが、全部日本語中級学者を注目したもので、なぜ日本語中級日本語学習者のモチベーションが低下しているのかをきっかけにし、問題点を探り、解決方法を挙げたのである。

4. フフホト市における日本語教育の展望

21世紀日本語教育の役割を考えるにあたり、日本語の知識と技能を教えるだけでは、今日の新しい時代に応じることは不可能である。かつて普遍的な存在だと見出されてきた補助的な知識や手段でも、現在ではその重要性が日増しに再認識され、重

視されなければならない。以前は語学教育の観点から日本語教育のことを考えられてきたが、これからの時代では、恐らく日本語人材養成の地元で考える必要があるかも知れない。フフホト市は内モンゴル自治の中心都市として、内モンゴル経済の発展においても、内モンゴル文化の発展においても、前より、もっと重要な役割を果たしている。フフホト市の日本語教育はこれから日本語に関する知識を学生に教えるだけでなく、日本に関する・専門境域に関する日本語教育を注目すべきである。内モンゴル大学を中心とするフフホト市の日本語教育は社会の変化に応じ、中国で鮮明な特徴を持つ日本語教育拠点になれる。

注釈：

①211 工程：1993 年に開始し、中国政府が重点に建設する 100 ヵ所の大学。

参考文献：

[1]海外の日本語教育現状・日本語教育機関調査・2009 概要[M]．東京：日本国際交流基金，2011.

[2]市川伸一．学ぶ意欲の心理学[M]．東京：PHP 研究所，2001.

[3]市川伸一．学習と教育の心理学[M]．東京：岩波書店，1995.